CRECER A GOLPES

Diego Fonseca, periodista y escritor argentino, es editor asociado de la revista de crónicas *Etiqueta Negra,* y se desempeñó como editor general de *AméricaEconomía,* la principal revista latinoamericana de economía y negocios, y como editor adjunto de *MercadoCórdoba,* en Argentina. Sus textos han sido publicados en diversos medios internacionales, como *Gatopardo, Expansión, El Universal* y *Emeequis* de México; *El Malpensante* y *SoHo,* en Colombia; *Orsai,* en España, entre otros.

En no ficción, es el creador y coeditor de *Sam no es mi tío: veinticuatro crónicas migrantes y un sueño americano* y autor de *Joseph Stiglitz detiene el tiempo.* Su trabajo en ficción incluye los libros de relatos y cuentos *El azar y los héroes, El último comunista de Miami* y *South Beach.*

Diego actualmente reside en Washington, D.C. Para más información, visite: www.diegofonseca.com.

CRECER A GOLPES

Crónicas y ensayos de América Latina a cuarenta años de Allende y Pinochet

EDITADO POR

DIEGO FONSECA

C. A. PRESS
Penguin Group (USA)

C. A. PRESS

Published by the Penguin Group
Penguin Group (USA) LLC
375 Hudson Street
New York, New York 10014

USA | Canada | UK | Ireland | Australia | New Zealand | India | South Africa | China
penguin.com
A Penguin Random House Company

First published in the United States of America by C. A. Press, a member of Penguin
Group (USA) LLC, 2013

ISBN 978-0-14-751306-9

Printed in the United States of America
10 9 8 7 6 5 4 3 2 1

A quienes creyeron.

A mi padre, el muy terco, que aún cree.

A Matteo, que creerá.

We begin to live when we have conceived life as a tragedy.

> —W. B. Yeats

No es posible atribuir a la fortuna o la virtud lo que fue conseguido (…) sin la una y sin la otra.

> —Niccolò Machiavelli, *Il Principe*

Nuestro proyecto fue cambiar el mundo
Y el mundo terminó cambiándonos a nosotros.

> —Nicanor Parra, *Uds. se preguntarán*

I still believe that peace and plenty and happiness can be worked out some way. I am a fool.

> —Kurt Vonnegut, *Jailbird*

Contenido

CONTENIDO

Agradecimientos

Gracias:

A quienes directa o indirectamente participaron de la génesis de este libro, entre ellos: Héctor Abad Faciolince, Jaime Abello Banfi, Natalia Algarín Gutiérrez, Casandra Badillo-Figueroa, Fernando Barros e Silva, Ricardo Cayuela Gally, Ricardo Corredor Cure, Sergio Dahbar, Ricardo Fonseca, Salvador Frausto, Santiago Gamboa, Gastón García Marinozzi, Leila Guerriero, Alma Guillermoprieto, Témoris Grecko, Pedro Juan Gutiérrez, Camilo Jiménez, Fabrizio Mejía Madrid, Bárbara Mínguez García, Cecilia Molinari, La Nena, Guillermo Osorno, Edmundo Paz Soldán, Carol Pires, Antonio José Ponte, Erik Riesenberg, Alberto Salcedo Ramos, Carlos Serrano, Diane Stockwell, Wilbert Torre, Julio Trujillo, Ángel Unfried, Carlos Vasconcellos, Julio Villanueva Chang.

A Bahíyyih.

El primer 11 de septiembre —y el adiós a la adolescencia

DIEGO FONSECA

Cuando pasó, mi padre contaba dinero ajeno.

El mediodía del 11 de septiembre de 1973 —el primer doloroso 11 de septiembre de nuestra era—, tres aviones de la Fuerza Aérea chilena bombardean y ametrallan el palacio presidencial de La Moneda, donde Salvador Allende se resiste a renunciar a la presidencia. Las bombas revientan el acceso norte y los techos, hacen saltar en mil pedazos los suelos de los patios, un piso del sur, la fachada del neoclásico italiano. El edificio se abre como una fruta podrida y queda envuelto por columnas de humo empetrolado y lenguas de fuego que salen por las ventanas rotas y el cielorraso caído. Cuando un grupo de soldados toma el primer piso, Allende ordena a sus seguidores que se rindan, da vuelta el cañón de su AK-47 y se mata. Una ráfaga corta bajo la barbilla acabó con el primer presidente socialista electo de América Latina. Al caer el sol, Augusto José Ramón Pinochet Ugarte y los otros líderes de la Junta Militar detrás del golpe se abrazaron con enjundia en una sala de la Escuela Militar. Tres horas antes Chile había quedado bajo un toque de queda que duraría cinco años.

Por la mañana, mi padre era jefe de cuentas en la sucursal del Banco de la Nación Argentina de Las Varillas, una ciudad de casas bajas y siestas largas en la pampa láctea de Córdoba, en el ombligo de Argentina. Un par de amigos fueron al banco a avisarle de la suerte del gobierno de Allende y él, de inmediato, pidió a mamá que le llevase la radio portátil. El edificio del Banco Nación tenía una nave principal con techos de catedral, mármoles y muy pocos muebles, y tanta grandeza y despojamiento —asuntos muy poco bancarios— favorecían el eco, así que papá se acurrucó en su pequeña oficina y el bullicio del cierre de operaciones cubrió la estática de la transmisión.

Unas horas después, acordaron con sus amigos repudiar el golpe con una marcha alrededor de la plaza central de aquel pueblo de doce mil almas y superpoblación de rumiantes. También llamarían a Buenos Aires para pedir instrucciones a sus jefes políticos en el Partido Intransigente, una organización de centroizquierda que sería vibrante y simpática hasta deshojarse a fines de los ochenta. Mientras esperaban respuesta, intercambiaron opiniones con sus amigos del Partido Comunista local, un grupo liderado por un farmacéutico, un futbolista habilidoso, un auxiliar de imprenta de linotipo y dos mecánicos que solían reunirse en un taller de autos. Una pesada sensación de angustia se había apoderado de todos.

Mi padre terminó su turno en el Banco Nación y, por la tarde, fue al instituto secundario donde enseñaba contabilidad. Sus estudiantes de cuarto y quinto año tenían los sueños vírgenes y las hormonas levantiscas así que hicieron un círculo en el centro del aula y él los animó a debatir. Esa noche, mi padre volvería a reunirse con sus amigos y al día siguiente tendrían breves asambleas con militantes, pero la manifestación y el comunicado condenando el ultraje de los militares chilenos nunca llegaría a nada. Cuando finalmente consiguieron comunicarse con Buenos Aires, sus jefes intransigentes recomendaron cautela: la ultraderecha, que había ganado la puja para rodear a un enfermo Juan Domingo Perón, estaba armando a sus grupos de choque.

La vida de mis padres tenía la velocidad bovina del interior de las naciones. Mamá era maestra y, durante sus clases, las abuelas y una nana se turnaban para mantener la casa en orden. Usaba *hotpants* y minis con tapados largos y botas altas. Papá tenía patillas y llevaba mocasines sin medias. Se levantaba en la madrugada y recién volvía a casa con la noche y se dejaba ir en la tranquilidad de una familia con más vida por delante que por detrás. Mamá sabía las curvas políticas que doblaba papá pero ambos trataban de no hablar de esos temas. Mis hermanos se robaban los chupetes y yo quitaba los sobres a los discos de la colección de jazz para caminarles por encima con mis zapatos ortopédicos. Los amores de mi padre —Ellington, Fats Waller, Krupa y Jerry Morton— llevarían mi marca desde entonces. Papá me diría, con el tiempo, que nosotros éramos una especie de remanso de un mundo convulso, incluso en un pueblo donde el mayor conflicto familiar era si Almafuerte, equipo, le ganaba a Huracán, el de mi abuelo.

En los días siguientes no hubo mucho movimiento alrededor del golpe en Chile. Mi padre y sus amigos continuaron sus conversaciones en los bares, sus salidas a tomar un whisky o dos en el bar de la plaza y a comer asados en la calma chicha que prometía un pueblo distante de todo. Los sábados mis abuelas llegaban a cuidarnos y papá y mamá —tan chicos, tan tiernos— salían a bailar.

Papá tenía veintisiete años, mi madre uno menos. Mis hermanos dos; yo, el mayor, tres.

El mundo era, con todo, simple.

Todo golpe hace lo que debe: divide aguas entre quien auspicia la violencia, quien tolera y quien no quiere una vida a cachetazos. Muchos ricos chilenos regaron con champaña la noche de La Moneda, mientras, como en el pueblo de mi padre, la solidaridad con Chile se esparcía por la región. La historia se nos ha vuelto un álbum de fotografías familiar: la instantánea de Chile fue también el retrato de muchos otros países. La máquina del terrorismo de Estado, burocrática y feroz, barrió con las voluntades, corrompió morales. El odio y el miedo se mezclaron en el aire. Miles fueron detenidos y miles desaparecidos. Los opositores perdieron su condición humana: la noche militar fue una larga temporada de caza de ideas, las personas apenas una carcaza portadora.

El terror setentista, a diferencia del horror instantáneo y a la luz del día del 9/11 de las Torres Gemelas, fue una carnicería en cámara lenta y al cobijo de las sombras. Fue, además, una masacre institucionalizada. Los golpes de los setenta no inauguraron el terror de Estado, que ya se había ejecutado en América Latina durante el siglo XIX y en el mundo desde que comenzamos a criar ciudades, gobiernos, tiranos. Los golpes de los setenta franquiciaron el crimen como una cadena de hamburguesas, con manuales de procedimiento, consultorías y herramientas, y atendiendo a todos, con o sin sonrisa, con una misma frase: "Acá, señora, no pasa nada; acá, señor, algo habrán hecho".

A diferencia del terrorismo de las organizaciones criminales, como la brutal Al-Qaeda, las muertes de las dictaduras no buscaban prensa. El terror de Estado exigía procedimientos silenciosos, mantener la apariencia de normalidad para legitimar la necesidad de mano dura, sugería, frente al riesgo de disolución de la nación y el caos de las guerrillas y la izquierda. Fue una acción de exterminio diseñada por fanáticos con pasión de maestros e ingenieros: campos de concentración donde los torturadores marcaban tarjeta, vuelos de la muerte con horario de partida fija. Las dictaduras tenían un plan de educación continua del espanto: un cronograma con objetivos pero sin plazos.

Y fue un proceso largo. La violencia podrá ser la partera de la historia, pero todo parto requiere inseminación. Por eso las fechas son una efemérides arbitraria: ni la represión de los setenta comenzó con Pinochet ni su legado social, político y cultural acabó con él. Los procesos históricos son tormentas que todavía mojan después de caída la última gota: la humedad de sus consecuencias se aloja en el subsuelo de la cultura.

El golpe de Augusto Pinochet en Chile no fue la primera dictadura —esa fue la del paraguayo Alfredo Stroessner— ni la más brutal —ese deshonor se lo disputan varias—, pero adelantó procesos que otras naciones vivirían más tarde. Chile fue el primer experimento neoliberal de la región, la economía pionera en abrirse al mundo, el Estado que declaró el primer impago de deuda. Sus empresarios estuvieron, también, en la proa de la internacionalización.

Y Chile fue, también, el primero en consagrar la impunidad con una ley de amnistía general en 1978, y esa herencia —la ausencia de revisión del pasado— ha sido más común en la región —más unificadora— que la pervivencia de los problemas económicos. Ninguna nación, excluida Argentina, se atrevió a imponer condena a los criminales de unas fuerzas armadas todavía poderosas apenas regresada la democracia. El mismo Chile, El Salvador, Nicaragua, Brasil, Paraguay, Perú, Bolivia no han resuelto su pasado con los dictadores ni sus herederos, que quedaron en un limbo incorpóreo, sin justicia. Guatemala recién lo intentó en 2013, casi tres décadas después del último gobierno de la Junta Militar.

Es una idea horrible, pero América Latina *desapareció* su pasado.

El mayor cambio respecto de los setenta, hoy, ha sido la implosión de los grandes relatos, que ya no hay ni en oferta. Quedan las religiones, que uno desea que no gobiernen nada, y varios nacionalismos, que nada más crían ciudadanos de cabotaje, pero los dos grandes sistemas de ideas que dividieron al mundo en el siglo XX ya no abrigan multitudes fervorosas. El socialismo se murió inane —su herencia de abuela vieja: un refrigerador oxidado que guarda ideas mohosas en Cuba y Corea del Norte. El capitalismo es un cascarrabias distante del macho irresistible que pintó su literatura.

El europeo se volvió misógino; Rusia y China son dos cabrones que maltratan a sus familias; Estados Unidos depende del viagra de la deuda para mantener la bandera en pie.

En medio —debajo— de eso, nosotros: las almitas solas. Acabó el cuento neoliberal del crecimiento perpetuo y no funciona el cuento de que el Estado puede hacer mucho de manera sostenible. Por generalizar, en estos cuarenta años América Latina ha mantenido instituciones desnutridas —zarandeadas tanto por conservadores como progresistas— y la dedicación política a construir diálogos constructivos ha sucumbido a la batalla de prontuarios entre dirigentes. Es pésimo cortoplacismo: más de una organización política pone primero la vocación de poder que un proyecto; el Estado es, y con frecuencia, capturado por minorías (o mayorías) excluyentes y revanchistas.

Y, sí: podremos culpar por la herencia a Pinochet —y Videla y Médici y Alvarado y Stroessner y Bordaberry y Ríos Montt y Siles Zuazo, y dale que va— pero, vamos, cuarenta años son tiempo suficiente para ordenar la casa y doctorarse de adultos.

Por primera vez en estas cuatro décadas, la región se encuentra con un mundo multipolar y sin una figura paterna que la ayude a navegar su adolescencia. Si los setenta fueron balas y tortura, los ochenta una década perdida entre crisis de deuda y los noventa la apertura al capital, no está muy claro qué otra cosa más que un interesante mejunje somos ahora. Aun con experiencias similares en la superficie —militarismo, dictaduras, gobiernos autoritarios, corrupciones—, cada una de nuestras naciones tiene una unicidad incomparable. Hasta en los acuerdos estamos solos. La idea de latinoamericanismo que movió los sesenta y setenta es ahora un proyecto de grupo, no una bandera continental, y está antes reducida a definirse por lo que combate —un supuesto imperialismo pasado de moda— que por lo que es, una reunión coyuntural de personalismos con deseos de perpetuidad.

En los últimos veinte años, el mundo pendular y gris de la Guerra Fría se transformó en la región en un mercado de frutas tropicales: neoliberales fanáticos; progresistas que censuran como conservadores; conservadores que aprueban proyectos progresistas; un PRI de regreso con aparente travestismo; un guerrillero viejo, muy franco, tanguero; una guerrillera menos vieja, nada tanguera, que busca consolidar el deseo hegemónico de Brasil. Centroamérica que sigue atrapada en el trompo de los ochenta: revolucionarios vueltos empresarios de saco y corbata, criminales devenidos presidentes electos. La estable Costa Rica, el banco eterno de Panamá. Daniel Nicaragua Ortega, S.A. El pseudo-socialismo petrolero —y no diré macondiano, no diré místico— de Venezuela. El Robin Hood de la información, Julian Assange, refugiado en la embajada de un gobierno que controla la prensa. Cuba, que bajo la piel del lagarto demostró ser un gatopardo. Un Estados Unidos tan embarullado por su gordura presupuestaria como por un mundo más diverso e incomprensible —y al que, pareciera, lanzarle piedrazos retóricos garantiza el aplauso de la barra del barrio.

Mundito, mundón. Este lío.

Crecer a golpes toma como punto de partida el golpe de Pinochet para repasar los relatos de once naciones latinoamericanas, la Madre Patria —esa comunidad de comunidades llamada España— y el Padre Político, esa comunidad de comunidades llamada Estados Unidos. Explora cómo la marcha a paso de ganso de los golpes militares propició nuevos procesos de cambio y permitió revelar otros en la misma época y con la andadura de las décadas. La historia en toda su manifestación, una corriente eléctrica de dialéctica continua.

Pinochet fue parte de la vasta cultura política de caudillos que asumen que la vida pasa por el cordón espermático de sus cojones. América Latina aún debe sacudirse ese polvo de los hombros. Las dictaduras —de Pinochet a Fidel Castro, pasando por las Juntas argentinas y los treinta años de Alfredo Stroessner en Paraguay— son evidencia suficiente de la lluvia ácida que cae con la perpetuación en el poder. Los gobiernos que más éxito han tenido

—la Concertación chilena, las últimas dos décadas de Brasil, la sorprendentemente perenne Costa Rica, tal vez Uruguay— parecen haber comprendido que la justicia social es un proceso que debe ser sostenible e institucional, no el producto de la voluntad hipercalórica de los personalismos.

En estos tiempos, América Latina parece tener alguna oportunidad de seguir reduciendo la pobreza, que está bajando. Las clases medias se ensanchan. Desde hace veinte años, cientos de miles de microemprendedores se han valido de la estabilidad para ofrecer a sus hijos oportunidades que ellos no tuvieron. La capacidad de exportar se ha afianzado. Tenemos crecimiento, el principio para pensar el desarrollo.

La foto también es un tanto difusa. Hay brutalidad y exclusiones, naciones azotadas por líderes arbitrarios. La concentración de capital sigue siendo pronunciada y permanecen diversos sectores de poder sin democratización, renovación ni transparencia. Si bien es notable que la brecha entre ricos y pobres se achique, esto no sucede en todos los países, ni en todos a la misma velocidad. Nuestras economías, a más de doscientos años de la Revolución Industrial, son todavía primarias. La mayoría de nuestras empresas más competitivas proviene de media docena de países en una región donde conviven una veintena de naciones de desarrollo desigual. El desempleo todavía es elevado. Se mueren niños y madres por enfermedades evitables. La educación tiene aplazamientos graves.

Para más, en cuarenta años, por tercos o por torpes, aún no parecemos comprender cuestiones básicas, como que las alternancias ordenadas proveen oportunidades para administrar mejor el presente y planificar el futuro, que los consensos y las negociaciones son siempre un mejor resultado que la victoria intransigente, y que construir naciones más justas no debiera —no debe, no— ir asociado a ninguna forma de autoritarismo.

•

Crecer a golpes intenta capturar en crónicas y ensayos algunas de esas realidades.

En este conjunto de visiones personales hay un profundo lamento por otra oportunidad perdida, por el aparente eterno retorno del pasado, por las impunidades y vicios irresueltos, el mesianismo, la violencia, el manoseo de las ideas y las personas; el racismo, la xenofobia, los viciados heroísmos épicos, el olvido liviano, la memoria como negocio electoral. Estados cooptados, naciones convertidas en el harén de sus mandantes, políticos incapaces de construir proyectos más profundos que un tuit. Generaciones desperdiciadas. Es preciso un esfuerzo para entender esa desazón no como una renuncia, sino como un reclamo en voz alta de que todavía —caramba— tenemos esperanza.

El mosaico latinoamericano de *Crecer a golpes* puede leerse de corrido —el orden de los textos inicia en Chile y sube, país por país, por Argentina, Brasil, Perú, Colombia, Venezuela, Nicaragua, El Salvador, Guatemala, México, Cuba, da un salto a España y concluye en Estados Unidos, la figura paterna omnipresente de la adolescencia latinoamericana. Pero dado que sus argumentos componen una mirada amplia, estas crónicas y ensayos también pueden ser abordados sin un mapa de viaje lineal, como una colección de fotografías móviles en un iPad.

Sergio Ramírez encuentra en Nicaragua una nación que una y otra vez parece dispuesta a someterse a las maquinaciones de aventureros y visionarios extravagantes. Su texto recuerda los peligros de la megalomanía y la falta de transparencia que fructifican en sociedades civiles débiles. Nacida a mediados del siglo pasado, la generación de Leonardo Padura —los primeros hijos de la Revolución— fue convertida en carne útil para cubrir el expediente de la burocracia cubana: sacrificarse en nombre del etéreo y vacuo ideal para, tal vez, si los planetas se alinean, convertirse en la promesa del hombre nuevo.

Martín Caparrós vuelve al mito vivo de la muerte en la política argentina, donde los cadáveres y su memoria participan de la dialéctica histórica tanto o más que sus poseedores lo hicieron en vida. Un muerto político en Argentina es, siempre, un cuerpo socialmente útil. Carlos Dada encuentra que la violencia es un anatema que ha superpoblado de crímenes El Salvador, y que en la carnicería pública nacional han participado y participan militares, guerrilleros, el Estado como un todo, los ricos y los marginales. En El Salvador, Saturno hinca los dientes en sus hijos y despliega un mensaje universal: nadie es inmune a ser devorado por su patria.

Álvaro Enrigue escarbó en los símbolos de México para narrar una experiencia a la vez familiar e histórica: cómo la desaparición del VW Sedán, el "vocho", un auto clásico del país, se emparenta con el paso del México de provincias a la nación sumergida en la velocidad de la economía del siglo XXI. Patricio Fernández también recupera una historia familiar —la de su abuelo Sergio— para testimoniar la transformación pública y privada de Chile desde 1973, donde el éxito económico garantizó menos pobreza y mejor calidad de vida, pero a cambio dejó sin juzgar los crímenes de la dictadura. Gustavo Faverón Patriau halla una causa a la anemia política del Perú en Vladimiro Montesinos, un Keyser Söze de cabotaje, que tuvo en Pinochet, a quien leía como poseso, un guía pragmático para su oportunismo mediocre.

Enric González y Boris Muñoz tuvieron en sus manos países con propósitos universales: ser algo más, cuanto menos algo mejor. González rastrea las fundaciones y el presente de la España europea, una nación primero travestida para recuperarse del clericalismo de Francisco Franco y, más cerca, para perpetuar el narcisismo de su riqueza artificial. La Venezuela de Muñoz también debió verse ante el espejo, como una nación democrática durante el tiempo de las dictaduras en América Latina y como una autocracia comandada por un héroe épico, Hugo Chávez, que volvió a poner al país en las antípodas de la región.

El colombiano Mario Jursich y el brasileño Mário Magalhães introducen dos grandes campos políticos: el discurso y el deporte. Jursich halló en el presidente Julio César Turbay, contemporáneo de Pinochet, el afianzamiento de una gramática del eufemismo, que facilita al poder esconder intenciones y hechos. (Las dictaduras conocieron el valor de las palabras: con ellas no había "crímenes" sino "excesos"). Magalhães puso a jugar violencia, racismo, soledad y poder en los campos de fútbol de Brasil, América del Sur y el mundo: numerosos gobiernos de los setenta —década de la Copa del Mundo de Argentina— emplearon el deporte como herramienta para edificar poder simbólico y real, una gramática, su narrativa.

En las conversaciones de Francisco Goldman con los fiscales que procesaron y la jueza que condenó a Efraín Ríos Montt, hay una moraleja sutil: cómo un fallo constitucional adverso —una derrota— puede alumbrar caminos a la victoria de la sociedad civil, capaz de animarse entonces a discutir las viejas estructuras del poder político y económico para democratizar el país. Finalmente, Jon Lee Anderson, quien ha pasado buena parte de su vida como turista en la propia patria, describe su progresiva desazón con Estados Unidos, aquella nación donde todo era posible —"la mayor democracia del mundo"— y ésta de ideas extraviadas, donde la sociedad encuentra en su gobierno un atemorizante Gran Hermano.

La historia puede alcanzarnos de modos impensados, por algo somos el hámster de su rueda. En aquel lunar de la piel pampeana que habité cuando niño, mi padre vivió con dolor la caída de Allende, tuvo miedo de los milicos argentinos, tropezó y se levantó durante las democracias. Cuarenta años después, yo también tengo un hijo que iguala mi edad cuando el golpe de Pinochet, me cuido las rodillas de tanto traspié y temo a los militares del país donde nunca imaginé que residiría, Estados Unidos.

Vivo en un edificio en las afueras de Washington, D.C., y es aquí donde me alcanzaron los cuarenta años del golpe en Chile y donde la historia hizo lo que suele hacer con los seres menores, sus hámsters: rozarme en su carrera. En el edificio donde está mi casa, al que llamaban The Irene, convivieron uno de los ideólogos del golpe en Chile, Richard Helms, y uno de los últimos hombres que defendió a Allende, el embajador Luis Herrera González. Compartían elevadores durante los días en que uno conspiraba para derrocar al presidente del otro.

Dice esta historia de los restos de la historia:

En una sesión ejecutiva del Comité de Relaciones Internacionales, el senador Stuart Symington miró a Richard Helms. El director de la CIA estaba sentado tras una larga mesa, el micrófono encendido.

—¿Trató usted en la CIA de derrocar el gobierno de Chile?

Helms dijo que no.

—¿Dio usted dinero a los opositores a Allende?

Helms volvió a reclinarse sobre el micrófono.

—No, señor.

Richard Helms comandó la CIA entre 1966 y marzo de 1973 y fue uno de los cerebros de la contrainteligencia estadounidense durante las administraciones de John F. Kennedy, Lyndon Johnson y Richard Nixon. En 1977 fue condenado por engañar a Symington y otros miembros del Senado sobre las operaciones clandestinas que la CIA dirigió en Chile para derrocar a Allende. Helms, un hombre alto de rodillas protuberantes, tan disciplinado que había hecho de la discreción una forma de arte, enfrentó al Comité del Senado con un dilema moral entre dos fidelidades en conflicto: había jurado decir la verdad a sus interpeladores pero también había jurado proteger los secretos de la nación cuando ingresó a la CIA en 1947. Helms eligió su fidelidad a la CIA —creía que no podía liberar en buena conciencia la información— y recibió una reprimenda menor y debió pagar una multa de dos mil dólares. Seis años después, el hombre que sólo tomaba un Martini los viernes por la noche pues deseaba estar siempre alerta, fue condecorado por el presidente Ronald Reagan con la Medalla a la Seguridad Nacional por su servicio excepcional para la inteligencia del país.

En aquel 1973 del golpe, Helms llevaba cinco años viviendo junto a su segunda mujer, Cynthia McKelvie, en The Irene, que por entonces era un edificio de lujo construido por el hijo de un obrero metalúrgico ruso. Como Washington, D.C., es un teatro de operaciones políticas, The Irene vivió íntimamente el clima de la Guerra Fría. Los Helms llegaron a The Irene en 1968 y rentaron un confortable y luminoso departamento de dos cuartos y un estudio que ocuparon hasta que, tras las audiencias en el Senado, el ya ex director de la CIA aceptó irse como embajador de Nixon a Teherán. Helms siempre jugaba al tenis de blanco pero odiaba atraer la atención sobre sí mismo, así que durante su vida en el edificio nunca tuvo custodia. A diario sólo lo acompañaba su discretísimo chofer. Cynthia, su mujer, escribió en su autobiografía: "Mi marido prefería las sombras".

Por muchos años, The Irene fue morada de personas influyentes, célebres y afanosas. Los miembros de varias casas reales inescrutables se hospedaban aquí junto a diplomáticos de países gordos. La embajada de Israel tenía un piso entero reservado para su personal. La mayor inconveniencia de aquellos gloriosos años era si funcionarios de importancia —un senador, un *representative*, algún secretario de Estado— visitaban a algún residente. Entonces el Servicio Secreto revisaba los escondrijos oscuros del edificio y secuestraba un elevador para su movimiento exclusivo.

La llegada de Helms especiaría esa vida. Su teléfono sonaba a cualquier hora de la noche, pero nadie podía escuchar demasiado: su línea directa a la Casa Blanca estaba protegida. Un tiempo después de su mudanza al edificio, la administración de The Irene recibió un increíble número de solicitudes de renta. Varias de ellas venían de la CIA, que puso cerca de su jefe a varios agentes como vecinos y vecinas encubiertos, pero muchas otras eran de espías enviados por los gobiernos extranjeros, que también querían tener oídos cerca del jefe de los espías de Estados Unidos. Helms sabía de ellos: guardaba una lista con sus nombres en una caja en un clóset del departamento.

Un par de años después del arribo de los Helms, la historia jugaría un truco de novela de Graham Greene: el chileno Luis Herrera González, nombrado por Salvador Allende embajador ante la Organización de Estados Americanos (OEA), firmaba su contrato de arrendamiento como vecino de The Irene. A lo largo de dos años, Helms dirigió las conspiraciones para derrocar al gobierno del hombre con quien compartía la piscina y la sala de lecturas. En abril de 1973, con Helms recién acostumbrado a no ser más jefe de la CIA, Herrera viajó al centro de Washington para participar de la Asamblea de la OEA donde exigiría la disolución de la Comisión Especial de Consulta sobre Seguridad, creada un año antes a pedido de Estados Unidos para mantener a raya la supuesta amenaza cubana sobre sus intereses en América Latina. En su pedido, Herrera transmitió su idea de que el balance de la Guerra Fría también había cambiado en la región. "Ya aquí sesionan países que adoptan el marxismo", dijo, "y, entre ellos, está el mío".

Cinco meses más tarde llegaría el golpe abonado por las operaciones clandestinas de su vecino. En The Irene, dicen, Helms era un hombre evasivo, un vecino silencioso. La historia lo tiene como inteligente y difícil. Entre los ocupantes actuales del edificio, una mayoría de hombres y mujeres ya ancianos, no hay recuerdos de Herrera ni del jefe de los espías de la CIA. Cuando llegué a vivir a The Irene, en 2009, el vigor político de los setenta parecía no haber habitado jamás sus pasillos y cuartos. En la oficina de administración hallé un cuadro donde Helms y Herrera, dos hombres trascendentes en un proceso que destrozaría a un país y marcaría profundamente a América Latina, son recordados como vecinos famosos en apenas una oración. A William Perske, el padre de Lauren Bacall, una celebridad por carácter transitivo, le dedican dos.

En verdad, tampoco tendrían por qué ser rememorados: la historia se olvida, se recrea, se acomoda al gusto del cliente. El 11 de septiembre de 1973 no tiene mayor sentido en el edificio, en esta ciudad ni en el país donde vivo. El 11 de septiembre, en Estados

Unidos, es el 9/11 de 2001, las Torres Gemelas, la yihad de Al-Qaeda, el comienzo de otro tiempo oscuro. Ni es Chile ni Pinochet ni América Latina: el 9/11 no es aquí el primero, sino el segundo. El único. Es normal que así sea: la historia, al cabo, esconde las basuras bajo una alfombra con siglos de desastres olvidados.

Entonces: si la historia es cuanto debe, si no quedamos presos de superestructuras y determinismos, corresponde a los individuos —a las sociedades de individuos maduros— dejar el pasado en una remembranza, un acompañamiento, el recuerdo testimonial. Si The Irene —el edificio, la mini sociedad donde vivo— fuese todavía el que habitaron el espía de la CIA y el embajador de Allende, aquel pasado habría ocupado nuestro presente: no habría cambio más una reproducción eterna de determinismos. El sentido del presente es convertir todo pasado en una capa geológica —no la corteza, sino el manto inferior— sobre la que una nueva generación posará sus pies.

Y entonces: América Latina precisa seguir pasando páginas, sacudiéndose la sangre seca de los setenta, el moho de los ochenta, las pelusas y brillantinas siguientes. Superar su eterna adolescencia aparente.

Damas, caballeros, almitas que somos: de todos los tiempos posibles nos tocó el presente imperfecto, y eso engrandece el deseo inherente a todo futuro perfecto. No hemos de olvidar pero tampoco vivir atascados en un tiempo remoto ni en su clonación extemporánea.

Chile

"*El pasado nunca está muerto. Ni siquiera es pasado*".

—William Faulkner, *Réquiem por una mujer*

INTRODUCCIÓN

País esquina, fin y centro del mundo

Y entonces, por un momento, la periferia fue el centro.

La elección de Salvador Allende metió de lleno a Chile en el tironeo entre Occidente y la Cortina de Hierro de un modo que sólo el golpe de Augusto Pinochet pudo superar.

Patricio Fernández recorre la vida pública y privada de su país a través de su propia vida —de eso está hecha la historia: de nuestras carnes en acto— y los años con su abuelo en un fundo de Melipilla. Ambos, como la mayoría de los chilenos, fueron sujetos de un juego de ajedreces donde sólo tenían el rol de peones sin voz y, menos, voto.

—Es muy raro y no completamente explicable —dice Fernández—, pero Chile fue un laboratorio de experimentos internacionales.

En el transcurso de pocos años, el país espagueti del fin del mundo, una nación estable comparada con sus vecinos, pasó al plato central de la mesa global de la Guerra Fría. A la cena vinieron todos. A inicios de los setenta, Fidel Castro pasó casi un mes en Santiago con Pinochet, aún leal a Allende, como *attaché*. François Mitterrand siguió con detenimiento la experiencia de la Unidad Popular. Richard Nixon ya tenía un grano en el trasero con Cuba y no deseaba otro forúnculo rojo en el culo del mundo, así que envió a la CIA a intervenir directamente contra Allende en la campaña electoral y, luego, durante su gobierno. En 1976, cinco días después de que Henry Kissinger ordenase a sus diplomáticos latinoamericanos que dejasen de advertir a los gobiernos de Chile, Uruguay y Argentina contra su participación en el Plan Cóndor, una bomba en su coche asesinaba a Orlando Letelier, ex canciller de Allende, en las calles de Washington, D.C.

Como la política no fue el fin de la historia, la economía fue su continuidad. En la segunda mitad de los setenta, Milton Friedman, el padre del neoliberalismo, consiguió el oído de Pinochet y viajó a Santiago a trabajar en la implementación de sus principales ideas. Chile, el periférico, el paisito del fin del mundo, terminó por tomar el centro: ningún país —ni siquiera los Estados Unidos de Ronald Reagan ni el Reino Unido de Margaret Thatcher— implementó antes la receta neoconservadora que dominó la historia hasta la crisis financiera de 2007.

—El mundo se divirtió con nosotros —dice Fernández.

Cuenta Patricio, en Santiago, que en el momento en que comenzó su texto sintió que estaba sentado en un bar y de repente —un desconocido, un amigo, quien sea— le preguntaba sobre el Chile construido en estas cuatro décadas. Entonces él se lanzaba a hablar:

"Suele decirse que somos un país extremadamente conservador. Yo no lo creo así. Tenemos una élite económica y social dueña de prácticamente la totalidad de los medios de comunicación que se esfuerzan por convencernos de eso, pero la vida que se ve en las calles con frecuencia lo contradice. En Chile se desarrolló parte de la poesía más vanguardista de la lengua: el Neruda de *Residencia en la tierra*, la obra de Nicanor Parra. Nuestros procesos políticos también se han encargado de contradecir esa imagen. El socialismo llegó al poder democráticamente por primera vez en el mundo con Allende, tuvimos una de las dictaduras más emblemáticas de América Latina y, cuando se trató de aplicar el neoliberalismo, en ningún lado se hizo con tanto entusiasmo y convicción. Quizás por ser un país extremeño, todo lo hacemos a *finish*. La hipocresía ha sido una marca distintiva del carácter chileno: no somos lo que parecemos, hasta que, superados por la realidad, nos delatamos. Se supone que acá reina el orden, pero no es tan claro".

La vida privada de don Sergio, el médico pinochetista abuelo de Patricio Fernández, recorre la transformación de Chile de la gran pobreza al gran consumo, primero bajo una democracia tutelada y luego con una sociedad que vuelve a preguntarse qué nación quiere ser.

El Chile público, el privado. Hay un Chile supuesto —el gran ganador de las economías regionales, el jaguar sudamericano, el país metódico que llegaría a ser el primero desarrollado de América Latina— y un Chile más real, con demandas insatisfechas y el pasado todavía colgando del cuello. Chile comenzó a construir los beneficios que sus ciudadanos tienen en democracia luego de que, tras la crisis de 1982, el pinochetismo se volvió más pragmático y financió la expansión de las empresas locales y la economía abierta atrajo más capital. Los resultados han servido de arma arrojadiza para quienes creen que un gobierno autoritario con crecimiento es preferible a una democracia pobre.

—¿Cuánto del Chile de la dictadura es el Chile de la democracia? —pregunto a Patricio—. ¿Qué Chile conocemos en verdad, qué relato vivo dejó el pasado?

—Hoy conviven en Chile los familiares de los desaparecidos con una derecha que no sólo apoyó el golpe de Estado de forma unánime sino que, tras diecisiete años de dictadura, votó para que Pinochet continuara en el poder. Se cuentan con los dedos de una mano los arrepentidos por las brutalidades. Por otra parte, ha irrumpido una nueva generación con derecho a voto nacida en democracia y libre de las ataduras y miedos de sus padres. Es interesante lo que ha sucedido al cumplirse cuarenta años del golpe: imágenes de un pasado para nada remoto han vuelto a tomar las pantallas de la televisión. Como escribió T. S. Eliot: "El tiempo presente y el tiempo pasado / están ambos quizá presentes en el tiempo futuro". Sólo falta ver de qué manera.

Cuarenta años después de Pinochet, Chile termina de correr las cortinas al largo amanecer de una más larga noche.

El fin de todo lo anterior

PATRICIO FERNÁNDEZ

Nací en Santiago de Chile en 1969, cuando el hombre pisó la luna, tal vez la efemérides más significativa en la historia humana. (En 1492 apenas conocimos otra esquina del jardín del mundo). Mientras el homo sapiens comenzaba a recorrer el universo, a mí me amamantaban en uno de los países más distantes del planeta. Salvo un avión que continúa a Australia, sobrevolando la tierra congelada por el sur, todos los demás retornan de aquí a alguna parte.

Yo tenía cuatro años cuando el 11 de septiembre de 1973, aviones Hawker Hunter bombardearon el palacio de La Moneda y Salvador Allende se disparó en la cabeza con una metralleta que le regaló su amigo Fidel Castro. Recorrí los 1.043 días que duró el gobierno socialista mucho más tarde, a punta de lectura y conversación. Algo de ese tiempo, sin embargo, ha quedado grabado en mí. La historia de un país también está en la vida de sus habitantes. Tengo poco más de cuarenta años: el Chile transcurrido en dicho período, perdón por la inmodestia, también soy yo. Yo y mis circunstancias, como diría Ortega y Gasset.

•

En 1973 Santiago era una capital de provincias, una ciudad gris y lenta sin mucho recuerdo de su pasado. Ya entonces costaba encontrar sus rastros coloniales; sus rascacielos no tenían más de diez pisos. A orillas del río Mapocho y hasta el centro mismo de la ciudad, convivían salpicones de arquitectura neoclásica francesa con familias en casas de cartón. En el país que recibió Salvador Allende, uno de cada cuatro niños estaba desnutrido. Durante los tres años del gobierno de la Unidad Popular (UP), sólo los reaccionarios hablaban de totalitarismo soviético para condenar a un Partido Comunista que suscribía las costumbres democráticas nacionales. Los artistas fueron el alma de la política. Allende apostaba por construir un socialismo a la chilena, "con sabor a empanada y vino tinto".

Los vientos de la revolución que soplaban por América Latina despeinaron también a la izquierda chilena, que consiguió llegar al poder por las urnas en 1970. El mismísimo Salvador Allende, un político republicano, ex ministro y ex senador de traje y corbata, no pudo abstraerse de esa brisa. En un documental de aquellos años responde a las preguntas del joven revolucionario francés Jules Régis Debray con la torpe coquetería del que, para disimular su edad, renuncia a defender lo que sabe por viejo. Allende no pertenecía a esa estirpe de guerrilleros. Era vanidoso, coqueto, sibarita. Le encantaban las mujeres y seducía con facilidad: tuvo una esposa, una mejor amiga y varias amantes. El ex senador José Antonio Viera-Gallo dijo una vez que, antes de comenzar una reunión ministerial, Allende le quitó su chaqueta de gamuza. "Aquí nadie se viste mejor que el presidente", dijo, y se la cambió por la suya. No consigo imaginar a aquel hombre con bigote y anteojos vistiendo un uniforme verde oliva.

La Unidad Popular alimentó una borrachera de esperanzas en una casa que chirriaba bajo el huracán de la Guerra Fría. En esos años las convicciones eran más fuertes que la política y la pasión más valorada que la templanza. Chile vivía en ambiente de asamblea. Los sindicatos, las federaciones estudiantiles, los curas, las asociaciones gremiales, las juntas de vecinos y hasta las putas discutían el futuro nacional. El gobierno de la UP debió litigar desde sus comienzos con la amenaza golpista y una economía que al poco andar empezó a descalabrarse. En junio de 1973, el coronel

Roberto Souper, al mando del Regimiento Blindado Nº2, cercó con sus tanqucs cl palacio de La Moneda. El gobierno consiguió neutralizar la maniobra, pero las cartas ya estaban echadas. La inflación volaba. El clima era de máxima inquietud. "Allende ordena robo de fábricas", decía la revista *SEPA*. "Ejército y pueblo somos invencibles", devolvía el diario *El Clarín*. "El golpe está vivo", aseguraba en tapa la revista *HOY*. "En su puro tufo se afirma Allende. ¡Que renuncie!", gritaba el periódico *Tribuna*.

Los últimos días del gobierno socialista no tuvieron la calma que antecede a las tormentas. El 23 de agosto de 1973, el general Carlos Prats dejó la comandancia de las Fuerzas Armadas en manos de Augusto Pinochet, un general de la completa confianza de Allende: la derecha lo consideraba un milico rojo. El 4 de septiembre, para el tercer aniversario del triunfo de la Unidad Popular, una muchedumbre de setecientas mil personas caminó junto a La Moneda. La congregación debiera haber servido para demostrar la fuerza de un gobierno todavía joven, pero exhibió la pena anticipada de su fin. "Un multitudinario desfile pasó frente a la tribuna, donde los dirigentes no pronunciaron ningún discurso, porque ya nada tenían que decir a las masas. (...) La clase obrera se sentía derrotada siete días antes del golpe", escribió el periodista argentino Helios Prieto.

"El Chicho" —como llamaban a Allende sus seguidores— se autodefinía como revolucionario, pero fue Pinochet quien de verdad llevó a cabo una revolución. La UP no apareció de un día para el otro: fue la culminación de un proceso histórico en el cual las clases populares lograron un protagonismo inédito. El golpe, en cambio, cortó la historia en dos. La sociedad civil quedó huérfana. Los partidos políticos pasaron a la clandestinidad; se acabaron los sindicatos; cerraron los medios de comunicación que no fueran partidarios de la dictadura. En medio de ese silencio acrítico y sumisión casi absoluta, ocurrió la más profunda y radical transformación económica de Chile.

•

Mi abuelo Sergio fue director del Instituto Médico Legal de Chile. A fines de los años cincuenta, harto de escarbar muertos, partió con mi abuela Rosa a vivir a Melipilla, una ciudad rural de calles de tierra y casas bajas de adobe y madera, una hora al suroeste de Santiago. De niño, lo visitaba a menudo. El tata solía comprarme helados de bocado y coco en El Cairo, frente a la Plaza de Armas del pueblo. Cuando colgó su cotona blanca de médico forense, tenía casi la misma edad que yo al escribir estas líneas: cuarenta años, el período que atraviesa mi niñez, Allende, la larga noche de Pinochet, y el presente, cuando ya nada es lo mismo.

El borde oriental de la Chacra Marín —como se llamaba el fundo de mis abuelos— lindaba con los extramuros de Melipilla. El portón de entrada al campo quedaba al final de la calle Manso, la última avenida del pueblo, mitad tierra, mitad pavimento y con una sola vereda donde se alineaban las talabarterías que vendían monturas, riendas y estribos, chupallas de paño y de paja. De la reja en adelante, la calle Manso era de nuestra propiedad. Tras el portal, a la derecha, estaba la casa patronal, donde pasé buena parte de los veranos y fines de semana de mi infancia con mis primos. La casa era de adobe y, cuando la levantaron, a comienzos del siglo XX, tenía forma de U, pero una de sus alas cayó con el terremoto de La Ligua, en 1965. Más adelante seguían la lechería, después el puente del canal y luego las viviendas de los inquilinos. Ahí vivían las familias de Lucho, el Lolo y don Cantalicio, los empleados del abuelo. Eran casas sin radié, con suelo de tierra apisonada y un pequeño huerto sembrado de hortalizas y frutales. Tras ellas, y al fondo de la calle Manso, "el patrón", mi abuelo, tenía su criadero de conejos de Angora, una lana de moda hasta fines de los setenta. Los pequeños Angora son un puñado de algodón con dos gotas de sangre resplandeciente.

Al interior de la Chacra Marín vivíamos en un mundo aparte. Cuando había visitas, repartían un aperitivo de vainas dulces con espuma, charqui, aceitunas negras y quesos frescos. A los niños nos abrían una Coca-Cola de litro que servían en vasos diminutos, como se hace con un licor escaso. Mi abuela preparaba dulces —bollos, merengues y brazos de reina— mientras Brunilda, la cocinera de la casa, hacía manjar de leche y mantequillas con nata. En el patio del granero estaba la entrada a la lechería. Ahí, en una mazmorra oscura, el Lolo amarraba las vacas a los muros con cadenas de hierro y enlazaba sus patas traseras con cuerdas húmedas para que no lo pisaran mientras las ordeñaba. Cada mañana, antes del amanecer, yo lo acompañaba a buscar esas vacas negras con manchas blancas al potrero; las arreábamos junto a los novillos recién paridos, a los gritos y con la ayuda de una varilla.

En Melipilla, durante la Unidad Popular, muchos trabajadores protagonizaron luchas memorables, cara a cara con sus patrones de toda la vida. Sobrepasados por el entusiasmo, algunos invadieron fundos más pequeños que los presupuestados por el Comité de Reforma Agraria de Allende, que establecía como expropiables los predios de más de ochenta hectáreas. Los inquilinos de mi abuelo no hablaban de política: se supone que coexistíamos en perfecta armonía. Para nosotros, habían sido campesinos organizados de otros fundos quienes participaron en la socialización de las tierras, pero, a la distancia, es posible que aquella paz en la que vivíamos fuera sólo aparente y establecida por el miedo.

Mis recuerdos de la casa comienzan con Pinochet en el poder. Salíamos sólo los domingos, y a misa, en alguna de las cuatro iglesias del pueblo: La Catedral, La Sagrada Familia, Santa Teresa de Los Andes o Nuestra Señora de la Merced, la más señorial. Las mujeres asistían a la ceremonia con un pañuelo en la cabeza y, durante los cantos, imponían sus voces agudas como un lamento. A la salida, mis padres y los abuelos conversaban brevemente con los dueños de los fundos vecinos o con el cura, que se detenía en la puerta a saludar a sus benefactores. En ocasiones, el sacerdote iba a almorzar a nuestra chacra. El padre Luis era un misionero belga, partidario de la Teología de la Liberación. Inevitablemente, """"en algún momento de la velada, entre carnes y bollos, el cura se las arreglaba para comentar los sucesos horribles del país. Mi abuelo, un pinochetista sin mella, se encabritaba siempre: los militares habían salvado a Chile del comunismo ateo, ¿de qué diablos estaba hablando? En una oportunidad, cuando el sacerdote relató un allanamiento en la población de Alhué, donde los militares se ensañaron con unos campesinos viejos, mi abuela Rosa, que lo había escuchado con detenimiento, sentenció que esos campesinos podrían ser cualquier cosa, pero inocentes seguro que no. Nadie agregó mucho: si alguien hubiera apoyado al cura, la abuela habría ordenado que no se hablase más de política y que saliéramos, todos, al parrón.

Terminado el almuerzo el abuelo Sergio comía un racimo de uvas mojadas, que desprendía e introducía en la boca a una velocidad impresionante, e invitaba a caminar. Las niñas se detenían a jugar con los conejos, pero nosotros lo seguíamos con la expectativa de encontrar algo más interesante en el camino al bosque. Junto al cerro que lindaba con el fundo solían entrenar unos soldados, posiblemente del asentamiento de Tejas Verdes, un regimiento cercano que se convirtió en uno de los primeros campos de detención de la dictadura. Hasta ahí llevaban en camiones frigoríficos a prisioneros de Santiago que depositaban en barracas de madera donde pasaban meses bajo tortura o, en el mejor de los casos, maltratados como perros. Pero nosotros no sabíamos nada de eso: los soldados eran una visita divertida para una banda de niños. En el cerro, los *pelados* montaban tiendas de campaña y pasaban el día arrastrándose en punta y codos, haciendo ejercicios de tiro y fingiendo combates. Más de una vez estallaron explosivos. Mis primos y yo los mirábamos a la distancia hasta que se marchaban. Entonces, sin que el abuelo nos viera, bajábamos corriendo a buscar los casquillos de fusiles y restos de la artillería.

●

Para mi tata Sergio, el verdadero pecado del régimen militar parecía ser su poco celo burocrático: no declarar los muertos, ni siquiera entregarlos. "Con elaborar listas bastaba", decía, "en toda guerra los muertos se declaran". El viejo era un hombre bajo y calvo, cariñoso pero de pésimo carácter. Estallaba en gritos al más mínimo desarreglo y contradicción. Pertenecía a la estirpe más conservadora de Occidente, ésa para la cual el catolicismo es el único manual de comportamientos atendibles y todo aquel que lo discuta, un enemigo acérrimo. Su guerra, como la de Pinochet, era contra el caos y el libertinaje. A medida que fue perdiendo sus fuerzas, como un toro cansado, se volvió más tolerante. Nunca, sin embargo, permitió que se sentaran a su mesa segundos matrimonios ni convivientes sin consagrar.

En un cajón de su dormitorio de Melipilla, el abuelo guardaba escopetas, rifles y pistolas. Alguna vez sugirió que tenía metralletas enterradas, pero bien pudo ser un cuento para su nieto fantasioso. Se supone que las armas las obtuvo mientras trabajó en el Instituto Médico Legal. Tal vez fueran evidencias enviadas para constatar si calzaban con las balas que sacaba de los asesinados, pero, a decir verdad, su antiguo empleo siempre estuvo rodeado de una atmósfera misteriosa. En el escritorio, junto a su arsenal quirúrgico, atesoraba una colección de cráneos que pocas veces nos permitió ver. De no haberse jubilado a tiempo, el 11 de septiembre de 1973 mi tata habría presenciado un espectáculo aterrador. Tras el golpe, cientos de cadáveres de personas fusiladas en las calles cubrieron los pasillos de su Instituto Médico Legal. Incluso el cuerpo de Salvador Allende estuvo en la morgue, apenas mejor atendido que los restos de sus seguidores hallados a orillas del Mapocho. Durante meses, los oficiales del Servicio Médico Legal falsearon los certificados de autopsia para asegurar que aquellas personas habían caído en enfrentamientos. Mi tata jamás se refirió al asunto y yo aun no sé cómo hubiera reaccionado de haberle correspondido estar ahí. El viejo nunca consiguió entender que el voto de un campesino valiera lo mismo que el de un universitario.

En 1978, con la dictadura ya consolidada, una nueva línea de buses, los Ruta Bus, llegó a Melipilla. A diferencia de los antiguos transportes que paraban muchas veces en el camino y en los que solía viajarse de pie, los Ruta Bus no hacían escala, tenían televisor y repartían sándwiches y café. Para mi abuela se trató de una incontestable demostración del buen gobierno de Pinochet. Ese mismo año, lejos del país y nuestros buses con tentempiés de jamón y queso, la Asamblea de Naciones Unidas ignoraba la versión del embajador de Chile —según la cual quienes se hacían llamar "desaparecidos" no tenían existencia legal— y condenaba al país por violar los derechos humanos. Indignado, Pinochet convocó a una consulta nacional para desenmascarar la mentira. En la papeleta del voto, los propagandistas del régimen escribieron: "Frente a la agresión internacional desatada en contra de nuestra patria respaldo al presidente Pinochet en su defensa de la dignidad de Chile y reafirmo la legitimidad del Gobierno de la república para encabezar soberanamente el proceso de institucionalidad del país". La ira de la dictadura era tal que no se permitía la pausa de una coma. Más aun, quien votaba por respaldar al gobierno debía marcar "sí" sobre una bandera de Chile, a quien estaba en contra lo hacían marcar el "no" sobre el dibujo de una bandera negra. El "sí" ganó con más del 75% de los sufragios. Años más tarde, escuché a la hermana mayor de mi padre contar, entre ataques de risa, que ella misma se había llevado a su casa bolsas llenas de votos opositores.

En noviembre de aquel 1978, a meses de esa consulta fraudulenta y mientras la economía experimentaba un repunte vertiginoso siguiendo a sangre y fuego los consejos de Milton Friedman, ocurrió el primer hallazgo masivo de cuerpos de detenidos-desaparecidos en una zona próxima a Melipilla. Fue al interior de unos hornos de cal en Lonquén, a pocos kilómetros de la ciudad y del fundo familiar. "Trozos de cráneos amarillentos, con huellas de cuero cabelludo; pelos sueltos, negros; ropas desgarradas en las que se reconoce un *blue jean*, un chaleco de hombre", escribió

Abraham Santibáñez, un periodista que presenció la excavación. En ese montón estaban los cadáveres de Sergio Maureira y sus cuatro hijos. Treinta y cinco años después, en un programa sobre las cuatro décadas del golpe militar, Corina Maureira lloró una vez más frente a las cámaras al recordar el descubrimiento de los cuerpos de su padre y hermanos: "Los mataron a sangre fría. Los tiraron vivos ahí".

En el campo, como lo había comprobado el padre Luis, no se hablaba de esas cosas. Con mis abuelos cercanos al pinochetismo, en la Chacra Marín todos debían moverse bajo el mandato silencioso del régimen, como ganado manso. Por eso en los días del hallazgo de los cadáveres la noticia verdaderamente importante fue el arribo de las ordeñadoras eléctricas y de cierta máquina que permitía enfriar la leche y evitar su descomposición. En la Melipilla de mi infancia y en el fundo familiar, no entraba la gran historia. Para mis abuelos, la derrota del comunismo bien valía unos cuantos muertos. Casi treinta años más tarde le preguntaron a Manuel Contreras, el jefe máximo de los órganos represivos de Pinochet, si acaso se arrepentía de algo. Contestó que sí: "De no haber matado más marxistas". Cuando comenzaron los juicios a los militares, mi abuela se quejó de lo mismo. "El problema", decía, "fue dejar a tantos vivos".

•

En 1983, con una década bajo Pinochet y mientras al otro lado de la cordillera Argentina salía del espanto de la dictadura y la guerra de las Malvinas y recuperaba la democracia, en Chile comenzaban las protestas callejeras. Los movilizados convocaban con panfletos que convertían a muchas calles en periódicos; las noticias volaban cuando corrían los automóviles. Cundían las imprentas clandestinas que, con el tiempo, cuando desapareció su función combativa, se transformaron en editoras de libros piratas. Las parroquias eran los principales lugares de encuentro y discusión. A medida que las antiguas dirigencias dispersas comenzaron a regresar del exilio, el país recuperó su organización social. Producto de la crisis económica —la cesantía llegó a cerca del 40%—, en las ollas comunes de las poblaciones los vecinos cocinaban las verduras recogidas de los contenedores de basura de los supermercados que ya comenzaban a reemplazar a los pequeños almacenes de barrio.

Fue en esos tiempos, cuando la dictadura empezaba a resquebrajarse, que Melipilla se partió. A las 5:45 p.m. del 3 de marzo de 1985 terminábamos las vacaciones del verano y un terremoto con epicentro en las costas de Valparaíso sacudió el centro de Chile. A la mañana siguiente, entre muchas noticias que tropezaban, en la radio dijeron que Melipilla estaba gravemente afectada. Mi abuelo, con quien estábamos en la playa, quiso ir allá, y mi padre, en lugar de detenerlo, me subió al auto como su compañía. Tenía quince años, y aquel fue mi primer terremoto.

Entramos a los territorios rurales rodeados de pequeñas casas desmoronadas a orillas del camino, con el abuelo Sergio y la abuela Rosa en silencio. En Melipilla, el torreón de la catedral y los tres campanarios de las iglesias madres estaban por los suelos. Las casas pareadas de las calles Serrano y Manso eran cúmulos de tierra; también la nuestra. El salón de la casona familiar quedó resumido en un cerro de escombros. Mi abuela se agarró la cabeza con las manos —sólo dijo, "¡Qué horror!", y calló. Mi abuelo sostenía las lágrimas y preguntaba por la gente: todos estaban bien pero sin viviendas habitables. En el gallinero, los pollos deambulaban alrededor de sus madres. Durante la reconstrucción, algunas de sus jaulas terminaron convertidas en bodegas. En una de ellas guardaron arrumbados los libros que antes estaban bajo llave en los viejos armarios del living. Esa jaula fue mi primera biblioteca personal.

El terremoto de 1985 marcó el fin de una era. Los inquilinos dejaron de ver la telenovela de las tardes en la televisión que el abuelo había instalado para ellos al final de la galería. Muchos compraron sus propios aparatos. Cantalicio me contó, con una resignación imposible, que su hijo mayor se había mudado a Santiago, para estudiar ballet. Nada podía resultar más extraño a ese hombre que había envejecido con ojotas, arando a la siga de los caballos y destapando acequias con una pala. El pueblo quedó mocho, al menos hasta la década siguiente, cuando comenzaron a instalarse las cadenas comerciales y, entre las construcciones de adobe parchado con zinc y otros materiales modernos, crecieron edificios de concreto de dimensiones desconocidas. El aire campestre se perdió rápido. Por las calles ya no circulaban paisanos a caballo. Una cadena de multitiendas levantó un monstruo de concreto entre las casas bajas de barro y frente a la plaza ahora había un banco más grande que la catedral.

●

El 5 de octubre de 1988, un plebiscito terminó con la dictadura. Hasta las dos de la madrugada del jueves 6, los datos oficiales daban por ganador a Pinochet. A esa hora, el subsecretario Alberto Cardemil leyó los cómputos finales, donde el "NO" obtenía la mayoría. Mientras en las calles comenzaba una borrachera que duraría días, cuentan que la hija mayor del dictador le dio una bofetada al ministro del Interior, culpándolo por la derrota de su padre. Chile no tiene carnaval, pero esa semana lo tuvo. Yo acababa de cumplir diecinueve años y viví días fundidos en un solo instante de felicidad. El país había abierto unos postigos por largo tiempo cerrados, como si al cabo de una larga noche, amaneciera.

El final de la dictadura coincidió con la caída del Muro de Berlín y el derrumbe de la Unión Soviética. La mayor parte de la izquierda chilena había vivido un proceso de revisión durante el exilio y los socialistas, ahora, eran "socialistas renovados" que ya no calificaban las formas democráticas de "burguesas". Un año después del plebiscito asumió la presidencia Patricio Aylwin, un demócrata-cristiano que fue partidario del golpe, ahora a la cabeza de las fuerzas de oposición. Los militares dejaron La Moneda con el negocio amarrado. Un Consejo de Seguridad de generales tenía atribuciones para pronunciarse contra casi cualquier cosa. Los partidos marxistas seguían proscritos por un artículo transitorio de la Constitución. El general Contreras, patrón de los centros de tortura, permaneció libre hasta 2005. Pinochet siguió de comandante en jefe del Ejército y, como un emperador romano, se hizo nombrar senador vitalicio.

La justicia avanzó lento. Mientras los familiares de los casi tres mil detenidos-desaparecidos reclamaban su ejercicio a voz en cuello, Aylwin la prometía "en la medida de lo posible". La frase acabó como lema de la transición democrática. Para algunos significó la renuncia adelantada a realizar los cambios que el país requería; para otros, una máxima insoslayable de la responsabilidad política. Chile caminaría largo tiempo sobre cáscaras de huevo. La enorme herida moral de los detenidos-desaparecidos convivió con la legitimación democrática de un sistema económico que adoraba el crecimiento por encima de todo. Y el país, efectivamente, crecería, y como nunca. Los pequeños boliches fueron reemplazados por negocios a gran escala. Irrumpió una nueva casta de millonarios que con el paso de los años compró y abrió comercios en media América Latina. El rentable negocio del crédito permeó también la educación y los padres comenzaron a endeudarse para cambiar el destino de sus hijos. Se consolidó una inédita y masiva clase media, ya no de profesionales que aspiraban al buen vivir y a la cultura como antaño, sino de consumidores ansiosos por acceder a los bienes de la modernidad. Las grandes pantallas de televisión, los teléfonos celulares, los automóviles admirables nos consolaron del pasado irresuelto. Bajo Eduardo Frei, el sucesor de Aylwin, Chile decidió sacudirse las formas provinciales del pasado, miró a menos a su vecindario y salió al mundo a gritar que era el "jaguar de América Latina". Sobre espantosos abusos sin resolver, Santiago se convirtió en una "gran ciudad".

•

Durante los años noventa, sólo fui a Melipilla para las cada vez menos frecuentes fiestas familiares. La vida de campo no se lleva bien con las aspiraciones de un veinteañero. La sobriedad monacal de la casa, por su parte, había sido reemplazada por una especie de abandono. La decoración no fue nunca una preocupación de mis abuelos, pero ahora incluso los espacios habían perdido la dignidad patronal que poseían antes del terremoto. El salón donde ellos rezaban el rosario por las tardes ya no tenía ventanas. El piano de cola estaba cerrado y su cubierta repleta de revistas viejas; la chimenea, que jamás se volvió a prender, semejaba el respiradero de un subterráneo. Fue durante esos años que Cantalicio, el peón, murió de cirrosis. La noticia me impactó porque, a decir verdad, lo había visto borracho apenas una vez, durante una celebración de Santa Rosa, el onomástico de mi abuela. Ahora que lo pienso, fueron muchas las cosas que no vi.

•

En noviembre de 1998, de improviso, el senador vitalicio Augusto Pinochet Ugarte es detenido en Londres. Su amiga Margaret Thatcher lo había convencido de operarse una hernia en una buena clínica británica y fue en su habitación hospitalaria donde lo encontraron unos *bobbys* de cucalón. Los policías le leyeron los derechos con cerrado acento inglés ante su desconcierto. La escena es poderosamente sintética: el hombre que durante casi veinte años había decidido el sentido último de todas las palabras no entendía qué diablos le decían sus captores al recitar la ley.

Los fanáticos de Pinochet enloquecieron. Evelyn Matthei, quien quince años más tarde sería candidata a la presidencia de la república, llamó a no consumir productos ingleses, pero en Chile el único producto inglés que de verdad se consume es el whisky, el trago preferido de los pinochetistas, de modo que fracasó. El alcalde de Providencia, un ex coronel de inteligencia, decidió que no recogería la basura de las casas hasta conseguir la liberación de su general, y la comuna, una de las más ricas de Santiago, se llenó de restos podridos.

Para la mayor parte de los ciudadanos, sin embargo, la captura produjo esa estupefacción que genera la caída de los intocables. Pinochet era una presencia aún muy poderosa y nadie imaginaba que llegaría a ser juzgado. Los familiares de los desaparecidos se manifestaban a diario, pero tengo la impresión de que ni siquiera ellos guardaban grandes esperanzas: Pinochet encarnaba el miedo. *Era* el miedo. Verlo durante todo un año, sometido y degradándose físicamente, con incontinencia urinaria y babeando, objeto de la mirada y el juicio internacional como personificación de lo inaceptable, tuvo un efecto sanador. El mundo cultural del Chile de los noventa exigía mayores horizontes, tolerancia y diversidad, pues en el país todavía imperaba la censura cinematográfica y la apertura a las discusiones del mundo civilizado era mínima. Llegó a debatirse públicamente la moralidad de las relaciones sexuales prematrimoniales y hasta el arzobispo de Santiago escribió una carta pastoral para condenar la liberalidad sexual galopante.

La detención de Pinochet coincidió con el lanzamiento de la campaña de Ricardo Lagos, el primer candidato socialista desde el golpe de Estado, que representó —y condujo bien— ese hartazgo. Eduardo Frei había salido en viaje de negocios por el mundo a firmar tratados de libre comercio y Lagos le sumó espesor cultural a la cruzada. Concesionó las carreteras, troncales y ramales, y mucho de lo que estaba lejos, se acercó. Los izquierdistas alharacos aseguran que Lagos fue un presidente "entreguista", amigo del máximo dirigente de los empresarios. En ese Chile desapareció la lucha de clases, al menos en un sentido literal, y lo despreciado se confundió con lo pretendido. Vivíamos un modesto "destape" donde lo prohibido era, por definición, mejor que lo autorizado. La gran mayoría de la población seguía mejorando su nivel de vida con más acceso a bienes de consumo. Estábamos todos más ricos —algunos demasiado más que otros— pero a costa de deudas acumuladas, inseguridades sociales y una falta de cohesión comunitaria más propia de animales en pugna que de país en desarrollo.

Después de Lagos arribó la primera presidente mujer de nuestra historia. Antes que Angela Merkel, Cristina Fernández de Kirchner y Dilma Rousseff, Michelle Bachelet llegó al gobierno cargada de simbolismos: hija de un general asesinado tras el golpe, ex presa política que pasó por campos de tortura y luego el exilio, socialista, atea, madre de hijos de distintos padres, soltera. Bachelet estaba lejos de la imagen que la tradicional sociedad chilena tenía de una familia gobernante. El día de su triunfo, miles de señoras del pueblo salieron a la calle vestidas con la banda presidencial. Una actriz, Malucha Pinto, subió a la tribuna de los festejos y dijo que con Michelle terminaba la patria y comenzaba la "matria".

Al concluir su período de cuatro años —con una increíble popularidad que bordeaba el 80% del apoyo ciudadano—, la Concertación perdió la elección. El conglomerado ya poseía sus propios vicios y de progresista guardaba apenas un olor lejano y dormido. Con Sebastián Piñera a la cabeza, la derecha alcanzaba el poder democráticamente por primera vez en medio siglo. Piñera, un empresario multimillonario, asumió la presidencia, también, en medio de símbolos. Chile volvía a temblar. El 11 de marzo de 2010, el día del cambio de mando, el país seguía bajo las réplicas de uno de los terremotos más poderoso que recuerde la humanidad. Los 8,8 grados en la escala de Richter del cataclismo del 27 de febrero demolieron villas enteras. Un maremoto de tres olas gigantescas arrasó con varios poblados del litoral continental y con las viviendas de la isla de Juan Fernández, donde vivió *Robinson Crusoe*. Los cadáveres salieron a la superficie en el cementerio de Lolol, mientras en Concepción lo que afloró fueron saqueos a supermercados y grandes tiendas. Al día siguiente del tsunami, los sobrevivientes deambulaban por encima de sus casas arrancadas de cuajo con la vista perdida y en silencio. Si asegurar que una era terminaba es muy estridente, no lo es decir que una trizadura se instaló en la aparente normalidad conseguida por Chile.

Dije antes que el golpe de estado de 1973 significó un corte radical en nuestra historia. De hecho, las administraciones democráticas ajustaron pero nunca contradijeron el modelo económico y social de Pinochet. Como resultado, en 2011 los chilenos salieron a la calle en cerca de cuarenta marchas, algunas con más de cien mil manifestantes. No fueron movilizaciones por una crisis, pues el país aun crecía a ritmo vigoroso. Desfilaron los ecologistas en reclamo por desarrollo sustentable, los homosexuales pidiendo matrimonio igualitario, los marihuaneros para que se aplique la misma ley al consumo de alcohol que al de *maconha*, los habitantes de las provincias demandando mayores niveles de autonomía, los mapuches reivindicando su derecho al autogobierno. Los estudiantes —los reyes de la fiesta— protestaron contra una educación segregacionista donde los ricos estudian con los ricos y los pobres con los que pueden mientras los dueños de las universidades hacen fortunas a costa de familias que se desangran para que sus hijos tengan un título mediocre. El movimiento estudiantil, compuesto por jóvenes nacidos en democracia, constituyó un sacudón y una vuelta a las preguntas esenciales. El cierre de un largo ciclo que comenzó con el paso del sueño socialista al autoritarismo militar, y que al cabo de cuarenta años, tras experimentar el vértigo de la riqueza y la gloria del emprendimiento individual, volvía a poner a los chilenos ante la interrogante sobre el tipo de sociedad que prefieren.

Joseph Conrad sostenía en su novela *Nostromo*, que a diferencia de Europa, el drama de América Latina era creer que, para conseguir la felicidad, debíamos refundar el mundo todo el tiempo. Tiendo a pensar que, esta vez, no se trata de comenzar de nuevo. Al cabo de tantas pasiones conviviendo con el espanto, quiero creerlo, algo —no sé qué— habremos aprendido.

●

En 2010, un mes antes del terremoto que dio la bienvenida al presidente Piñera, detuvieron al párroco de Santa Teresa, una de las iglesias de Melipilla adonde concurrían mis abuelos. Ricardo Muñoz, el cura, fue acusado de pedofilia. Por años había convencido a los fieles que veían sus paseos con muchachas, que ése no era él sino su hermano gemelo. En una parcela vecina a esa misma zona donde crecí bajo una perfecta calma y orden, en 2007 la Comisión Presidencial de Derechos Humanos había hallado dieciséis cuerpos de personas asesinadas en Paine, caserío que ostenta el nada apetecible título de ser el lugar con más desaparecidos del país. Melipilla, Paine y Lonquén dibujan en el mapa un triángulo escabroso dentro del cual tienen fundos algunas de las fortunas más grandes de Chile, incluido un ex director de la policía secreta de Augusto Pinochet.

La Chacra Marín de mis abuelos cerró definitivamente sus puertas tras aquel terremoto de febrero de 2010. Su último cuarto de siglo fue de progresiva decadencia, al menos en lo que al mundo de mi tata Sergio respecta. Primero desaparecieron los conejos de Angora: el negocio de la lana a pequeña escala no tenía competencia en terrenos que adquirían valor urbano. Poco a poco, los antiguos potreros donde corría con mis primos se fueron llenando de complejos habitacionales. El primero de todos brotó a cien metros del huerto del fundo familiar, a comienzos de los noventa, poco después del plebiscito que desalojó a Pinochet. Los adolescentes que habitaron esas primeras viviendas sociales saltaban las panderetas para robar la siembra, y mi abuelo, enfurecido, salía a corretearlos con su escopeta. Pero eso duró poco: prontamente su mal carácter, así como el antiguo orden que defendía, terminaron por derrumbarse. Mi papá negoció la venta progresiva de las tierras. Donde antaño crecía el maíz, brotaron poblaciones de clase media.

Antes de trasladarse definitivamente a la capital, mi abuelo se encargó de comprar casa y tumbas para sus inquilinos, que paulatinamente se iban extinguiendo. La vida de acá, según sus creencias, no valía más que la eterna, de modo que para desentenderse de ellos el viejo debía dejarles ambas viviendas arregladas. Ya moribundo, el anciano don Sergio apenas podía hablar, pero aún lograba comunicarse a punta de ruidos y gestos fingidamente enérgicos. Así me reprendió hasta el último minuto por no casarme por la Iglesia. Felizmente no alcanzó a saber de mi separación, ni mucho menos en qué consistía mi democrática vida sexual. Todavía no existía ley de divorcio en Chile para el cambio de milenio cuando el tata perdió la voz y el oído. Para terminar la vejez, había comprado con la abuela Rosa un departamento frente a la parroquia El Bosque. Allí administraba la comunión Fernando Karadima, un cura adorado por los ultraconservadores santiaguinos, devoto de la Virgen María y, al menos en sus prédicas, tan severo como ellos. La abuela todavía respiraba cuando revelaron que el sacerdote de sus amores era una loca perdida que toqueteaba a los adolescentes en el confesionario y que con los dineros del culto había montado un nada despreciable negocio personal.

Mi abuelo murió en noviembre de 2009, convencido de que Chile se había podrido. Cuanto veía en televisión era indignante; ya ni siquiera los políticos de derecha defendían sus valores. Sólo el diario *El Mercurio* le parecía respetable, aunque incluso ahí reconocía los signos de la degradación. Hasta el día de su muerte, el abuelo Sergio no se permitió ningún lujo y ni aun en su silla de ruedas dejó de ser un cascarrabias. Era un viejo mañoso, pero dulce en el fondo. Supo camuflar bien una picardía que sólo mostró a la postre con las enfermeras que le cuidaron el Alzheimer. A una de ellas, tal vez su último amor, le entregó parte de su dinero a escondidas. Nunca supimos qué le dio ella a cambio. Lo quise.

Melipilla se convirtió en una ciudad satélite de Santiago, un dormitorio. La carretera que va de centro a centro ya no es de una vía sino una autopista de alta velocidad con dos carriles por lado. En la berma ya no aparecen ratones por la noche. Las ruinas de la

Chacra Marín ahora sirven a jóvenes de las poblaciones vecinas como escondite para fumar pasta base y aspirar neoprén. Parece que también inhalan combustible en una zona cercana al que fuera el dormitorio de mi abuelo, por donde ayer se debía pasar despacio para no hacerlo rabiar durante la hora de la siesta. Desaparecieron las talabarterías del pueblo y hay que salir del radio urbano para encontrar huasos cabalgando. Melipilla ahora tiene mucho de esos barrios con mercados baratos que abundan en torno a las estaciones de trenes en ciertas capitales del continente. De la estación Melipilla del tren sólo sobreviven las sobras de unos muros sin techo.

El hijo bailarín de Cantalicio se hizo activista del movimiento gay. El Taco, sobrino nieto de la Brunilda, la cocinera solterona, estudió ingeniería en una universidad privada. Yo no volví jamás a Melipilla: a partir de cierto momento, como Gulliver, salí a recorrer los mares. Mis primeros viajes tuvieron como puerto de zarpe esa jaula del gallinero convertida en bodega de libros abandonados. Ahí estaban las novelas de Melville, Chesterton y Flaubert, junto a una ruma de *Selecciones* del *Reader's Digest*. Kilos de ejemplares de ese compendio de curiosidades y avatares del siglo XX, que el doctor Sergio Fernández coleccionó por décadas aplicadamente, acabaron humedecidos en ese rincón del campo —así como en Chile, una de las esquinas mejor aisladas del planeta, vimos volar las plumas de las grandes ideologías.

El día del entierro de la abuela Rosa, casi tres años después de la muerte del tata, sacamos el cajón de la iglesia y el sol primaveral se escondió: comenzó a granizar. Mis familiares encontraron todo tipo de explicaciones dulzonas al fenómeno. Que los ángeles; que los santos; que los antepasados la recibían con challas. Alguien dijo que el cielo se congeló cuando la sintió entrar. En medio de la concurrencia que especulaba, con su chaqueta estirada sobre la cabeza, estaba el Lolo, naturalmente más viejo y más cojo que en mi infancia, cuando arreábamos juntos el ganado. Allí, en la puerta de la iglesia El Bosque, entre autos modelo 2013 que bocinaban sin culpa para que el cortejo se mueva, le pregunté por las vacas. "De todo eso queda poco y nada", me dijo, y nos abrazamos por última vez.

Patricio Fernández (Santiago de Chile, 1969) es periodista y escritor, así como director y fundador de la revista *The Clinic*. Su último libro es *La calle me distrajo*, una colección de diarios históricos y personales.

Argentina

"*La sociedad es una asociación no solo entre quienes viven, sino entre quienes viven, quienes están muertos y quienes todavía no han nacido*".

—Edward Burke

Santa muertecita

En Barcelona, entre la Via Laietana y la Barceloneta, se cruzan las calles flacas del Born, un barrio para vivir a pie. Bares y cafés, el Museo Picasso acá, el Textil allá; edificios viejos de tres y cuatro pisos con el barrio Gótico a la espalda, la playa diez minutos al sur. En el Born, a mediados de 2013, Martín Caparrós llevaba seiscientas páginas de su libro sobre el hambre, autor-en-estado-comatoso, abriéndolo a subtemas y no muy cerca de terminar. En 2009, Caparrós empezó a perseguir al hambre por India, Bangladesh, Madagascar, Níger, Sudán, Argentina y Estados Unidos, donde visitó Chicago y visitaría New York —y tal vez West Virginia— para poner un ojo, sobre todo, en el mercado de Chicago y su commoditización del alimento.

En Argentina no debió viajar mucho: a las afueras de Buenos Aires, alrededor del Cinturón Ecológico del Camino del Buen Ayre, hay basurales que son el supermercado de los indigentes y hambreados, los caídos de todo. Todos los días, a las cinco de la tarde, unos mil tipos y tipas esperan que la guardia del muladar levante la barrera para correr a sacar cuanto puedan de los desechos que los camiones han estado lanzando durante el día.

El texto de Caparrós en *Crecer a golpes* habla de la muerte, y quiero saber qué muerte es la que ve allí, en el hambre de un país con mucha soja para el mundo y menos carne para el vientre local.

—De muchas maneras, en esos barrios la cercanía con la muerte es clara. Ahí operan menos los muertos de los mitos —dice—. Hay mecanismos más directos de dádiva con alguna superestructura mística pero mucha más infraestructura material. Revertir eso puede tomar mucho tiempo. Esa muerte no es simbólica, el hambre es violencia extrema.

En la mitología griega, el *thánatos* era la muerte enunciada que rara vez aparecía en persona. Sigmund Freud la introdujo en la psicología como la pulsión que empuja a dejar de pelear por la vida: dejarse caer en la tumba. Renunciar.

Caparrós se mudó a Barcelona, entre otras cosas, para terminar su libro —y otros libros— pero también en busca de alguna calma. Argentina, sugiere, es un país envuelto en la tragedia descabellada de una muerte interminable. El texto de Caparrós cuenta cómo la gordura simbólica de los mitos de la muerte —desde los colonizadores a los militares de la dictadura y los políticos tradicionales— ata de pies y manos al país. "La Argentina", escribe, "no sabe muchas cosas, pero sí que no hay mejor material narrativo que los muertos. Para eso hay que falsearlos, desaparecerlos, mutilarlos: deshacer su lógica natural, convertir sus cuerpos convertibles en festines o muros de palabras. Es la manera argenta de la muerte: reticente, elíptica, brutal".

—Lo que siempre me sorprendió —le digo— es que no se pase más a menudo del simbolismo del thánatos a la practicidad. O sea, por qué no nos matamos más seguido siendo que no parece haber diálogo, que todo se resume a dos veredas enfrentadas, un Boca-River eterno.

—Es así —dice Martín—, es comportamiento de esquina argenta: "Agarráme que lo mato". Se me ocurre que la manera más frontal de parar esto es desmitificando la política. Vaciarla de su contenido mítico para que sea espacio de discusión de ideas, de pensar un país. Supongo que la presencia del mito sería menor. Diría, si la fórmula no fuera tan gastada, sospechosa: pasar del mito a la razón. Vos mencionabas Boca-River: son lo mismo. Dos equipos con mucho dinero y voluntad de hegemonía cuyas diferencias son simbólicas, no reales. River, se supuso, representaba a la gente más acomodada y Boca a los trabajadores, pero en los últimos veinte años Boca ha sido dirigido por un hijo de papá que lo transformó en un "club ABC1". Pasa también con los partidos políticos: sus disputas son simbólicas, pero, en general, representan a los mismos sectores, los mismos intereses. No se van a matar.

Dice Caparrós que la muerte no se rinde. Que todos vivimos en la muerte —todos moriremos— pero, mientras, el asunto es qué se hace con los cuerpos de los que terminaron: los argentinos los desaparecen, los vuelven héroes. Los quitan, humanos, de la historia, los mitifican y los devuelven a ella, más grandes, más bellos. Materia de mausoleo y antropofagia política. Dice Caparrós que no cree que Argentina pueda salir del ciclo de la muerte, su político mejor dotado. Y que no sale porque el peso del mito es lo único que hay: una escena que debiera ser ocupada por humanos está llena de vacío.

—¿Tomar distancia sirve?

En Barcelona, Caparrós encuentra gente que sonríe —más.

—No me aleja del todo, porque sigo leyendo y hablando y escribiendo de *eso*, pero me aleja de la cotidianeidad, de la costumbre. Ahora, cuando tomo distancia todo parece incluso más *farsesco*.

—Entonces, ¿la distancia resuelve, es necesaria?

—Lo que más me interesa no es alejarme de la Argentina; es acercarme al mundo. A veces me parece una pena dedicarle tanta atención a un solo lugar —so pretexto de patriotismo o vaya a saber qué. Un país es uno de los infinitos puntos de vista que el mundo ofrece. Me molesta el patrioterismo que limita el pensamiento a cuanto existe a diez kilómetros a la redonda.

—En los setenta, las dictaduras apelaban al discurso patriótico para justificar la muerte, real y simbólica. ¿Ves que ese discurso haya perdurado de otro modo?

—Ha perdurado del mismo modo. Cada vez que un poder se queda sin palabras, recurre a las sabidas: patria, muerte. O juremos con gloria morir.

Un ensayo de vivos entre tanto cadáver (siempre) sigue al pasar la página.

O juremos

MARTÍN CAPARRÓS

"Sombra terrible de Facundo! Voi a evocarte, para que sacudiendo el ensangrentado polvo que cubre tus cenizas, te levantes a esplicarnos la vida secreta i las convulsiones internas que desgarran las entrañas de un noble pueblo! Tú posees el secreto: revélanoslo. Diez años aun despues de tu trájica muerte, el hombre de las ciudades i el gaucho de los llanos arjentinos, al tomar diversos senderos en el desierto, decian: 'No! no ha muerto! Vive aun! Él vendrá!!' —Cierto! Facundo no ha muerto; está vivo en las tradiciones populares, en la política i revoluciones arjentinas; en Rosas, su heredero, su complemento...".

—D. F. Sarmiento, Santiago de Chile, 1845,
de *Facundo o Civilización i barbarie*

Decían —decíamos— atención. Cantaban —cantábamos— atención, atención toda la cordillera. Gritaban —gritábamos— atención, atención toda la cordillera va a servir de paredón. Era de noche, éramos muchos, era 11 o 12 de septiembre; era, también, 1973.

La calle Corrientes, ciudad de Buenos Aires, rebosaba de personas gritando: atención, atención. Del otro lado de esa cordillera, escuchábamos, una sublevación de militares mataba a miles de personas y a su jefe, y nosotros les prometíamos lo mismo. Eran tiempos en que —como siempre— el futuro era cosa de vida o muerte. Y había un futuro en ese aire.

Quizá lo distinto, entonces, fuera la vida. La muerte siempre había estado allí.

1.

La historia argentina empieza con la historia de una muerte breve, un cuerpo que se pierde. Juan Díaz de Solís, sevillano él, y saleroso, llegó al Mar Dulce en febrero de 1516, cuando nada de esto era tal todavía. Navegaba en tres carabelas, como corresponde, y cuando unos charrúas le hicieron señal de bienvenida, saltó presto a la orilla con su cruz y su espada; lo esperaban con lanzas y las brasas de un asado: él era el plato fuerte. Lo diría, siglos más tarde, otro muerto extrañado, hablando de esa mañana y esa playa "en que ayunó Juan Díaz / y los indios comieron".

El primer muerto europeo se convirtió, entonces, en el primer plato de la fusión gastronómica entre España y América del Sur, y no tuvo, en estas costas, ni los seis pies de tierra que todo hombre merece. Estómagos, la digestión, el resto. Tampoco los segundos los tuvieron: veinte años después, un Pedro de Mendoza llegó a esta playa con dieciséis navíos, un millar de fulanos, algunos caballos, muchas vacas, su concubina y el morbo gálico colgándole ominoso en la entrepierna. En pocos meses el hambre se les volvió canino. Ulrico Schmidl, un bávaro que los acompañaba, escribió sobre Buenos Aires sus primeras letras: "Sucedió que tres españoles habían hurtado un caballo, y se lo comieron a escondidas, y esto se supo, así se los prendió y se les dió tormento para que confesaran tal hecho; así fue pronunciada la sentencia que a los tres susodichos españoles se los condenara y ajusticiara y se los colgara en la horca. Ni bien se los había ajusticiado y cada cual se fue a su casa y se hizo de noche, aconteció en la misma noche por parte de otros españoles que ellos han cortado los muslos y unos pedazos de carne del cuerpo y los han llevado a su alojamiento y comido. También ha ocurrido que un español se ha comido a su propio hermano que estaba muerto. Esto ha sucedido en el año de 1536 en nuestro día de Corpus Christi en el susodicho pueblo de Buenos Aires", contaba, entre otras cosas, el germano.

Alguien diría que, así, una forma de escribir la historia quedó escrita. Que en la Argentina, por suerte, no hay respeto funerario por los muertos: que no hay materia prima que se modele más. Comérselos, mostrarlos, enarbolarlos, sustraerlos. Peor sería desperdiciarlos y, de todos modos, su marco de pensamiento original —la religión cristiana— también empezó con el misterio de un cadáver desaparecido. El joven Jesús no soportó más de tres días en la tumba que le prestó José de Arimatea, se voló y, a partir de allí, alguien supo convertir la derrota de esa muerte infamante, reservada a los sediciosos, en la victoria de una decisión. Desde entonces, los seguidores del torturado se reunieron para zamparse el cuerpo y la sangre del Hijo de su Padre.

Las iglesias fueron, durante un par de siglos, fundamentalmente comederos del espíritu. Después vino un invento decisivo: la *reliquia*, que hasta entonces no era más que una palabra latina que significaba despojo. De ahí en más el templo cristiano fue concebido como una suerte de gran relicario, un cofre de piedra edificado para atesorar algún pelo, diente, hueso o pierna mórbida de santo varón o, en su defecto, santa hembra —que también las hubo, pero menos.

Hacer de los muertos los guías de esta vida —dicen las Escrituras. La Argentina no sabe muchas cosas, pero sí que no hay mejor material narrativo que los muertos. Para eso hay que falsearlos, desaparecerlos, mutilarlos: deshacer su lógica natural, convertir sus cuerpos convertibles en festines o muros de palabras. Es la manera argenta de la muerte: reticente, elíptica, brutal.

●

Vivimos sobre muertos. Todos, supongo, pero yo soy argentino: no tenía seis años cuando me hicieron aprender y repetir un himno nacional que terminaba gritando "o juremos con gloria morir". Y juramos con gloria morir. En los años siguientes, escuela primaria, la idea de morir con gloria se fue afirmando, delineando: nos contaban las historias de un sargento Cabral que puso su pecho entre una cuchilla y el cuerpo de José de San Martín y se desangró diciendo, "Muero contento. Hemos batido al enemigo", nos convencían de que no había mejores hombres que los que ansiaban fenecer por su patria. Aunque sí: eran mejores si sus cuerpos no estaban.

Porque los que estaban solían terminar en un cadalso, una emboscada, el barro de un campo de batalla. Y después el engorro, el tedio de la cabeza en una pica. Entonces muchos hurtaron sus cuerpos —con o sin voluntad— a ese destino, y confirmaron una estirpe. El cuerpo de Mariano Moreno, el jacobino de Mayo, engullido por las aguas del océano tras un traspaso turbio. El cuerpo de Juan Galo Lavalle, el vencedor de brasileños, devorado por la sequía de la Puna y de un señor Ernesto Sábato; los cuerpos de San Martín, Rosas, Sarmiento tragados por tierras extranjeras.

Nada en aquel país tenía sentido si no lo decoraba un bello muerto —de cuerpo reticente.

Después hubo siete, ocho décadas en que los cadáveres dejaron de pasear por la Argentina. Entre, digamos, 1870 y 1950, años de relativa, falsa calma, los muertos operativos eran muertos bien consolidados: los de los libros escolares, ya lejanos, dibujos con estilo de niños aplicados. La Argentina contemporánea también empieza con una muerte crística: la señora Eva Duarte de Perón tenía treinta y tres años cuando la mató un cáncer que unos cuantos vivaron.

36

●

La historia tiene menos historias cuanto más se aleja: cien años de hace mil se recorren en un cerrar y abrir, dos de hace veinte parecen casi eternos.

2.

Lo importante fue el cuerpo. La señora María Eva Duarte de Perón murió tras cruces y calvarios y su cuerpo quedó en manos de un doctor Pedro Ara para embalsamarlo en aras de algún ara o altar imaginado. La señora Eva Duarte se perdió entre quebrantos, la lloraron millones, la conservaron como a una faraona. La fijaron en la pompa de su juventud trágica: convirtieron su cuerpo en objeto de culto. Los militares argentinos, tan cristianos ellos, sabían del poder de la reliquia: por eso el general Domingo Perón la quiso embalsamada, por eso otros generales decidieron hacerse con su cuerpo. Lo hicieron sus amigos, sus enemigos lo entendieron: en cuanto pudieron se robaron el cuerpo muerto-vivo, lo escondieron. La convirtieron en la primera desaparecida.

Hay muy pocas palabras que la Argentina contribuyó al lenguaje global en las últimas décadas. Son casi todas nombres propios: *Che*, *Maradona*, *Messi*, ahora *Francisco*. Pero un solo nombre común: *desaparecido*.

Ella fue la primera.

Durante años, estampitas en altares domésticos marcaron la presencia de ese cuerpo perdido, cuya residencia en la tierra era un secreto que se entregaba susurrado a quienes alcanzaban la suma del poder. Un general de bigotes se calzaba por fin la banda de las tres tiras y le contaban, como culminación y contraseña, dónde estaba el cadáver de la Eva.

Su desaparición fue, también, la base, la excusa, el motivo de alguna de la mejor literatura realista que se escribió en ese país: *Esa mujer*, Rodolfo Walsh; *Santa Evita*, Tomás Eloy Martínez. Los dos, sobre esa muerte escamoteada.

Eran los primeros borradores. Que, como corresponde, borronearon. En los veinte años siguientes, completos de zozobras y vicisitudes, hubo muchos muertos significativos y hubo muchos muertos sin matador confeso, pero todos con sus cuerpos, con sus muertes más o menos enteras.

Morir de cierta forma, en esos años, era una parte importante de cierta forma de la vida. "La revolución no se lleva en los labios para vivir de ella, se lleva en el corazón para morir por ella", decía un señor Guevara que quiso predicar con el ejemplo antes y después de exigir a sus seguidores no ya que lo siguieran —cosa fácil— sino que fueran como él, que fueran él, que como él vivieran y murieran.

Los que estaban dispuestos a morir morían sabiendo que sus nombres muertos —sabiendo que los nombres de esos muertos, empezando por el propio Guevara— se convertían en estandartes de combate. Era, de algún modo, volver a ser San Martín o Manuel Belgrano, el sargento Cabral o Facundo Quiroga: héroes que, para hacer la nación, hacían sus muertes bellas.

Para muchos, entonces, cobraba todo su sentido esa frase de Rafael Alberti con la que encabecé mi primera novela —que se iba a llamar *O juremos*—: "...esa edad en la que a uno le gustaría morirse para saber, después de muerto, lo que dicen de uno".

Era, diríamos más tarde, cuando los muertos tenían nombre.

En 1974, el teniente general Perón de nuevo en el poder, incomodado por jóvenes que le cantaban que la sangre derramada no sería negociada y que libres o muertos pero jamás esclavos —con jóvenes que le cantábamos que toda la cordillera iba a servir de paredón—, se murió como de un redepente. No era tan viejo: nos parecía provecto. Y alguien —¿él mismo?— decidió que también sería embalsamado: su cuerpo entró al panteón con sus partes enteras y allí quedó olvidado. (Tardaron quince años en hacer argentino su cadáver: fue el tiempo que pasó hasta que alguien se apiadó de ese pobre despojo abandonado y le cortó las manos, lo devolvió a los trajines de este mundo).

Mientras tanto, el ritmo de la danza de los cuerpos empezaba a agitarse. Recién ido Perón, los Montoneros terminaron de entender el valor de un cuerpo muerto y recuperaron uno que ellos mismos habían matado para cambiarlo por otro, por el original: el 16 de octubre de 1974, un comando ¿secuestró? el cadáver del general Pedro Eugenio Aramburu del cementerio de La Recoleta. Horas después mandarían un comunicado pidiendo, como condición para devolverlo, la restitución del cuerpo embalsamado de Eva Duarte que, por entonces, seguía desaparecido.

Cuerpo por cuerpo: parecía buen comercio.

Pero los muertos seguían ahí, demasiado visibles.

La desaparición de cuerpos —ese gran aporte argentino a las maneras de la muerte— tuvo su ensayo general el día de Navidad de 1975. Esa mañana docenas de militantes de la izquierda armada atacaron un cuartel en los suburbios de Buenos Aires: Monte Chingolo. Esa mañana muchos de aquellos jóvenes fueron baleados en combate o detenidos; ese día y los días que siguieron muchos de ellos fueron torturados antes de fusilarlos en algún patio, un descampado. Los militares a cargo —los torturadores a cargo—, todavía pudorosos, pensaron que no podían devolver esos cuerpos arruinados. Pero era un gobierno más o menos constitucional, debían devolver algo: devolvieron las manos. Era un gran paso —atrás— para —una cierta idea de— la humanidad. Les faltaba sólo un toque de audacia para inventar la desaparición de las personas.

3.

Todos se mueren. Los argentinos no somos la excepción a esa regla: todos nos morimos. Lo raro es lo que hacemos con los cuerpos.

Entre 1976 y 1980 los militares argentinos —con el apoyo de buena parte de la sociedad argentina— se dedicaron a matar militantes de izquierda y esconderlos. Fue lo que el teniente general Jorge Rafael Videla llamó, con prosa envidiable, "los desaparecidos". La palabra prendió, fue retomada en muchas lenguas. Jorge Luis Borges confesó muchas veces que su mayor ambición era dejar un giro, una palabra nueva en el idioma; el que lo consiguió fue el más bruto de sus comensales.

Desaparecer los cuerpos era fiarlos a un futuro negado. Generales punks creían en el aquí y ahora —en el allí y entonces—, que es como decir que creían en un presente permanente, un tiempo siempre igual a sí mismo donde nadie estaría en condiciones de pedirles las cuentas. Creían que si en aquel momento preciso no se hacían cargo, nunca deberían. Y eligieron no hacerlo y esconderlos: apostar al presente interminable.

Michel Foucault lo decía bastante claro: el poder muestra su poder sobre el cuerpo del delito —cuerpo del delincuente— para educar sobre la ley. Castiga, mata en público para imponer sus leyes. Aunque a veces esos muertos pueden volvérsele en contra: pueden volverse banderas —o vergüenzas.

Aquellos poderosos argentinos, siempre mediocres, siempre a media asta, prefirieron no enfrentar sus actos: no educar por medio de esos muertos, sólo deshacerse de unos miles que los molestaban. Aquellos militares renunciaron al boato de la muerte y se hundieron en la modestia del hurto, del birlibirloque.

Cuando un cadáver enemigo se esconde en lugar de ser exhibido como insignia de la propia potencia es que el temor a su uso sacrificial o relicario prima. Si la exhibición supone una presunta debilidad que quiere legitimar su fuerza, el ocultamiento muestra una fuerza supuesta que no acepta su debilidad.

La desaparición es la muerte que no se hace cargo de su potencia educativa, legalizadora. La desaparición intenta una suerte de puesta entre paréntesis, ilusoria por aquello de que todo muerto debe tener su lugar y su función, y de muertos errantes se han poblado siempre las pesadillas, los horrores.

Y nunca fueron los muertos los que enterraron a sus muertos.

La desaparición creó, también, otros equívocos: en esos días los deudos —las deudas, esas madres— de los muertos no lloraban muertos; pedían por vivos raros, por "desaparecidos". Para pedir por ellos —para pedir a los verdugos que buscaran a sus víctimas— debían cambiarles la identidad, la historia. No podían decir venimos a pedir por nuestros hijos guerrilleros; tenían que decir venimos a pedir por unos muchachos buenos tan tranquilos mire vea. Así se fue escribiendo una mirada de la historia: gracias a la existencia de desaparecidos —gracias a la inexistencia de esos muertos—, los militantes asesinados no fueron, durante mucho tiempo, lo que sí habían sido: muchachos y muchachas que habían elegido un camino en la vida. La historia no los registró por lo que hicieron sino por lo que les hicieron: secuestrados asesinados escamoteados, desaparecidos. No fueron, para la historia, los sujetos de sus propias decisiones, sino objetos de las decisiones —violentas, criminales— de otros: sus verdugos. Aquellos muchachos y muchachas perdieron, con sus vidas, sus historias. Sus madres, los buenos, los que los querían, volvieron, con su relato, a desaparecer a los desaparecidos.

(Y también, de algún modo, demonizaron y despolitizaron a los militares: como verdugos de muchachos buenos inocentes ya no eran soldados con el fin político de matar a sus opositores sino locos sedientos asesinos —perturbados. Así, las razones verdaderas de sus actos quedaron, durante muchos años, en las sombras).

●

Durante décadas, la mayoría de los argentinos aceptó —de algún modo aceptó— la decisión de aquellos militares: prefirió no saber bien qué había pasado. Por eso, todavía, todos esos muchachos y muchachas —sus historias, sus vidas— siguieron ocultados bajo el nombre común de desaparecidos.

Era uno de los gritos más ambiguos de la historia política argentina, un reclamo imposible: "Los desaparecidos / que digan dónde están".

Los tiempos del recuerdo son confusos: pasaron más de veinte años antes de que hubiera una masa crítica —más allá de los desconocidos de siempre— que intentara enterarse. Empezó a suceder a fines de los años noventa; al fin dijeron —otros lo dijeron—: no habían sido víctimas pasivas sino militantes, gente que había decidido. Lo cual produjo discusiones, revisiones —incluso enfrentamientos. Y no los hizo menos víctimas, ni hizo inocentes a sus victimarios; les devolvió su historia. A partir de entonces el peso de esos muertos en la vida argentina creció de otra manera: para un sector bastante amplio se convirtieron en la fuente de toda verdad y legitimidad, pasaron de ser lo inconfesable a ser lo incontestable.

—Sí, claro, es hijo de desaparecidos.
   Su linaje se volvió la línea más perfecta, decisiva.

Sólo faltaba que alguien tuviera la astucia suficiente como para beneficiarse de esa herencia —y fue un doctor Néstor Carlos Kirchner.
   Que prometió dos cosas paralelas: que construiría "un país normal" y que reviviría "la Memoria". Que usó esos cuerpos desaparecidos como nadie, como instrumento para zanjar cualquier debate, para desaparecer cualquier idea. La emoción del recuerdo

se imponía —y tampoco importaba que ese recuerdo fuera un relato perfectamente adulterado.

El doctor Kirchner hablaba tanto de la muerte: basaba su mito de sí mismo en el recuerdo de esos muertos desaparecidos, pretendía que su gobierno era la concreción de aquellos ideales —aunque fuera, generalmente, lo contrario.

Pero después se le ocurrió morirse.

Y otra vez otra muerte se hizo dueña. En la Argentina no hay político más poderoso que la muerte —y vuelve y vuelve y no nos suelta. Queda dicho: en la Argentina no hay movimiento que funcione sin el respaldo de sus muertos: el reclamo por las víctimas, el peso de los mártires es un sustrato ineludible.

En pocas horas ese hombre se había convertido en otro hombre. Un día era un político muy controvertido; al otro, un estadista. O más: un mártir que murió porque, enfermo, no quiso dejar de pelear por el bienestar de su país, un argentino excepcional, un gran patriota. La muerte, en nuestra cultura, suspende las críticas; así empezaba la construcción del héroe.

Quisieron —¿supieron?— usar con esta muerte todas las enseñanzas sobre los argentinos y la muerte.

Fue el mayor esfuerzo publicitario que se haya visto en muchos años, dedicado a convertir al difunto de un infarto banal en un gran muerto patrio, de esos que sostienen políticas y se vuelven banderas y las fracciones se disputan. Dijeron que era "el desaparecido 30.001" —uniendo en una sola frase dos falacias. Cantaron —en todos los espacios publicitarios de la televisión cantaron— esas cosas: "¿Será verdad / que te fuiste con la historia / o será que aún no despertamos / y que con una antorcha nueva / en cada mano / vas a volver / cubriéndonos de gloria?".

El hombre que mejor usó a los muertos se volvió un muerto que su mujer usó mejor.

•

Poco después de convertirse en muerto, en sus primeros meses como muerto, el doctor ya era hospitales, avenidas, plazas, comisarías, puentes, estaciones de tren, estaciones de micro, auditorios, rutas, aeropuertos, escuelas, campeonatos de fútbol, barrios, puentes.

Unos meses después de convertirse en muerto, el doctor ya era el caballo que llevó a su señora viuda a la victoria. Yo había publicado, casi dos años antes, mayo de 2009, cuando todavía andaba vivo, cuando su esposa presidenta tenía problemas electorales graves, un artículo de humor —dudoso. Se llamaba "La solución final".

Llevaban días hablando del asunto, y se desesperaban; por eso, cuando el primer hombre dijo que había encontrado la solución, los otros dos lo miraron escépticos:
—Ya lo dijiste cuatro veces, che.
—No, muchachos, esta vez la tengo, de verdad que la tengo.
El primer hombre hizo una pausa, miró a su alrededor, chequeó que nadie lo mirara. La parrilla pretenciosa estaba medio vacía —la crisis llegaba a todas partes— y la pareja de la mesa de atrás tenía su propia trampa que atender.
—Es cierto, estamos al horno. Si esto sigue así perdemos por goleada; ni la guita para los intendentes, ni las listas testimoniales, ni los aprietes, nada: pareciera que ya hicimos todo lo posible y nos hundimos igual. Pero hay algo que todavía nos puede salvar.
—Dale, che, ya amenazaste suficiente. Ahora decilo.
—No lo voy a decir, les voy a preguntar. ¿Qué es lo único que todos los argentinos respetan?
Dijo el primer hombre, y los otros dos se lanzaron a una ristra de lugares comunes —la vieja, la bandera, el éxito, Gardel, la guita— que el primero rechazaba con cara de buda satisfecho y burlón. El hombre tenía una papada extraordinaria, los ojitos perdidos entre grasa:

—No, *muchachos, nada de eso: la muerte. En este país lo único que todos respetan es la muerte, lo único que te hace realmente bueno es morirte. Acá si estás muerto aunque seas un reverendo hijo de puta te volvés un grande. Fíjense lo que le pasó a Alfonsín, por ejemplo.*

—Che, el pobre Alfonso no era un hijo de puta...

—Nunca me vas a entender de una, ¿no? Yo no quise decir que fuera nada: quiero decir que cuando estaba vivo no lo votaba nadie y ahora que murió se convirtió en un prócer. Si hasta está resucitando al hijo...

—¿Y entonces?

—No se hagan los boludos, muchachos, que me entendieron perfecto.

Los tres hombres se miraron como se miran los que no quieren ver lo que están viendo: la esposa manoteando una entrepierna ajena, el telegrama de despido, aquella foto de sus veintiuno.

—¿Vos querés decir que para que hagamos una buena votación en junio se tendría que morir alguien?

Le preguntó despacito el segundo, muy flaco, barba rala, sus ojeras.

—Vos sabés que estoy diciendo eso.

—¿Pero quién, animal, de quién estás hablando?

—¿De quién voy a estar hablando?

El mozo llegó con la segunda botella de montchenot y un par de provoletas bien doradas. El tercer hombre, pelo largo entrecano, prestancia de caudillo antiguo, amagó una sonrisa: ¿pingüino o pingüina?

—Veo que ya nos estamos entendiendo.

Dijo el primer hombre, y el segundo les preguntó si estaban locos.

—Locos no, al contrario, demasiado cuerdos. Bueno, basta de mariconadas: ¿pingüino o pingüina?

La discusión fue larga: el tercer hombre dijo que si la que se moría era ella la ventaja era que iba a dar muy Evita, que se com-

praba todos los boletos para el mito, que a largo plazo era un go-
lazo pero que en lo inmediato tenía un par de problemas:

—Uno es que queda él solo y hay mucha gente que no lo so-
porta más.

Dijo el segundo, que se empezaba a entusiasmar, y dijo que con la
simpatía por la muerte de su mujer le iba a cambiar la imagen y has-
ta quizá le bajaba las ínfulas y lo hacía más tolerante y otros cuentos
de lechera hasta que el tercero pegó un puñetazo sobre la mesa:

—No, boludo, no se puede. Está el vicepresidente Cobos.

—Uy, dios, qué manga de boludos. Si la que se muere es la pre-
sidenta, la sucede Cobos y se nos pudre todo.

—Va a tener que ser él.

—Pero si es él, ella va a dar muy Isabelita; el macho se murió y
quedó la viuda pobrecita.

—No, hermano, no digas tonterías. Ella nunca va a dar Isabe-
lita. Y, de todas formas, no tenemos otra.

—Tienen razón: va a tener que ser él.

—Va a tener que ser él.

—Va a tener que ser él.

Los tres hombres se miraron para sellar un pacto grave, deci-
sivo; la segunda botella estaba muerta y la provoleta se enfriaba
en el medio de la mesa.

—Ok, tenés razón. Pero, hablando de sacrificio, se olvidaron de
lo más importante. ¿Quién carajo puede pensar que el hombre va
a hacer semejante sacrificio?

Dijo el tercero y tuvo un momento de alivio: estaban hablando
boludeces, no iban a hacer nada de eso.

—¿Cómo, no estuvo dispuesto a dar su vida por la patria? La
patria, de puro generosa, le dio una prórroga de treinta años, y
ahora la reclama. (…)

En octubre de 2011 la viuda que lo llamaba Él, que nunca dejaba de invocarlo, que ponía de su lado a todos los muertos y al
más publicitado de los muertos, ganó las elecciones por escándalo.
Dos años antes —todos vivos— las había perdido sin remedio.

●

Fue la última —la más reciente— intervención triunfante de la muerte en la política argentina. Pero tuvo un carácter distinto. Ahora el muerto era pura construcción de discurso, su heroicidad era pura construcción de discurso. Su cuerpo, en cambio, estaba ahí, donde viven los muertos: en un mausoleo bien hortera —mármol, piedras, brishitos— en un pueblo del sur, aburrido del viento. Un cuerpo en su lugar, ninguna épica, ni un poco de misterio; relato que sustituye al drama verdadero.

Una muerte casi normal en un país que no consigue serlo.

Y, como posdata, para acabar con ese cuento, el último de los desaparecidos, el final por ahora: el ex teniente general Jorge Rafael Videla se murió en su cama o en su inodoro el 17 de mayo de 2013, lo autopsiaron bastante y, cuando quisieron enterrarlo, no pudieron: los vecinos de su pueblo natal —Mercedes, pampa rica cerca de Buenos Aires— le negaron la tierra que él negara a tantos. Días y días el cuerpo de Videla fue un cuerpo sin lugar, oculto, rechazado —la suerte de los desaparecidos—, hasta que al fin fue enterrado en otro sitio, casi en secreto, y acabó con un ciclo. Cuarenta años de historia, cinco siglos de historia. Quizás, ahora, empiece otra.
   Es improbable.

La muerte no se rinde.

Martín Caparrós (Buenos Aires, 1957) es escritor y periodista. Sus novelas están publicadas en más de quince idiomas. Recibió el premio Planeta Latinoamérica (2004) y el premio Herralde (2011). Su último libro es *Comí*.

Brasil

"Brasil no es para principiantes".

—Antônio Carlos Jobim, compositor

INTRODUCCIÓN

Penal con barrera

El 26 de septiembre de 1973, en el Lenin Stadium, la selección de fútbol de Chile empató 0 a 0 con la Unión Soviética por el primer partido de repechaje clasificatorio para Alemania 1974. El partido, del que no hay imágenes, se jugó quince días después del golpe y tres antes de la muerte de Pablo Neruda.

Chile mantuvo el empate merced a sus defensores y a las buenas artes del árbitro, un brasileño anticomunista llamado Armando Marques. Nada deportiva, aquella no sería la única ayuda brasileña para la dictadura. Cuando la Unión Soviética protestó por el partido de revancha, que se jugaría dos meses después en el Estadio Nacional, entonces un campo de concentración por el que pasarían doce mil personas, la FIFA envió una comisión dirigida por el vicepresidente Abilio D'Almeida. D'Almeida, brasileño, recorrió el estadio en compañía del ministro de Defensa chileno mientras, bajo las tribunas, tres mil prisioneros eran mantenidos en silencio a punta de arma. Al concluir el paseo, declaró: "El informe que enviaremos a nuestras autoridades será un reflejo de lo que vimos. Calma total".

La Unión Soviética no viajó y Chile obtuvo la clasificación inmediata, pero la Junta Militar escenificó por igual un partido innecesario. En un Estadio Nacional ocupado a la mitad por asistentes sin entusiasmo, La Roja se formó en un campo sin rival y, a un silbatazo, empujó el balón hasta el arco contrario. El capitán marcó el gol, que la FIFA avaló. Para que la farsa no fuera completa, la selección luego jugó un partido amistoso con otro grupo de brasileños, el Santos FC, que viajó sin Pelé. Perdió 5 a 0.

Una vez que el Estadio Nacional volvió a sus funciones como campo de detención y fusilamiento, aún quedaron brasileños en él. Eran expertos en torturas e interrogatorios.

—Militares y policías brasileños colaboraron con Pinochet, viajando y actuando en territorio chileno —dice Mário Magalhães, autor de la historia que recorre, detrás del fútbol, cuarenta años de historia de Brasil—. Dieron entrenamiento a los policías, participaron de torturas. Hay muchos documentos secretos, públicos tras las dictaduras, que muestran la colaboración entre ambas administraciones encabezadas por generales.

En la conferencia de prensa posterior a su visita al Estadio Nacional, D'Almeida diría: "En Europa hay campañas de prensa organizadas en contra de países como Chile. Mi país también las sufrió. La misma prensa que ataca ahora a Chile atacó antes a Brasil, y seguirá atacando".

La dictadura chilena mató o desapareció a, cuanto menos, cinco ciudadanos brasileños.

Pinochet intervino los clubes y colocó militares en sus directivas. El organismo de dirección deportiva quedó en manos de cuatro generales y la Asociación Central de Fútbol, de Carabineros. Cuando despidió a un general que tenía malos tratos con los clubes, rememora el libro *A discreción*, que revisa el deporte durante la dictadura, Pinochet se excusó: "Cuando es cosa de fútbol, la gente no perdona".

El deporte siempre ha sido un instrumento y escenario político. En 1936, Hitler pretendió demostrar el poder ario en los Juegos Olímpicos, que durante la Guerra Fría fueron la puerta abierta al asilo de los deportistas comunistas. El brasileño Sócrates solía usar vinchas y camisetas con posiciones políticas que tanto pedían la paz como llamaban a votar o acusaban a Ronald Reagan de asesino. El estupidismo patriotero ve cada partido entre Inglaterra y Argentina como una revancha de una guerra austral. Dice Juan Nuño, en *La veneración de las astucias*: "Un partido de fútbol es más angustioso y dramático que otro juego cualquiera, porque, en él, el tiempo corre paralelo al tiempo de la existencia humana. La pasión que genera el fútbol hunde sus raíces en la oculta presencia de la muerte, que está presidiendo todos los actos humanos, cada vez que esos actos se miden con el paso del tiempo".

—Todos los gobiernos usan el deporte —dice Mário—. Pero, en Brasil, ninguno exacerbó tanto la exploración de los éxitos ajenos (pues en verdad las victorias son de los deportistas) como la dictadura post-1964. Sobre todo, el Gobierno de Médici.

La de México sería la única Copa de la FIFA obtenida por Brasil durante una dictadura aunque, asegura Magalhães, fue producto del ciclo iniciado en 1958 y no mérito del dictador Emílio Garrastazu Médici, que tenía un año en el poder cuando Pelé ganó en México. "No creo que exista una relación directa entre régimen político y éxitos y fracasos deportivos", dice Mário. "En el caso de la dictadura brasileña de 1964 a 1985, con todo, el balance en Copas del Mundo fue ruinoso: un solo triunfo y cuatro fracasos (1966, 1974, 1978 y 1982), por debajo de la media general hasta 1962, que fue de dos victorias y cinco derrotas".

El texto de Mário Magalhães muestra cómo vivimos y morimos en las pasiones populares como el fútbol y la política, un vínculo recorrido por las dictaduras brasileñas y de la América en español. Son reconocidas, por ejemplo, las sospechas de que la dictadura de Jorge Rafael Videla presionó para ganar un campeonato que presentaría como respuesta a las críticas internacionales por sus crímenes. En ese 1978, dice Mário, como si fuera coincidencia, Brasil presentó el equipo más militarizado de su historia, dirigido por un capitán. Fue eliminado por la diferencia de gol argentina contra Perú.

La política estuvo en esos goles, y en todos los campos.

"Las dictaduras sudamericanas compusieron un solo mosaico", dice Mario Magalhães. "La argentina mató más que la brasileña, que duró tres veces más tiempo, veintiún años. El golpe de 1964 en Brasil fue un marco, pues abrió el camino para que otras dictaduras se instalasen, sofocando la democracia y los movimientos contestatarios en la región. La dictadura brasileña proveyó agentes, dinero y conocimiento para las vecinas. Antes del golpe, un embajador de Estados Unidos había escrito que 'perder' a Brasil equivaldría a 'perder' otra China, esta vez en América Latina".

Juego de la memoria

MÁRIO MAGALHÃES

La tarde de otoño ya se había despedido en Santiago cuando los jugadores del São Paulo Futebol Clube desembarcaron del autobús en el Estadio Nacional y penetraron en los túneles que conducen a los vestidores. Como era temprano, y el revés por 5 a 1 de la semana anterior había erosionado las esperanzas de los seguidores chilenos, no se oían cánticos de aliento para el equipo de la Universidad Católica ni abucheos intimidatorios para los visitantes. El silencio sepulcral amplificó el grito con que Toninho Cerezo sacudió la noche:

—¡El que no corra hoy va a terminar como la gente que murió aquí en el 73!

Yo caminaba unos pasos detrás del veterano incansable, casi cuarentón, y no me reí de la *boutade*. Sólo entonces se me ocurrió que muchos compañeros de Cerezo ignoraban lo que había sucedido en aquellas catacumbas dos décadas antes. Unas pocas horas después, el equipo levantaría el trofeo de la Copa Libertadores; dudé que la mayoría de los campeones reconociese las efigies de Bolívar y San Martín.

En septiembre de 1973, vehículos militares habían abandonado en el estadio a una multitud de desamparados, convirtiendo la plaza en un campo de concentración. Uno de los detenidos era Wânio José de Matos, un brasileño que vivía exiliado en el país de Salvador Allende y Elías Figueroa, defensor cuya elegancia sólo reencontraría al asombrarme con el italiano Franco Baresi en un juego en California.

Cuando los cazas bombardearon La Moneda, el chileno Don Elías sudaba categoría en el Sport Club Internacional de Porto Alegre, en el sur de Brasil. Wânio Matos sería uno de los cinco brasileños desaparecidos en la dictadura de Pinochet. Todo lo que se sabe de su destino sombrío es que fue confinado a un Auschwitz al pie de la cordillera —el Estadio Nacional— y que murió destrozado por los torturadores.

Los gritos de dolor y el horror de otrora no tuvieron eco en mayo de 1993, cuando la U anotó dos goles en quince minutos pero no logró compensar su aplastante derrota en el Morumbi. El São Paulo conquistaba el bicampeonato de la Libertadores y, treinta años más tarde, repetía la hazaña del legendario Santos de Pelé. Quien tuviese una bola de cristal habría podido percibir la coincidencia: un año antes, en 1992, el presidente acosado por denuncias de corrupción, Fernando Collor de Mello, había sido apartado por un juicio político reclamado por millones de manifestantes; en el 94, Brasil se coronaría campeón del mundo por cuarta vez, veinticuatro años después de su tricampeonato en México. El país y su fútbol, por fin, vislumbraban la luz al final del túnel.

En Santiago, Toninho Cerezo no había querido bromear. Le sobraba talento para arrancar carcajadas, pues su padre se había ganado la vida interpretando al payaso Moleza, y el futuro estilista del medio campo había pasado la infancia a su lado en la piel de Dureza, El Payasito. Cerezo quiso infectar a sus colegas con el virus de la garra.

Nueve años más joven que Cerezo, nací en abril de 1964, en la misma semana del golpe de Estado en Brasil, que se anticipó al de Chile por otros nueve años. Mi primer recuerdo remoto no es de los circos que me fascinaban, animados por payasos como Dureza y Moleza, sino de las páginas del periódico que trocé para tirar por la ventana en las celebraciones del 4 a 1 contra Italia en la Copa del Mundo de 1970. En aquel tiempo, observaba en las calles de Copacabana los carteles oficiales de "BUSCADOS" con fotos de los opositores a la dictadura estampados como terroristas sanguinarios. No sospechaba que no eran ellos los villanos.

•

Mal regresados de la consagración en el Estadio Azteca, los campeones fueron ciceroneados hasta el besamanos del dictador Emílio Garrastazu Médici, como la televisión transmitió efusivamente y yo leí en los periódicos, cuyas páginas deportivas empezaba a recorrer con avidez. Los militares habían abolido las elecciones directas, y el general de línea dura fue entronizado sin un mísero voto del pueblo. Beneficiado por la prensa que lo halagaba y por la censura que enmudecía hasta a los opositores anémicos, el presidente se granjeaba simpatías oyendo los juegos en una radio a pilas y ensayando *embaixadinhas*, como llamamos en Brasil a los malabarismos con la pelota.

Con la expansión de la economía, el gobierno pronto alardearía lo que bautizaría de "milagro económico". Exacerbó el patrioterismo con el *jingle* "Pra frente, Brasil", dedicado a la delegación que intentaría el *tri* en México. Lanzó el lema "Brasil: ámalo o déjalo". En otras palabras, los insatisfechos, que armen sus mochilas y se vayan.

Durante la Copa, un hombre despertó en una ciudad del noreste y, al abrir la puerta del patio trasero, fue fusilado por la policía federal. Las autoridades divulgaron que el muerto era un delincuente común, pero se trataba de un activista político de la Acción Libertadora Nacional, la mayor organización de la izquierda armada. Antônio Bem Cardoso espesó la cuenta que sumaría más de cuatrocientas vidas acabadas por agentes del Estado —buena parte en los sótanos de la tortura— en los veintiún años de dictadura. Cardoso no vivió para ver la escena inolvidable de Carlos Alberto, capitán del equipo, recibiendo el trofeo Jules Rimet.

Para Médici parecía haber ambiciones más grandes que decidir sobre la vida y la muerte de los brasileños. El general quería elegir los jugadores de la selección. Estaba peleado con João Saldanha, el entrenador que había clasificado al equipo para el Mundial. En la abrumadora campaña de las eliminatorias, las estrellas *canarinhas* pasaron a ser aclamadas como las "fieras de Saldanha". El dictador y el técnico eran ambos *gaúchos* del campo, de los alrededores de la frontera con Argentina y Uruguay. Sin embargo, los separaba una distancia de la inmensidad de la pampa: Saldanha era comunista.

A despecho de los triunfos que restituían la autoestima nacional, herida por la vergüenza del Mundial de Inglaterra de 1966, Médici refunfuñó por la ausencia de Dario. Inmortalizado como "el pecho de acero", Dario cabeceaba tan bien que se aventuraba a decir que era un colibrí detenido en el aire. Coleccionaba goles, pero competía con los mejores centrodelanteros. "Ni yo elijo los ministros ni el presidente el equipo", dijo Saldanha. La dictadura lo despidió en la víspera de la Copa del Mundo. El colibrí fue convocado y voló a México, donde permaneció posado en el banquillo.

Supe de todo esto muchas temporadas más tarde. En aquella época, lo que yo distinguía eran los chicos buenos de la TV. Me deleitaba con programas como *El Zorro* y el japonés *National Kid*. Recién me crucé con un héroe de verdad en la tarde del 24 de octubre de 1971.

●

Aquel domingo serpenteé por las rampas de acceso al Maracanã de la mano de mi padre. Hombre tolerante, él apoyaba a un equipo rival, pero atendió a mi petición de ver el Clube de Regatas do Flamengo. Representado por el rojo y el negro, el club no tenía sólo la afición más numerosa de Brasil: era *mi* club. Ninguna de mis paranoias era mayor que tener un hijo que fuera seducido por otros colores. Quien no es de color rojo y negro no tiene derecho al postre, bromeaba. Aquí, en casa, la desgracia nos salvó: todos somos del Flamengo.

En el Maracanã perdimos 3 a 1 contra el Sport Club Corinthians Paulista. No recuerdo haber reparado en un principiante apodado Zico, que a los dieciocho años gateaba en el fútbol. Jugaba de *ponta de lança*, un mediapunta más tirado al ataque que al centro del campo. Mi vida nunca fue la misma después de descubrirlo.

En el futuro, los *rossoneri* contemplarían a Zico como si se materializara un profeta. Nosotros nos divertíamos blasfemando en un país mayoritariamente cristiano: la Navidad no llega el 25 de diciembre sino el 3 de marzo, cuando Zico vino al mundo y fue puesto en un pesebre de un suburbio de Rio de Janeiro. Ese día nació el Salvador.

El Mesías anunció una era de abundancia para el Flamengo. En la sala de trofeos no había copa de campeón brasileño, y con Zico llegaron cuatro. Mucho menos de la Libertadores, obtenida en batallas épicas en 1981, nuestro pasaporte al reto supremo, el Mundial de Clubes, donde aturdimos a los chicos del Liverpool con un recital de fútbol. En el templo del Maracanã, nadie marcó tanto: 333 goles.

Zico encantó a los aficionados de todas las casacas en una competencia preparatoria del torneo de fútbol olímpico de 1972. Era el único título importante que persistía en escaparse de Brasil. Con el *crack* exuberante, ese sueño tan preciado no habría de frustrarse, pero en tres partidos no ganamos nada. Teníamos jugadores que llegarían lejos mas Zico no estaba entre ellos. Brasil, humillado, jamás ganaría los Juegos Olímpicos.

Sólo la posteridad ha dilucidado el misterio que obsesionó al país: ¿por qué descartaron a Zico de la selección olímpica? En un crimen en contra del fútbol, la dictadura lo borró, aclararía Antoninho, el entrenador del equipo. Vetaron al número 10 por miedo a que aprovechase la atención de Munich para denunciar violaciones a los derechos humanos en Brasil.

No faltarían episodios de barbarie que pudiese contar, pero él no era dado al activismo político. El problema, desde el punto de vista de los militares, eran una prima y un hermano de Zico. Cecília había sido arrestada, acusada de dar refugio a revolucionarios clandestinos. En una oportunidad, me dijo que en un cuartel los torturadores lanzaron una cría viva de caimán sobre su cuerpo desnudo, ya castigado por las descargas eléctricas en las partes más íntimas.

Nando era uno de los tres hermanos mayores de Zico que hacían del fútbol su sustento. Demostraba virtudes, pero todavía en el jardín de infantes de la profesión lo apartaron de dos equipos. En uno de ellos, prescindieron de él cuando un capitán del Ejército asumió el cargo de entrenador. En otro lo despidió un director. Pronto supe que la policía política lo perseguía porque, antes del golpe de 1964, había sido aprobado en un concurso para profesor de un programa público de alfabetización de adultos, considerado como subversivo por el nuevo orden.

En busca de sosiego, Nando consiguió la transferencia al Belenenses, en Portugal. En la otra orilla del Atlántico, la policía de la dictadura de António de Oliveira Salazar ya había recibido su archivo, y le impidió radicarse. Temiendo por la carrera de sus hermanos, Nando ocultaba a la familia la causa de su infortunio. Hasta que, mientras intentaba dar con su prima, fue detenido, esposado y, en el mismo cuartel donde maltrataban a Cecília, encapuchado. Salvado de la tortura física, dejó el fútbol. El hermano de Zico jugaba por la punta izquierda. Nunca coqueteó con la militancia, en un flanco u otro.

Los daños deportivos perpetrados por la dictadura fueron más allá de abortar la trayectoria prometedora de Nando y de sabotear a la selección olímpica. En el siglo XXI, el país ostentaría una estrella soberana como Marta, pero no coleccionaría títulos expresivos entre las mujeres. En el pasado, el Consejo Nacional de los Deportes, controlado por oficiales de las Fuerzas Armadas, había condenado el fútbol femenino como inapropiado, y lo prohibió. Afuera, la modalidad progresó, y Brasil se quedó atrás.

•

La dictadura organizó en 1972 una Minicopa con el pretexto de celebrar el sesquicentenario de la Independencia. La excitación propagandística revivió la que estuviera en vigor en la Copa del Mundo de 1934 en la Italia bajo el fascismo de Benito Mussolini. Sin brillo, Brasil venció a Portugal en la final, una venganza tardía de los antiguos colonizados sobre sus colonizadores.

Como en 1972, Pelé disminuyó a Brasil en la Copa del 74. Retirado de la selección nacional en 1971, se mantuvo activo en el Santos FC. El rey del fútbol había pleiteado, sin éxito, compensaciones económicas para ir a Alemania. Ese año, el Gobierno del general Ernesto Geisel, sucesor de Médici, concluyó el exterminio de una guerrilla en la selva amazónica, desapareciendo a más de cincuenta cuerpos.

Veteranos del tricampeonato vistieron la camiseta verde y amarilla, pero Holanda pospuso el tetra. Nos atropellaron Johan Cruyff y compañía en la semifinal. El carrusel holandés revolucionaba el fútbol y embarullaba la percepción, como una píldora de LSD. Apoyé a la Naranja Mecánica en la confrontación decisiva, y hasta hoy lamento el título alemán.

América del Sur y la selección cambiaron entre el malogrado 1974 y la Copa del invierno argentino de 1978. Para inyectar sangre nueva, incorporaron a Zico en 1976 sin que la dictadura osara reeditar su veto. En el mismo año, el golpe de Estado del país anfitrión de la competición venidera parió una dictadura. Brasil exhibiría en Argentina su silueta futbolística más militarizada.

En México, diversos oficiales castrenses habían ocupado posiciones en el cuerpo técnico, pero el entrenador era el civil Mário Jorge Lobo Zagallo, como en Alemania. En Argentina, el técnico fue Cláudio Coutinho, capitán del Ejército. El presidente de la Confederación Brasileña de Deportes, João Havelange, había sido separado por las Fuerzas Armadas en 1974 debido a sospechas de fraude en la gestión de la entidad. Havelange ya había ascendido, en tanto, a capo de la FIFA. Un almirante heredó su antiguo cargo.

La dictadura se había radicalizado en 1968, aniquilando las raras garantías democráticas sobrevivientes del golpe. La elección directa de presidente y gobernadores se había acabado, pero proseguía para el Parlamento, un simulacro de libertad asfixiado por las restricciones. Chico Pinto, diputado del único partido de oposición consentido por el Planalto, el palacio presidencial, hizo declaraciones contra Pinochet en 1974 —cesaron su mandato y acabó en la cárcel. Tres años más tarde, Geisel cerraría el Congreso para reabrirlo con un sistema indirecto de designación de senadores.

Brasil experimentaba el auge del fútbol como un instrumento de poder. La dictadura edificaba estadios faraónicos y promovía la imagen de "un país que va adelante". En el estadio Colosso da Lagoa, cabían treinta mil espectadores, la población completa de Erechim, la ciudad sureña donde fue construido. El Campeonato Brasileiro se infló, pues el gobierno incluía nuevos equipos a petición de sus aliados. El récord fueron noventa y cuatro en una sola división. La ARENA era el partido oficialista y las tribunas cantaban: "Donde la ARENA va mal, hay un club más para el [campeonato] Nacional".

El sinsentido se manifestó en el terreno de juego. Coutinho llevó a Argentina al torpe volante Chicão en vez del brillante Falcão, futuro "rey de Roma". Zico dejó de ser titular a partir del tercer juego, y casi me hundió en una depresión juvenil. De un modo inusual, los dirigentes brasileños aceptaron el *fixture* que permitiría a Argentina jugar contra Perú conociendo la puntuación necesaria para pasar a la final, pues Brasil enfrentó antes a Polonia, y no al mismo tiempo, como habría sido justo.

El calendario se había montado con el aval de Havelange, quien acordó con el genocida Jorge Videla para confirmar la Copa en el país devastado. El fracaso del equipo local equivaldría a Hitler presenciando el éxito del negro Jesse Owens en los Juegos Olímpicos de Berlín en 1936. En la despedida de la selección, Geisel reprendió a Reinaldo en una conversación privada. En una entrevista, el delantero había valorado la democracia. "Usted juega a la pelota, no habla de política", ordenó el general, según Reinaldo.

Sin desanimarse, el artillero celebró su gol inaugural irguiendo su puño derecho, como los dos atletas estadounidenses de los Juegos Olímpicos de 1968. No pasó mucho, y lo quitaron del equipo. Ese empate de 1 a 1 con Suecia terminó extraño: la pelota vino de un saque de esquina y Zico, para mi júbilo, desempató de cabeza. Sin embargo, el árbitro anuló el gol alegando que el juego había terminado con la pelota en el aire.

Nada generó más sospechas de arreglo que el 6 a 0 aplicado por los argentinos a los peruanos, a quienes debían superar por cuatro goles, después de que Brasil ganase por 3 a 1 a Polonia. Se acumularon los indicios de un resultado fabricado y los rivales de la frontera se ungieron campeones contra los holandeses.

Quince años después, en una ciudad en las montañas de Ecuador, pregunté a Teófilo Cubillas acerca de la goleada donde él estuvo del lado derrotado. Con tono de quien no confía en sus socios, el ex jugador del Perú enfatizó que no había participado de ningún fraude. En Argentina, Cláudio Coutinho había insinuado que Brasil había sido engañado y pronunció su famosa bravata: "Somos campeones morales".

●

Nadie se lo tomó en serio porque éramos conscientes de que fuimos pusilánimes. Si hubiera arriesgado más, Brasil podría haber vencido a Argentina para no depender de la diferencia de goles, pero se conformó con el 0 a 0. Tal vez fue el mayor error del capitán Coutinho, a pesar de ser todo un técnico talentoso que enseñó conceptos como la obsesión por mantener la pelota. No consiguió establecer ese estilo en la selección, pero, mucho más importante, lo imprimió en el Flamengo.

He aquí una paradoja genuinamente brasileña: medimos el tiempo por las Copas, pero dedicamos más amor a los clubes que a la selección. Eso no impidió que el fracaso de 1978 machucase nuestra alma bipolar, reflejada en el fútbol. Resurgió el "complejo del *vira-lata*", el perro callejero.

El dramaturgo y cronista Nelson Rodrigues creó esta expresión para descifrar la incapacidad de Brasil de convertirse en campeón del mundo desperdiciando sus superestrellas. Transmitía un sentimiento de inferioridad. En 1950, nos bastaba un empate en el Maracanã, en la final de la Copa, pero caímos ante la valentía de Uruguay, el mayor trauma de nuestra historia, y no sólo en el fútbol. Más deshonroso, acabó consolidada la falsa versión de que un jugador uruguayo habría abofeteado en la cara a un brasileño, que no reaccionó. Además de todo, seríamos cobardes patológicos.

Ningún psicoanalista liquidó el complejo, fulminado por las conquistas de 1958, en los albores del fenómeno de Pelé, y 1962, con Garrincha ovacionado en el Estadio Nacional donde Pinochet instalaría sus mazmorras. La gente se divertía entre el final de una dictadura, en el 45, y el comienzo de otra, en el 64, y cantaba en el Carnaval: "La Copa del Mundo es nuestra, no hay quien pueda con el brasileño". Intercambiamos el complejo por la soberbia. Nelson Rodrigues reverenciaba a la selección como "la patria en botines".

Con la frustración en Argentina, renovamos nuestra soledad continental, el único país de las Américas que habla portugués. Las desventuras del Cono Sur señalaban nuestras cicatrices: con un AK-47 en bandolera, Allende resistió heroicamente en 1973 mientras que João Goulart no se había atrevido a luchar en 1964. El brasileño no empuñó las armas, sólo un argumento, el de ser reacio al derramamiento de sangre. Forzado al exilio, Goulart se convirtió en el único presidente de Brasil que murió lejos de su tierra.

¿Seríamos, de hecho, los perros callejeros de la historia? La angustia duró hasta la Copa española de 1982, cuando volvimos a cautivar al mundo y a encarar orgullosos al espejo.

•

Los primeros signos de la agonía de la dictadura antecedieron al renacimiento de la selección. En 1979, los metalúrgicos del núcleo industrial ABC lanzaron una huelga. Los lideraba un trabajador sin el dedo meñique de la mano izquierda, perdido en un accidente en la fábrica. Su nombre era Luís Inácio da Silva, y los amigos lo llamaban Lula. Adoraba el fútbol y *torcia* por el Corinthians.

En los estadios se abrían pancartas por la amnistía, un gran cambio en comparación con 1968, cuando la cancha del Botafogo había servido para encarcelar estudiantes. En 1979, el gobierno dio marcha atrás, los presos políticos fueron puestos en libertad y los exiliados retornaron. Tres años más tarde, volvieron las elecciones de gobernadores por sufragio universal, con victorias opositoras en los principales estados. En la CBF, el nuevo acrónimo de la entidad gestora del fútbol, un civil bienintencionado tomó el timón en lugar del almirante.

Mientras la esperanza pedía paso como el grupo al frente de una escuela de samba, yo me extasiaba con el apogeo de la era Zico. En la madrugada del 13 de diciembre de 1981, me hipnoticé delante de la televisión con el equipazo del Flamengo que superó al Liverpool, campeón de Europa, por 3 a 0. En la primera mitad, el locutor informó sobre el golpe de Estado estalinista del general Wojciech Jaruzelski, pero para mí la historia se decidía en el juego de Tokio, no en Polonia.

El título mundial de clubes fue más fácil que el sudamericano. El Flamengo había batallado en Santiago en el segundo de los tres partidos contra el Cobreloa, durante el desenlace de la epopeya de la Copa Libertadores. En el Estadio Nacional, el defensa Mario Soto cerró un ojo del rojinegro Lico de un codazo e hizo sangrar una ceja de Adílio con otro. En el último partido, en Montevideo,

Zico anotó dos goles y noqueó al aguerrido equipo chileno. Esa primavera fue la cúspide de la veneración por el 10. El siguiente laurel, quién iba a dudarlo, vendría del verano español.

En la Copa de 1982, sin embargo, Italia nos liquidó en el Estadio de Sarrià. Las lágrimas que cayeron en cascada en Brasil habrían permitido producir energía en nuestras monumentales plantas hidroeléctricas, pero el equipo dirigido por Telê Santana se perpetuó como patrimonio nacional. El medio campo reunió cuatro jugadores fuera de serie, Zico, Falcão, Sócrates y Cerezo —o Picasso, Miró, Dalí y Gris. El técnico rescató la filosofía ofensiva brasileña. Dio continuidad al fútbol total holandés plantado en 1974 y adobó ideas que, más de veinticinco años después, serían recogidas por el Barça de Pep Guardiola.

Dejó de parecer una excentricidad preferir perder con *jogo bonito* que ganar con un fútbol tosco. A diferencia de 1970, cuando apoyar o no a la selección dividía a los presos políticos, ahora todos hacían fuerza juntos. Gobernaba el último general, João Baptista Figueiredo, quien decía preferir el olor de los caballos al del pueblo. Contra el poder, Sócrates emulaba a Reinaldo y levantaba el puño en cada gol. En la contabilidad de títulos, la dictadura fue un fiasco. Había setenta, pero el tricampeonato había sido el epílogo del ciclo inaugurado en 1958.

En el liderazgo de la Democracia Corinthiana, Sócrates y otros ídolos introdujeron la autogestión del equipo y se expresaron en contra de la dictadura. Ese movimiento unió jugadores y dirigentes de Corinthians, transformando el club en un tubo de ensayo de relaciones menos autoritarias en el deporte. Una década antes de despuntar el "Doctor Sócrates", otro futuro médico había inquietado la estructura conservadora del fútbol. El barbudo Afonsinho había luchado por el pase libre, el derecho a no estar eternamente vinculado a un equipo, como un esclavo a su amo.

Sócrates reforzaba la campaña de las Diretas Já, que en 1984 llamó a la reintroducción de los votos para presidente y el fin de la dictadura. En los setenta, Pelé había abonado la proscripción de la votación al decir que "los brasileños no saben votar". Yo estaba en Rio cuando un millón de ciudadanos acudieron a la protesta. El animador era el locutor de fútbol Osmar Santos. Se agotaba la letanía de cierta *intelligentsia* para la que "el fútbol es el opio del pueblo".

Dominado por el gobierno, el Congreso recusó las elecciones directas, y dos candidatos se desafiaron en el colegio electoral restringido a cientos de votantes: Paulo Maluf, oficialista, y el oponente Tancredo Neves. En el Maracanã, los aficionados del Fluminense Football Club gritaban por Maluf, y los del Flamengo, por Tancredo. Muerto en vida, el régimen perdió hasta en el escenario que había montado, y Tancredo fue elegido en 1985.

Enterrábamos la dictadura, pero el nuevo presidente sólo pudo subir la rampa del Planalto dentro de su propio ataúd, víctima de un tumor en el intestino. Quien asumió fue su segundo, José Sarney, arraigado correligionario de los militares. El pueblo ironizaba: "Dormimos con Tancredo, despertamos con Sarney".

●

Lo mismo ocurrió con la nueva Copa del Mundo en México: soñábamos con la dulce remembranza de la selección de 1982 y amanecíamos con el fatigado equipo de 1986. En la eliminación, Zico desperdició un penal contra Francia. Los fariseos desataron mi ira al difundir la infamia según la cual él era jugador de club pero no de selección, que sólo sabía jugar en el Maracanã y que había sido forjado en el laboratorio con un tratamiento para crecer, como ocurriría con Messi.

Maldije a todos, restregándoles la evidencia de que había sido el mismo Zico quien había creado la jugada del penal. Zico sólo había entrado en el segundo tiempo, porque estaba golpeado. Más tarde sabríamos que no quiso ir al Mundial debido a una rodilla devastada por las patadas. Telê insistió, y Zico cedió. En la tanda de penales, Sócrates erró —¡y Zico convirtió! No atestiguábamos el ocaso de los dioses: aprendíamos que los dioses también fallan.

Así interpreté la asunción de Zico como secretario de Deportes, una especie de ministro de Fernando Collor de Mello. Consagrado en las elecciones directas de 1989, Collor se proyectó como presidente de un club de fútbol. Como candidato, cargaba contra la corrupción; como presidente, se tiñó con la mancha del corrupto. Zico salió de su gobierno con las manos limpias y las rodillas igual de rotas.

Como Collor, la selección del 90 se perdió por el dinero. La distribución de los ingresos por publicidad había provocado una tormenta entre el equipo y los dirigentes, y la Argentina de Maradona y Caniggia nos despachó para casa. Entonces me cayó la ficha: la decadencia de Brasil —cinco desastres desde 1970— acompañaba la caída de la presencia negra en el equipo, incluido el de 1982. Nuestras tres copas mundiales habían tenido protagonistas negros como Pelé y Didi, mulatos como Amarildo y mestizos con sangre indígena, negra y blanca, como Garrincha. En el 94, con el mulato Romário, retomamos las glorias que nos autorizan a llamar a Brasil el "país del fútbol". En 1998, casi llegamos al penta, que sobrevino en 2002, conducidos por los mulatos Ronaldo, Ronaldinho y Rivaldo. Dentro y fuera del campo, el mestizaje es la fuerza de los brasileños, y no su debilidad, decía el sociólogo Gilberto Freyre.

Trabajando como periodista deportivo, asistí al estadio de esas tres finales. Pensaba en Zico, pero me conformaba: si él jamás ganó una Copa del Mundo, peor para la Copa. En 1994, el año del tetracampeonato, el vicepresidente Itamar Franco, que había sustituido a Collor, lanzó el real, una moneda estable que batió a la inflación. Itamar y sus sucesores habían sido opositores a la dictadura.

El sociólogo Fernando Henrique Cardoso (1995–2002) conoció el exilio. El obrero Lula (2003–2010) estuvo preso por liderar una huelga. Dilma Rousseff, que en 2011 fue la primera mujer en la presidencia, había militado en la lucha armada y penado en la cárcel. Lula organizaba *peladas* con los ministros y recurría a metáforas futbolísticas para enviar mensajes políticos. Comparaba la elección de sus asesores con la de jugadores y descalificaba a los oponentes diciéndoles que serían malos entrenadores. El país prosperó durante su gobierno, pero no ganó ninguna Copa: a Alemania 2006 llevamos el equipo de Corea-Japón 2002, envejecido. En 2010, la cosecha de *cracks* fue débil —no siempre el fútbol explica a Brasil o Brasil explica el fútbol.

Mientras Pinochet detentaba el poder, los aficionados del sur de Brasil tronaban contra los futbolistas uruguayos llamándolos "tupamaros", en plan peyorativo, como presencié en los juegos cerca de la frontera. Hoy, enormes banderas con el rostro de Ernesto "Che" Guevara, uno de los inspiradores de la guerrilla en el país de Pepe Mujica, son desplegadas en los estadios. En Brasil vivimos el período más longevo de democracia desde la proclamación de la República. Durante las gestiones del Partido de los Trabajadores, de Lula y Dilma, 28 millones de brasileños salieron de la pobreza absoluta y 36 millones subieron de clase social, según datos oficiales. En el Gobierno de Cardoso, desarrollamos un programa ejemplar para combatir el SIDA.

Brasil mejoró, pero no rompió con los legados más ruinosos, oriundos de la esclavitud terminada en 1888 y de la dictadura post-1964. El país fue uno de los últimos de Occidente en abolir la servidumbre negra, y sólo ahora programas de compensación de cuotas raciales llegan a las universidades. Aún persisten profundas desigualdades de raza. Muchos nuevos departamentos mantienen minúsculos "cuartos de empleada", donde duerme la heredera asalariada de la antigua esclava. En la Copa de las Confederaciones 2013, los boletos tenían precios exorbitantes. Casi todo formado por brasileños, el público parecía, de tan blanco, el de un estadio europeo.

Miren a la selección: técnicos, médicos y dirigentes son blancos, mientras que los de ascendencia africana actúan como jugadores y masajistas. Los descendientes de la *senzala*, antiguo alojamiento de esclavos, juegan; los de la casa grande, donde habitaban los señores, mandan. Sigue en vigencia el prejuicio racista contra los porteros negros, desde la acusación al negro Barbosa de fallar en la final de 1950. Nuestros cuatro arqueros campeones del mundo eran blancos.

Al principio, el fútbol era el ocio de la élite, y los negros no eran admitidos. En Fluminense, un mulato se pasaba polvo de arroz para blanquearse la cara y jugar. Más tarde, los negros hicieron de la *ginga* nacida en los barrios de esclavos, donde bailaban capoeira, un estilo de fútbol creativo que incorporamos a la identidad nacional. Atesoro la dedicatoria de Domingos da Guia, magistral defensor afrodescendiente de la Copa de 1938, en mi ejemplar de *O negro no futebol brasileiro*, libro de Mário Filho.

•

La dictadura hizo suya la obscena desigualdad social, que no se limita a las razas. El "milagro económico" engordó el pastel de la riqueza, sin dividirlo. Una de las diez mayores economías del mundo, Brasil integra otro *Top 10*, el de las naciones de ingresos más desiguales. Ninguna ciudad en el mundo tiene tantos helicópteros como São Paulo, pero ocho de cada diez residentes de las zonas rurales del país no tienen acceso al alcantarillado. El ingreso del 10% más rico capta casi la mitad de los ingresos totales. El 10% más pobre, el 1%. En el fútbol, miles de atletas tienen registro profesional, pero no reciben salario.

La producción de etanol se ha consolidado como referencia entre los biocombustibles de alta tecnología, pero en la cosecha manual de la materia prima, la caña de azúcar, sobrevive la cultura pre-abolición. La mayoría de los agricultores es negra y utiliza un léxico del siglo XIX. Trata como *feitor* al supervisor de los patrones, palabra que designaba al capataz de los esclavos y que subsiste en los campos. Para cosechar 11,5 toneladas de caña al día, el cortador da, en promedio, 3.792 golpes de machete, esfuerzo excesivo incluso para un futbolista de alta competición. La reforma agraria no tocó Brasil, donde el 2,5% de las explotaciones ocupan el 56% de las tierras de cultivo. En los años de Lula, los bancos tuvieron ganancias récord. Fernando Henrique Cardoso privatizó a *preço de banana* empresas nacionales estratégicas.

La impresión es que la casa grande y la *senzala* permanecen, aunque disimuladas, en un país con aversión atávica a las rupturas. A diferencia de los vecinos de la América española, no conquistamos la independencia a punta de bayoneta, sino en un acuerdo por el que el rey de Portugal transfirió el poder al hijo, coronado emperador del país soberano. Brasil posee escuelas bautizadas con el nombre del dictador Médici.

El presidente de la CBF, José Maria Marin, era diputado oficialista en 1975 cuando acusó una supuesta "infiltración comunista" en la televisión pública. Unas semanas después, el director de noticias de la estación TV Cultura murió a causa de la tortura. En la cárcel, la guerrillera Dilma Rousseff sufrió el *pau-de-arara*, un instrumento de martirio empleado desde la esclavitud. En la Copa de las Confederaciones, Dilma y Marin posaron juntos y sonrientes.

En la época de la lucha armada, Dilma militaba muy próxima al grupo al que pertenecía Wânio José de Matos, el desaparecido que la resaca del golpe de Pinochet engulló en 1973. Matos, antiguo capitán de la Policía Militar, había sido torturado en São Paulo; en Santiago, los militares repetirían la dosis hasta matarlo. Ni en Chile ni en Brasil han castigado a quienes lo maltrataron. En ambos países, los torturadores de la dictadura están muriendo de viejos, sin castigo.

Cuando pienso en los males de Brasil, recuerdo que hemos estado peor. Si tropezamos en el fútbol, evoco las jornadas en que nos erguimos. Mi hijo me corrige en momentos en que Lionel Messi me arranca suspiros. "Zico es el mejor", dice, repitiendo lo que aprendió de mí. Un día sabrá que el padre fue sincero, porque yo hablé con el corazón y no con las neuronas.

Por encima de todo, el fútbol es pasión.

Mário Magalhães (Rio de Janeiro, 1964) es periodista. Ha recibido más de veinte distinciones, incluido el Premio de la Sociedad Interamericana de
Prensa. Su último libro es la biografía *Marighella: O
guerrilheiro que incendiou o mundo*.

Perú

"Y al mismo tiempo se da cuenta de que el tullido que yace a sus espaldas tiene razón: no se puede dejar atrás y cortar todo nexo con lo que ha sido, sólo se puede continuar...".

—Sándor Márai, *Liberación*

Rasputín, el peruano

Es tentador pensar en Yago, el sibilino confidente de Otelo: un siniestro complotador, perseverante tejedor de odios. Es tentador pensar en Silvio Dante junto a Tony Soprano y en Tom Hagen a la derecha de Don Vito Corleone. En Armand Jean du Plessis, el cardenal de Richelieu. Es tentador pensar en su sucesor, Jules Mazarin, perfilado por Alejandro Dumas —hambriento de poder, suspicaz y receloso— en *Veinte años después*.

Es tentador, pero sería un exceso: Vladimiro Ilich Montesinos, el hombre fuerte de Alberto Fujimori, es cruel y funesto, desprovisto del encanto de algunos canallas o la sagacidad de los brillantes, apenas provisto de la brutalidad del ventajista sin nada detrás. Las comparaciones validarían su impenetrable megalomanía; ninguna haría justicia a su existencia de sujeto menor que construyó poder sobre la base de la extorsión y la rapiña.

Gustavo Faverón Patriau recorrió la historia de Montesinos para narrar la historia del Perú de estas cuatro décadas. Lector de novelas de espías y manipulador de información, el oportunista Montesinos pasó de los fondos del escalafón militar en los setenta a tener, veinte años después, carta libre para decidir la vida de un país en sociedad con su presidente, Alberto Fujimori.

"Vladimiro Montesinos soñaba con el poder pero no con la revolución", dice Faverón Patriau en su historia. "Políticamente fue

75

siempre una oscuridad y una veleta. Si el destino, en los noventa, le deparó ser el hombre fuerte de un gobierno de extrema derecha, fue más por la inercia de la coyuntura que por su convicción. Era acomodaticio, maleable, adaptable a cualquier cosa".

La única cosa necesaria para el triunfo del mal es que los hombres buenos no hagan nada, dicen que dicen que dijo Edmund Burke —o John Stuart Mill o Charles F. Aked. En el Perú, esa certeza se complementa con la escena de apertura de *Conversación en La Catedral* de Mario Vargas Llosa: Zavalita frente al Hotel Crillón de Lima, a pasos de la avenida Tacna, un perro lamiéndole los pies, y en su soliloquio la claridad de que, señores, el Perú está jodido desde un tiempo inmarcesible.

Montesinos y Fujimori cambiaron al Perú como pocos presidentes de la era moderna. Su poder ministerial recuerda a las viejas troicas comunistas y las naciones imperiales: cualquier decisión era posible si satisfacía al líder. El Gobierno de Fujimori y su *consigliere* aplicó el terrorismo de Estado, elaboró una Constitución a medida, no pudo negar su condición y acabó en dictadura venal.

—¿Cómo es posible que pudieran construir esa sociedad criminal frente a la mirada de todos? —pregunto a Gustavo.

—La coyuntura les permitió adjudicarse las dos mayores victorias posibles para un gobernante peruano: acabar con la peor inflación de la historia del país y capturar al criminal más sangriento de su historia, Abimael Guzmán, de Sendero Luminoso. Ambas en un tiempo muy corto. La gente comparaba eso con lo hecho por los gobiernos anteriores y, por otro lado, temía a cualquier opción política de izquierda que sospechasen de pro-senderista. Fujimori-Montesinos tenían una operación de propaganda gigantesca —compraron canales y compraban a dueños de canales— y eso te crea la imagen que quieras. El conjunto de esas cosas hizo a los peruanos bastante permisivos con Fujimori-Montesinos.

•

El resentimiento de Montesinos pasó décadas en maceración. Hijo de una familia cercana al comunismo, se hizo militar y moldeó sus ideas con una extraña mezcla de novelas de espías y teorías del poder y la guerra. Al borde de los años setenta dio con un libro de Augusto Pinochet, que leyó con fruición, subrayó y recomendó. Treinta años después conocería al dictador en Santiago de Chile. Cenó emocionado.

"Nunca un ser tan mediocre admiró tanto a un igual", escribe Faverón Patriau. "Pocas veces dos seres tan medianos han decidido de manera tan radical las historias paralelas de dos países. Vladimiro Montesinos y Augusto Pinochet representan una cosa común: el fanatismo de la ignorancia disfrazada de certeza, la demagogia imponiéndose sobre las ideas y el pensamiento".

Vladimiro Montesinos fue lluvia ácida sobre el Perú. Su sociedad con Alberto Fujimori corroyó el tejido de las instituciones y la cultura política y erosionó la calidad del debate público, vuelto una batalla de lanzamiento de prontuarios. Como el Chile de Pinochet, superada una crisis, la economía de Perú tomó la curva ascendente. Como en el Chile postdictadura, quedó también condicionada por la agenda conservadora. Perú ha tenido dinero y años para cambiar su statu quo. ¿Lo ha hecho?

—No —dice Gustavo—. Cada gobierno durante los últimos veinte años ha heredado una economía más creciente que el anterior, con un tesoro público más grande y una producción en alza, pero ninguno ha hecho nada significativo por invertir eso en la corrección estructural de la forma del Estado ni mucho menos en programas sociales trascendentes. El abandono de la educación te permite ver que, cuando el crecimiento económico pasa, abajo queda un país quizás menos preparado que antes para afrontar las vacas flacas, y ciertamente un país desintelectualizado y maleducado.

●

—Cuando leo tu texto y recuerdo el Perú de aquellos años, me llega una historia de otro siglo: Rasputín. ¿Fue el Perú un clásico de la literatura rusa?

—Yo más bien creo que es al revés: Rasputín fue un peruano que viajó al pasado ruso. Una mezcla de Montesinos con Ezequiel Ataucusi. Ya más en serio: en pocos países del mundo la espina dorsal del canon narrativo nacional está tan conectada con la novela realista como en Rusia y el Perú. Será porque nuestra vida real es más fantástica, surreal o simplemente caricaturesca.

Un hombre hueco

GUSTAVO FAVERÓN PATRIAU

Cuando las cámaras de televisión entraron en la enorme casa de Playa Arica, al sur de Lima, encontraron túneles, exclusas, recámaras secretas y sótanos ocultos tras paredes móviles. Los policías corrieron esculturas y armarios y revelaron el ingreso a un pasadizo que conducía, a través del húmedo subsuelo, hasta un embarcadero escarbado en las rocas.

En el baño del dormitorio principal, adornado con grifos de oro y cortinas de encaje, había una tina de patas curvas afirmadas sobre mármol. Cuando levantaron la piedra como la tapa de un piano, quedó al descubierto un agujero irregular, una especie de catacumba, como una mazmorra de torturas. Era, en verdad, la antesala de otro túnel por el que una persona o varias podían escapar si la gigantesca residencia era atacada por sorpresa.

La casa era un laberinto de más de cuarenta habitaciones sobre mil quinientos metros cuadrados, con tres pisos y varios entrepisos, escaleras bifurcadas, cuartos apilados unos sobre otros, terrazas que miraban al mar desde el precipicio y dos piscinas rectangulares, con patios entre altas murallas y sin una sola ventana hacia la calle. Lo que tenía, en cambio, eran torreones y observatorios, gruesas paredes de base militar blindadas con planchas de metal, con mirillas horizontales y rematadas por espirales de alambre de púas, cercos eléctricos y cámaras de video conectadas en circuito cerrado a una estación de vigilancia.

Era posible imaginar la naturaleza del único habitante con sólo ver el lugar. ¿Un hedonista paranoide? ¿Un emperador temeroso? ¿Un recluso que guardaba la llave de su propia cárcel en el bolsillo del pantalón? Los espejos del baño y del dormitorio principal cubrían las paredes del piso al techo: ¿un ególatra, extasiado ante sí mismo? Dos habitaciones ahora vacías habían estado colmadas de archivadores metálicos que desbordaban de videos, grabaciones de audio, informes del Servicio de Inteligencia Nacional que resumían minuciosamente la vida pública y privada de todos los actores políticos del país y de industriales, empresarios de medios de comunicación, aliados y rivales: ¿un factótum? ¿El vigía en el panóptico?

Un espía, sin duda. Un hombre que quería saber todo cuanto ocurría afuera de esos muros pero necesitaba los muros para su paz mental, para refugiarse y respirar. Pero, ¿respirar qué? El aire dentro de esa casa no era más puro que el aire del país que él mismo había enrarecido durante diez años. Sentía ser el salvador de la patria pero tenía miedo de la patria. El capitán Vladimiro Montesinos había sido, probablemente, el hombre más poderoso del Perú, incluso más que el dictador al que había servido desde 1990, Alberto Fujimori, porque, a diferencia del presidente, él podía ocultar su rostro. Decidió ser el poder en las sombras, una *éminence grise*, y así era su mundo en el año 2000, cuando cayó en desgracia: una innumerable secuencia de penumbras, una sucesión de cubículos herméticos, una guarida, la cueva de un animal que intuye en todas partes el acecho de los otros.

●

Cuando nació, en 1946, su padre, de una familia burguesa pero inclinada al comunismo, le puso un nombre que era un pronóstico y un error: Vladimiro Ilich. Eso fue en Arequipa, la segunda mayor ciudad del Perú, el mismo lugar de los Andes sureños donde nacieron Mario Vargas Llosa, el novelista a quien Fujimori habría de derrotar en las elecciones de 1990, y Abimael Guzmán, el "Presidente Gonzalo", líder del grupo maoísta Sendero Luminoso, una escisión del Partido Comunista que en 1980 inició el conflicto armado más violento y desgarrador en la historia del país, más, incluso, que cualquier guerra externa: sesenta mil muertos hasta mediados de la década siguiente.

En Arequipa, Montesinos fue un estudiante mediocre. Aunque era un lector perseverante, no era ni agudo ni sagaz. Vivió en un pueblito a pocos kilómetros de la ciudad, Tingo, donde, con sus padres y sus cuatro hermanos, ocupaba la antigua casa de la servidumbre, junto a la gran casona de los abuelos. Era introvertido, soterrado, murmurante, pero podía ser simpático y hablador por necesidad. Hizo los tres últimos años de la secundaria en un colegio militar y eso decidió su profesión. No sentía atracción por las armas pero sí por la táctica y la estrategia, aunque no las del combate sino las del control. Vladimiro Montesinos soñaba con el poder pero no con la revolución. Cuando terminó el colegio era muy joven para ingresar a la Escuela Militar de Chorrillos, pero su padre fraguó una partida de nacimiento para hacerlo un año mayor. Fue el primer documento falso en una vida hecha de falsificaciones.

En la Escuela Militar de Chorrillos, Vladimiro eligió la rama de artillería, no porque fuera su vocación, sino porque era la menos populosa. De los doscientos doce cadetes que ingresaron con él, sólo setenta y uno terminaron la carrera y apenas catorce optaron por la artillería: Montesinos no quería competir. También en Chorrillos fue anónimo y distante: no tenía un grupo de amigos y los recuerdos de sus compañeros son difusos. Era tan ínfimo y borroso que ni siquiera le pusieron un sobrenombre. Los oficiales de la escuela, en cambio, tenían una idea diferente de él. En 1964 fue acusado de robar exámenes —como lo hacen los cadetes de *La ciudad y los perros*, la novela que Vargas Llosa había publicado el año anterior— en excursiones nocturnas al recinto donde eran impresos. Meses más tarde, un oficial descubrió, en el armario junto a la litera donde dormía Montesinos, una colección de libretas en las que el cadete había anotado, con su letrita maníaca, información detallada sobre sus compañeros y los oficiales y suboficiales de la escuela: amistades, rivalidades, enfermedades, relaciones, aficiones, fobias, vicios, debilidades, medicinas. Eran sus primeros coqueteos con el espionaje. Estuvieron a punto de expulsarlo pero, según dicen, un tío congresista vino a su rescate. En 1965 pasó con su promoción un mes en Panamá, en la Escuela de las Américas. Un año después, en su graduación como oficial, ocuparía el octavo puesto entre los catorce alféreces de artillería de su promoción. Gris, sin duda era; pero no una eminencia.

●

En 1968 el general Juan Velasco Alvarado implantó en el Perú una dictadura militar sui géneris para la región. Los regímenes de facto de América Latina eran, entonces y en los años siguientes, con la excepción de Cuba, de extrema derecha: Alfredo Stroessner en Paraguay, Artur da Costa e Silva y Emílio Garrastazu Médici en Brasil, Alejandro Lanusse en Argentina, Anastasio Somoza en Nicaragua. En el Perú, en cambio, Velasco inició un proceso socialista al que hacía llamar Gobierno Revolucionario de las Fuerzas Armadas: una maltrecha reforma agraria, la reivindicación parcial de los pueblos indígenas, proteccionismo económico, prohibición de importaciones, promoción de la industria nacional, compras militares a la Unión Soviética. Las cadenas nacionales de radio y televisión, confiscadas por el Estado, transmitían parte de su programación en quechua.

A Montesinos, destacado desde 1966 en un cuartelito sin importancia de Lima, todo ello lo tenía sin cuidado. Si ésa era la línea política del Gobierno, la cosa ni lo excitaba ni lo mortificaba. Políticamente fue siempre una oscuridad y una veleta. Si el destino, en los noventa, le deparó ser el hombre fuerte de un gobierno de extrema derecha, fue más por la inercia de la coyuntura que por su convicción. Era acomodaticio, maleable, adaptable a cualquier cosa. Cuando, en ese cuartelito olvidado, a principios de los setenta, empezó a forjar su futuro, sus acciones fueron más las de un villano dumasiano, un intrigante de novela de aventuras, que las de un político en ciernes. O quizás era ya la encarnación de la política peruana de los años siguientes: praxis sin ideología, provecho sin causa, movimiento sin espíritu, discurso sin trascendencia.

Los que siguieron fueron años de pequeñas triquiñuelas y relaciones por conveniencia. Mediante engaños, fingiéndose un católico atribulado, trabó amistad con un joven seminarista llamado Ernesto Montagne, hijo y homónimo del general de división Ernesto Montagne, comandante general del Ejército, ministro de Guerra y presidente del Consejo de Ministros, el segundo al mando en el gobierno de Velasco. Utilizó la amistad con el seminarista para ascender, para conseguir prerrogativas y que le concedieran permisos especiales como abandonar sus tareas diarias en el cuartel para estudiar derecho en la Universidad Nacional Mayor de San Marcos. Cuando Montagne dejó de ser jefe del Ejército, a Montesinos le anunciaron destino en un destacamento en algún pueblito en medio del desierto, en la costa norte. Para entonces ya pensaba en sí mismo como un intelectual: leía a Machiavelli —*El príncipe*— y a Sun Tzu —*El arte de la guerra*— y manuales de geopolítica y estrategia, tratados de derecho internacional, novelitas de espionaje. Esa cercanía con los libros lo hacía sentirse un filósofo. La posibilidad de ser desterrado a provincias, confinado a un puesto en el desierto, le parecía una amenaza insoportable.

Para 1972, Edgardo Mercado Jarrín, otro general de división, había reemplazo a Montagne como jefe del Ejército. Ahora no valdría una conexión espuria: Montesinos tenía que contactarse con él directamente. Revisó sus notas —nunca dejó la costumbre de las libretas y los datos azarosos, compulsivamente recopilados—: Mercado Jarrín era un internacionalista, había sido ministro de Relaciones Exteriores, era el motor del Centro de Altos Estudios Militares, una especie de universidad dentro del Ejército, cada vez más inclinada al socialismo. Era lo más cercano a un intelectual en la jerarquía superior del Gobierno. Montesinos se acercaría por ese lado, alabaría su inteligencia y lo sorprendería con lecturas compartidas. Eligió un libro publicado en Santiago hacía cuatro años, en 1968, que de seguro Mercado Jarrín ya conocía. Su título era *Geopolítica* y el autor, por entonces jefe del Estado Mayor del Ejército chileno, era un hombre grave de voz chillona y toscos anteojitos de carey: el general Augusto Pinochet.

El hecho es irónico. Pinochet, como Montesinos, era un intelectual anodino, un ser de una sola dimensión. También había estudiado derecho, también había soñado desde siempre con el poder. Como Montesinos, Pinochet creía ser un pensador pero era un oportunista. (En ese momento ya estaba al acecho, la mira puesta en la presidencia chilena, que capturaría el año siguiente, en 1973). *Geopolítica* —como demostró el periodista Juan Cristóbal Peña— es el producto de un plagio. Y es un libro chato, esquemático, ramplón. Montesinos era incapaz de notar esa mediocridad: leía a Pinochet como a un iluminado. Un fin de semana, decidido, llamó a la puerta de la casa de playa de Mercado Jarrín, en Punta Negra —en el Perú, nadie que tenga poder carece de una casa de playa—, y le presentó al general un informe sobre la obra de Pinochet, seguido por los lineamientos básicos para una nueva dinámica en el rumbo del régimen militar. Segunda ironía: en el libro de Pinochet, Montesinos creyó descubrir una teoría de la acción cívico-militar que podría potenciar los objetivos socialistas del Gobierno Revolucionario de las Fuerzas Armadas. Mercado Jarrín le creyó, quedó deslumbrado con sus halagos, se dejó adular, lo pensó brillante, lo adoptó como protegido. Esta vez era real: Montesinos halló cobijo bajo el ala del segundo individuo más influyente del país.

•

En septiembre de 1973, Pinochet tomó el poder en Chile. En 1975, otro general, Francisco Morales Bermúdez, sucedió a Velasco en el

Perú. Montesinos seguía bajo la protección de Mercado Jarrín, pero, según refiere el periodista peruano Luis Jochamowitz, es posible que ya para entonces hubiera encontrado un patrón más poderoso: la CIA. Para sus acusadores ha sido imposible precisar cuándo empezó la relación. El más furioso de todos, en 1976, fue un mayor del Servicio de Inteligencia del Ejército, José Fernández Salvatecci, antiguo asesor de Mercado Jarrín, desplazado de ese puesto por Montesinos. Fernández Salvatecci declaró ante el jefe del Ejército que Montesinos, ya por entonces capitán, era responsable por la pérdida de una serie de documentos del archivo personal del general y que varios de ellos y otros más habían sido entregados a la Agencia Central de Inteligencia estadounidense. El capitán Montesinos convenció a Mercado Jarrín de que había tomado los documentos para estudiarlos —su habitual pose de curiosidad intelectual— y que nunca habían salido de sus manos. Según los testigos de la conversación, Montesinos rogó, imploró y hasta lloró por un perdón que, finalmente, le fue concedido.

Ese año, sin embargo, otra acusación cayó sobre él. Había viajado a Estados Unidos sin autorización de sus superiores y, durante las dos semanas que pasó allí, sostuvo entrevistas con agentes de la CIA. Una vez más, circularon rumores de que en esas reuniones Montesinos había traficado información confidencial, incluyendo una lista de armas que el Perú había comprado a la Unión Soviética. El tema era relevante en ese momento porque el Perú y Chile, según se aproximaba el centenario de la guerra que los había enfrentado entre 1879 y 1883, parecían encresparse uno contra el otro, y no pocos hablaban de un intento peruano de cobrarse la revancha de aquella antigua derrota. Además, en el Perú estaba vigente la "segunda etapa" del Gobierno Revolucionario de las Fuerzas Armadas, mientras que en Chile el poder estaba en manos de Pinochet, un aliado de Estados Unidos. El Gobierno estadounidense, a través del embajador Robert Dean, aseguró que no era un negocio oscuro: Montesinos había recibido una beca que Estados Unidos concedía cada año, consistente en un programa de entrevistas y visitas diseñado según los intereses del becario, que, en el caso de Montesinos, incluían la inteligencia militar.

No importó la explicación. Montesinos había falsificado la autorización para el viaje y Mercado Jarrín no tuvo ánimos para protegerlo. Montesinos acabó expulsado del Ejército con deshonra y condenado a prisión por un año, un castigo que, en verdad, fue una conmutación: la condena por espionaje y traición, durante el régimen militar, era la pena de muerte. Oficialmente, fue culpado de "abandono de destino, falsificación, falsedad y desobediencia". El Gobierno de Morales Bermúdez prefirió evitar el escándalo. Años más tarde se supo que, en esa época, la CIA no era la única conexión misteriosa de Montesinos: mucho más nebulosa y enigmática, menos documentada hasta la fecha, pero referida por muchos testigos, fue su vinculación en Lima con Mijail Roy, un ucraniano que trabajaba para la agencia oficial de prensa soviética, Novosti, con quien Montesinos trabó amistad intuyendo que podía servirle de puente para entrar en contacto con la KGB. Vladimiro Montesinos, el lector de novelitas de Ian Fleming y John le Carré, había querido ser un doble espía.

Liberado de prisión, en abril de 1978 Montesinos volvió a San Marcos y en menos de tres meses recibió un título en derecho sin completar los cursos, sin escribir una tesis y sin que quedara constancia alguna en la Oficina de Registro de la universidad. Un mes más tarde estaba inscrito en el Colegio de Abogados de Lima. Por unos años, se dedicó al chantaje de oficiales implicados en homicidios y otros crímenes ocurridos dentro del Ejército. El régimen militar había dado paso a un nuevo período democrático —el presidente, ahora, era el arquitecto Fernando Belaúnde Terry— y en el Ejército empezaban a saltar los escándalos escondidos durante la década anterior. Los chantajeados se vengaron: el juicio por traición fue reabierto y Montesinos debió escapar del país, aunque volvió al poco tiempo. A mediados de los ochenta encontró un filón de oro: defensor de narcotraficantes peruanos y colombianos y oficiales de policía acusados de confabular con los cárteles.

El capitán humillado se transformó en un personaje insólito en los tribunales del Palacio de Justicia. Sus alegatos eran débiles; sus argumentos, absurdos; sus pruebas, incoherentes; sus evidencias, infantiles. Era un leguleyo miserable y desangelado pero sobornaba a magistrados y secretarios de juzgado y ganaba todos los juicios, incluso los más escandalosos de la época. Tan pronto como concluían los procesos y los narcotraficantes dejaban el país libres, los expedientes acababan esfumándose o eran reemplazados por otros, fraguados a última hora. Montesinos se hizo millonario. Dejó su modesta vida de ex militar apestado y pudo renunciar a los trabajitos eventuales que había desempeñado en el ínterin: comerciar información a periódicos de extrema izquierda, vender datos a revistas de derecha, servir de mensajero entre personajes clandestinos. Compró un departamento que ocupaba un piso entero en un edificio de la avenida Javier Prado, en San Isidro, el barrio más rico de Lima, adonde se mudó con su esposa, Pilar Becerra, y sus hijas. En los noventa, cuando Fujimori era presidente y Montesinos el poder tras el trono, esa alta torre verde estaba rodeada de jeeps con infantes de Marina o camionetas negras con agentes del SIN, el Servicio de Inteligencia Nacional, apostados ante las dos puertas de ingreso para proteger a la familia del nuevo hombre más poderoso del país. Montesinos, sin embargo, ya no vivía ahí. Había medio abandonado a su mujer para refugiarse en los dos sitios donde pasaría —enclaustrado por propia voluntad, recibiendo a sus amantes, conviviendo con una de ellas, Jacqueline Beltrán— la década completa: la sede del SIN y la gigantesca casa de Playa Arica.

●

Escribo esta historia en otro piso de ese mismo edificio en la avenida Javier Prado, donde un familiar me aloja cuando vengo a Lima. Para llegar aquí sólo necesito decirle al taxista que me lleve al "edificio de Montesinos": ha pasado mucho tiempo pero todo el mundo sabe cuál es. En uno de los pisos superiores vive todavía su esposa, Trinidad Becerra. Unos días atrás me crucé con ella en el ascensor. Iba con su hija, que estudió en la misma universidad que yo, y donde, a principios de los noventa, yo era asistente de cátedra. La chica llegaba al campus en un carro blindado, rodeada de agentes de inteligencia y guardaespaldas. Fue enamorada de un amigo mío, que nunca quedó muy impresionado por las conversaciones que tenía con su suegro.

Es curioso que alguien pueda ser el hombre más controversial de un país, mover los hilos del poder, y no causar mayor impresión en quienes lo conocen. Vladimiro Montesinos siempre quiso mantener un perfil bajo, moverse detrás de las cortinas, envolverse en una neblina favorable, indispensable para alguien que hizo una forma de vida del acopio de información y el palanqueo subterráneo. Lo ayudaba ser gris, serlo en realidad, sin tener que fingirlo; lo ayudaban su medianía, su falta de luces, su personalidad opaca, su trivialidad. No era transparente pero era invisible. Jamás decía nada que llamara la atención. No alzaba la voz ni cuando esgrimía una amenaza, insinuaba una extorsión, compraba o vendía información o le ponía precio a una cabeza.

En 1990, pasada la primera vuelta de las elecciones presidenciales, los dos candidatos en competencia eran Mario Vargas Llosa, que encabezaba una coalición de neoliberales, centroderechistas y socialcristianos, y Alberto Fujimori, un sujeto nimio cuya candidatura había prosperado gracias a la ayuda del gobierno saliente de Alan García, y al rechazo que los electores sentían ante cualquier otra candidatura partidaria. La disparidad entre Vargas Llosa, el más prestigioso intelectual peruano del siglo, y Fujimori, un ingeniero agrónomo, ex rector universitario, sin partido, sin recursos, sin discurso y sin historia, era demasiado visible. Durante la campaña, Fujimori fue acusado de delitos tributarios, Montesinos entendió la situación y vio la oportunidad. Ese era su oficio. Ofreció a Fujimori sus servicios para sacarlo del embrollo. A estas alturas es indudable que, desde ese primer momento, la intención no era simplemente salvar a Fujimori del problema. Su objetivo era el mismo de siempre, agigantado por los años y la megalomanía, la coronación de una carrera hecha en la extorsión, el espionaje y el tráfico de información: enterarse de todo hecho turbio que pudiera haber en el pasado de Fujimori, adueñarse de su historia personal, poseerlo, rescatarlo del trance para volverse su asesor cuando arribara a la presidencia, y, una vez allí, manejarlo como un títere, gobernar al otro mientras el otro creía gobernar el país.

En las presidenciales y una vez que Fujimori accedió al poder, en efecto, mucho de eso se volvió real. Fujimori era un improvisado. Montesinos escribía sus discursos, le decía qué responder en las entrevistas. Hasta le reclutó un equipo de colaboradores que, en verdad, eran sus secuaces. Años más tarde, en una declaración judicial, Vladimiro Montesinos diría que él elegía las camisas y las corbatas del presidente del Perú. El Chino no sabía ni vestirse: lo veía como a un niño. Con el tiempo, esa relación debió cambiar: Fujimori se hizo carismático, acumuló victorias en la economía y terminó arrogándose los triunfos de la Policía en la lucha contra Sendero Luminoso. Montesinos tenía que proteger la imagen del presidente porque el presidente era su mina de oro. Eran socios pero, como en todas las relaciones personales de Montesinos, la amistad era sólo uno de los vínculos; el otro era el timo: Montesinos sabía que Fujimori había cometido fraudes y hecho operaciones ilegales de bienes raíces, y sabía, además, porque él mismo había escondido los rastros, que no era seguro que El Chino hubiera nacido en el Perú, sino tal vez en Japón o en un barco de bandera japonesa en viaje hacia el Callao, y estaría inhabilitado para la presidencia. Fujimori, a su vez, sabía que Montesinos estaba implicado en innumerables desfalcos y malversaciones. Eran hermanos siameses cogidos uno al otro por el cuello. El vínculo se estrechó con los años, cuando empezaron a cometer los mismos crímenes, compartiendo, en las sombras, el delito de haberlos ordenado: asesinatos, desapariciones, persecuciones, acosos, secuestros, matanzas, esterilizaciones forzadas, desfalcos, engaños tributarios, operaciones extrajudiciales, intervenciones ilegítimas en el Poder Judicial, torturas. Si uno se hundía, el otro caería arrastrado por su peso.

En la superficie, sin embargo, la relación parecía distinta. Montesinos nunca dejó de adular al presidente. Corría para complacer cada capricho del otro. Le diseñó una mansión en el segundo piso del Servicio de Inteligencia Nacional, que compartieron ambos con los cuatro hijos del dictador. Convocaba a ministros de Estado para que dieran clases de matemáticas a los chicos. Montesinos jugaba con ellos como el mayordomo. Se dejaba filmar con ellos, sobre todo con el menor, Kenji, a quien contaba chistes y acompañaba en paseos familiares. Al presidente le conseguía entrevistas con artistas célebres y, porque ambos compartían un gusto infantil por las brujas y los chamanes, al Palacio de Gobierno y a las oficinas del SIN llegaban a menudo adivinas con barajas españolas y bolas de cristal.

En ese lugar, Montesinos y Fujimori rediseñaban el futuro de la presidencia. Montesinos planeó el golpe que Fujimori dio el 5 de abril de 1992 contra los demás poderes del Estado. Juntos, capturaron el Poder Judicial, cerraron el Congreso, suspendieron la Constitución, transformaron el régimen democrático en dictadura. Fujimori convocó a nuevas elecciones parlamentarias y dictó, a través de su bancada, una nueva Constitución. También había sido sugerencia de Montesinos que El Chino adoptara, en 1990, el programa económico que había propuesto su rival, Vargas Llosa: el sinceramiento neoliberal de la economía, un shock brutal que multiplicó cien veces en un día el costo de vida. Los peruanos asumieron el sacrificio y dos años más tarde reconocían a Fujimori como el hombre que acabó con décadas de crisis permanente y con el monstruoso espiral hiperinflacionario surgido durante el gobierno populista de García. Vladimiro Montesinos, el pensador pueril, tuvo la ocurrencia de que esa línea económica, un neoliberalismo radical al estilo de Milton Friedman, es decir, al estilo de los años finales de Pinochet, se perennizara en la nueva Carta Magna. De esa manera, la Constitución del Perú devino la defensora más radical de la economía de libre mercado en todo el planeta, algo que ni siquiera el general chileno se había atrevido a hacer. Ése fue el aporte del ex capitán Montesinos a la extrema derecha latinoamericana, aunque jamás había tenido un compromiso real con su modelo económico. Era, una vez más, el camaleón.

El reacomodo económico de mediados de 1992 pareció dar la razón a Fujimori ante la opinión pública. Mucho más favoreció a sus planes la captura, el 12 de septiembre de ese año, del líder de Sendero Luminoso, Abimael Guzmán. Montesinos, que en sus propias alucinaciones era un mago de la inteligencia militar, no había encontrado otra respuesta contra el grupo terrorista que continuar la bárbara contraofensiva bélica que los gobiernos anteriores habían desplegado tanto en Lima como en el interior. Y le había sumado una violencia adicional: la fundación de un grupo paramilitar, de operación extralegal, el Grupo Colina, que en el último año y medio había cometido, por órdenes suyas, torturas y masacres. En Barrios Altos, una zona pobre y tradicional cerca del Centro de Lima, sus agentes asesinaron a quince personas, incluido un niño de ocho años, por sospecharlos miembros de Sendero Luminoso. Estaban equivocados. En el campus de La Cantuta, una universidad en las afueras de la capital, los operarios de Montesinos secuestraron a nueve estudiantes y un profesor, los llevaron a rastras hacia los cerros, donde los mataron y lanzaron sus cuerpos a una fosa común porque los creían miembros de Sendero Luminoso. Estaban equivocados. En la provincia del Santa, en Ancash, en los Andes nororientales, los miembros del Grupo Colina capturaron y acribillaron a nueve campesinos cuyos cuerpos también terminaron en una tumba precaria. Después de la masacre, rebuscaron en sus casas y no encontraron nada incriminatorio. Entonces pintaron en las paredes lemas de Sendero Luminoso para atribuirle el crimen al grupo maoísta. Nunca quedó claro si en un principio habían creído que los campesinos eran en verdad terroristas. Si así fue, estaban equivocados.

La actuación factual de Montesinos en la lucha contra Sendero Luminoso dejó en claro que el estratega delirante era un idiota y un incapaz. Tanto así, que el grupo operativo de la Policía que capturó a Abimael Guzmán estuvo muy cerca de ser desactivado por Montesinos, para quien era inútil y superfluo. La noticia de la detención de Guzmán fue sorpresiva para él pero fue capaz de disfrazarla, rápidamente, como victoria personal: Fujimori agradeció su valor y pericia y juntos diseñaron una coreografía bochornosa que desarrollarían en los días siguientes: Guzmán exhibido en una jaula con un traje a rayas de prisionero caricatural, gruñendo desaforado como una bestia salvaje. El Gobierno permitió que la televisión filmara la lancha sobre la que el terrorista enjaulado era transportado a una colonia penitenciaria. Montesinos construyó para él un mini complejo penal de máxima seguridad, en la Base Naval del Callao, donde Guzmán fue condenado a pasar el resto de su vida.

Entre 1990 y 2000, Montesinos y Fujimori armaron una operación sistemática de desfalcos al Estado por cientos de millones de dólares, y montaron lo que más de un observador ha llamado, con exageración y malicia, pero no sin verdad, la primera dictadura posmoderna de la historia. Nunca sintieron la necesidad de declarar su posición en el espectro político. A Velasco, el dictador socialista de los setenta, sus seguidores le decían "El Chino"; a Fujimori, la mayoría lo llama igual, pero otros, no sin cariño, lo apodaron "Chinochet": el fujimorismo carecía, y carece, de ideología, no ha tenido discurso ni el respaldo de pensadores, jamás asumió un paradigma ni señaló meta social alguna, más allá de gaseosas referencias al progreso, el emprendimiento y la tecnificación. No intenta justificar sus crímenes, no asume responsabilidades, no cree ni en la tradición ni en su ruptura, no tiene héroes ni declara antecesores. Vigorosamente ha luchado contra toda forma de intelectualidad, pero sin decirlo abiertamente: sus instrumentos son la propaganda, la cortina de humo, el engaño, el pacto soterrado, la compra de periodistas y medios de comunicación y la violencia sin escrúpulos.

Su forma de ser es la supervivencia en sí y para sí: a cada nueva elección asoma bajo un nombre distinto, agrupado en un nuevo partido o en una alianza de partidos fantasmagóricos: es mimético y rastrero. Fusionado en la masa, apela al patriotismo y al nacionalismo sin definirlos nunca: un cuerpo hueco que adquiere nueva forma a cada paso: es, colectivamente, el mutante que Montesinos fue individualmente hasta conocer a Fujimori. La biografía de Montesinos rezuma la vida de un sujeto sin alma y sin esencia, proteico y adaptable, constantemente en busca de poder, y, sin embargo, ese individuo sin alma y sin esencia es el alma y la esencia del fujimorismo. No deja de ser irónico que los fujimoristas, que siempre defendieron la inocencia del ex presidente, también encarcelado años después, hayan encontrado en Vladimiro Montesinos el chivo expiatorio para todos los pecados de la dictadura: sin saberlo, sin ser conscientes de ello, culpando a Montesinos acabaron culpándose a sí mismos, renegando de su ser interior.

El maniático *hoarder* de toda información, el alucinado coleccionista de secretos ajenos, que pasó la vida anotando en libretitas de espiral todo cuanto descubría acerca de los demás, no pudo con su genio. Por el segundo piso del SIN y por la enorme casa de Playa Arica, hizo desfilar a centenares de políticos y periodistas corruptos, les puso sobre la mesa montañas de dólares, los compró en efectivo: abogados, militares, directores de diarios, propietarios de radios y canales de televisión, congresistas suyos y congresistas rivales. También recibió a empresarios y negociantes peruanos y extranjeros, escuchó sus pedidos, concedió gracias subrepticias y favores amañados. Big Brother filmó a todos. Los hacía sentarse en una salita del SIN y los grababa: registraba sus palabras, sus actitudes, su desconcierto, su bajeza. Obnubilado, Vladimiro Montesinos creería que esos videos garantizaban alguna nueva sujeción en el futuro, un chantaje adicional, un poco más de poder, influencia: control. Cuando el primero de los "vladivideos", robado de su archivo personal, se hizo público en el año 2000, Montesinos se sentiría humillado con sus propias armas.

Era más que eso: se había traicionado él mismo: la información tenía un valor, los registros de la decadencia tenían un valor, un valor que cambiaba de signo en manos ajenas. Huyó a Panamá en velero, dio vueltas por medio continente, Hugo Chávez lo escondió en Venezuela mientras Fujimori, alumno aventajado, fingía perseguirlo por las calles de Lima: el dictador rebuscó en el departamento de Pilar Becerra —aquí arriba— y encontró una fortuna en documentos secretos. Partió de allí con setenta cajas y cuarenta maletas, el archivo clandestino de información que Montesinos había reunido durante la década. No sirvió de mucho. La dictadura del animal bicéfalo terminó como había comenzado: con engañifas y trucos, espectacular, como creada para las cámaras. Fujimori subió a un avión rumbo a Japón y renunció vía fax. Montesinos fue capturado y llevado a juicio. Terminó en uno de los ocho calabozos del penal de máxima seguridad que él mismo mandó edificar en 1992 para encarcelar a quien se convertiría en su vecino de prisión, Abimael Guzmán. Fujimori fue detenido en Chile años más tarde, y se transformó en el único recluso de una cárcel dorada montada para él en una base policial de Lima. Las dos cabezas visibles del fujimorismo fueron condenadas por delitos económicos y contra la vida y crímenes contra la humanidad. Fujimori, sin embargo, ha conservado el amor de muchos: en su enésima encarnación, el fujimorismo, representado por Keiko, hija del ex dictador, estuvo a punto de ganar la presidencia del Perú en 2011, y aún tiempo después alrededor de la mitad de los peruanos creía que Alberto Fujimori debía ser indultado. A Montesinos, en cambio, lo repudian todos. Mucho de hipocresía hay en ello.

●

En 2001, *El Mercurio*, diario mayor del conservadurismo chileno, reprodujo una noticia publicada en Lima por *Correo*. Un empresario chileno, Andrónico Luksic, comprometido en años anteriores en el Perú durante la dictadura fujimorista en un escándalo de corrupción, había sido salvado de un juicio por Vladimiro Montesinos a cambio de tres millones de dólares. Durante la negociación, Montesinos, en una de sus escasas salidas del país, había viajado a Santiago de Chile, donde Luksic le dio la sorpresa de su vida: estaba invitado a cenar con el anciano general Augusto Pinochet. Nadie conoce la materia de la charla y no hay mayores referencias a la conversación pero sí al éxtasis y la emoción del espía peruano. A partir de 2006 y desde su prisión, Montesinos publicó libros copiosamente, cinco en media década. En la mayoría hay referencias a las obras de Pinochet. Incluso, de manera paradójica, en *Espionaje chileno* hace una llamada de alerta contra el "expansionismo económico" del vecino sureño, que amenaza la estabilidad y el futuro del Perú. El primer capítulo del libro —el único interesante, aunque mal escrito, casi ilegible— es histórico antes que prospectivo: resume con admiración el planeamiento y la ejecución del golpe de Pinochet contra Allende. El homenaje late entre líneas: nunca un ser tan mediocre admiró tanto a un igual. Pocas veces dos seres tan medianos han decidido de manera tan radical las historias paralelas de dos países. Vladimiro Montesinos y Augusto Pinochet representan una cosa común: el fanatismo de la ignorancia disfrazada de certeza, la demagogia imponiéndose sobre las ideas y el pensamiento.

Vladimiro Montesinos, aún vivo, está de muchas maneras muerto: condenado a cuanto menos veinticinco años de cárcel, sus libros parecen escritos desde ultratumba. Su herencia, en cambio, campeó hasta prolongarse en el Perú del siglo XXI: exterminó el sistema partidario, regresó al país a la cultura caudillista del siglo XIX, banalizó la vida pública hasta volverla ridícula y grotesca, convirtió la esfera política en un conflicto de mafias y pandillas y las relaciones entre sus actores en un *reality show* sucio y baladí. Una economía floreciente hizo que muy pocos prestaran atención a la enfermedad. Y no hay indicio alguno de que el país esté en camino de salir de esa prisión de desconcierto donde Vladimiro Montesinos, el hombre hueco, enclaustró su presente.

Gustavo Faverón Patriau (Lima, 1966) es escritor y periodista. Dirige el Programa de Estudios Latinoamericanos de Bowdoin College. Su último libro es el ensayo de teoría literaria *Contra la alegoría*.

Colombia

"*Para los letrados, para los burócratas, el idioma, el idioma correcto, es parte significativa del gobierno. La burocracia imperial española fue una de las más imponentes que el mundo haya jamás visto, y no es sorprendente que los descendientes de esos burócratas no lo olvidaran; por eso, para ellos lenguaje y poder deberían permanecer inseparables*".

—Malcolm Deas, *Miguel Antonio Caro y amigos: gramática y poder en Colombia*

Dijo que dice que digan

Y dijo:

"Más allá de mis dolores y de las heridas que llevo en el alma por las injustas vejaciones de que he sido objeto (…) quiero señalar que acepto esta nueva cruz, con la humildad del cristiano y el temple de un soldado, si con ello presto un servicio a Chile y a los chilenos".

En su *Carta de Navidad* de 1998, tras su detención en Londres por pedido del juez español Baltasar Garzón, Augusto Pinochet fue Cristo rumbo al Gólgota, el salvador de toda la humanidad comprimida en su país.

Las palabras, sabemos, no son inocentes sumas de letras. El lenguaje porta ideología, un relato, una poética. Refleja estructuras de poder e impacta en ellas. Puede ser una herramienta de iluminación u oscurecimiento, servir a —o contra— los gobiernos totalitarios. En *El general Pinochet y el mesianismo político*, Humberto Lagos Schuffeneger ve al dictador como un salvador vengativo y, a la vez, cordero sacrificial. Cuando justificó el golpe, Pinochet dijo que fue para salvar "la parte espiritual" de la nación. Cuando sobrevivió al atentado del Frente Patriótico Manuel Rodríguez, en 1986, Pinochet contó que fue por intervención de la Virgen del Carmen, patrona del Ejército.

Mario Jursich Durán encara el lenguaje en Colombia como una

gramática del poder basada —y no es juego de palabras— en el poder de la gramática. Los políticos —los dictadores, los empresarios, un padre, el novio— precisan articular discursos convincentes y creíbles para construir relaciones. Julio César Turbay, contemporáneo de Pinochet, fue el presidente colombiano que rompió una extensa tradición de mandatarios cultos en Colombia. Su discurso sostuvo un gobierno que, aun elegido en las urnas, fue represivo y síntoma de época.

El gobierno de Turbay aprobó el Estatuto de Seguridad —que facilitó la violación sistemática de los derechos humanos y empujó a García Márquez al exilio— y participó, aunque esporádicamente, de las acciones del Plan Cóndor de vigilancia, detención, tortura y desaparición de personas. Su ministro de Defensa, Luis Carlos Camacho Leyva, formado en la Escuela de las Américas, dijo que Pinochet había sido la solución para Chile —y Turbay mismo justificó el golpe de Juan María Bordaberry porque el gobierno democrático de Uruguay no supo mantener la paz. En 1981, los gobiernos de Turbay y Pinochet firmaron un acuerdo para combatir la "subversión cubana".

En Augusto Pinochet, contemporáneo de Turbay, no había nada de la herencia del venezolano Andrés Bello, naturalizado por el gobierno de Chile en 1832 por su labor humanista y educativa. Bello era un erudito ejemplar, filósofo, filólogo, educador y jurista, autor del Código Civil chileno y de una gramática de la lengua española. Pinochet era un sujeto de baja ralea lingüística, incapaz de elaboración, y su discurso público introdujo en un Chile de profunda tradición democrática la brusca gramática militar. Turbay, parece haber sido una broma: de él hay cientos de chistes sobre su torpeza y supuesta falta de inteligencia. En Colombia parecen haber igualado los tiempos de Turbay a la brutalidad cavernícola.

—Turbay está lejos de ser el administrador torpe y gallego que pintan sus retratos —dice Mario—. Pero como no escribía en la prensa, como su voz nasal sonaba a un Pablo Neruda en cámara lenta y como parecía estar siempre somnoliento, el vulgo dictaminó que nada en él es comparable con nuestros elocuentes mandatarios de antaño.

Al decir de los lingüistas, el mundo de las palabras crea el mundo de las cosas. El lenguaje y sus prácticas discursivas no ocurren en el vacío: son productos sociales. Cada época tiene sus modos del habla, sus giros: un *zeitgeist*. Entre varias otras, "dictadura" es del universo de los setenta como "democracia" hace a los ochenta y "neoliberal" domina los noventa de América Latina. Pinochet peroraba sobre "la gran familia" chilena. La dictadura argentina dejó una marca en el discurso social con "Somos derechos y humanos", su defensa contra las críticas por los desaparecidos.

La creación de alguna forma discursiva es imperativa para legitimar, por eso todo poder produce ideas que se presentan como verdaderas, decía Michel Foucault. Ahora que estamos más conectados, nos sometemos a una lluvia de eufemismos, un artilugio útil para enmascarar ideas y acciones y recrear una realidad a medida. El Departamento de Estado estadounidense llama a la persona muerta o herida de manera accidental o involuntaria en un ataque, "daño colateral". Si el discurso produce y reproduce la paz tanto como la violencia, entonces el daño colateral no es *muerte* sino vacío: no hay humanos —un cuerpo— detrás del error. Tras Turbay, en Colombia progresó ese arte de decir sin nombrar, como arte política, a la muerte, un significante sin significado.

"Turbay rompe la tradición del presidente poeta no sólo porque cambia los requisitos imaginarios para ocupar el cargo en Colombia, sino porque quiso y se vio obligado a *convertir los eufemismos en el estilo literario del Estado*", dice Jursich Durán. "Es el primer presidente colombiano que lo hace de manera consciente y, de paso, entroniza una tradición que pretende, como temía George Orwell, hacer que las mentiras parezcan verdades y el asesinato una acción digna de encomio".

El poder de la gramática

MARIO JURSICH DURÁN

Aquel 4 de junio de 1996 yo cumplía treinta y dos años y unos amigos me habían invitado a tomar unas copas. De pronto, alumbrado por el whisky, uno de ellos preguntó:

—¿Ustedes tienen un tocayo astrológico que detesten?

Ricardo se refería a que si uno lee horóscopos acaba enterándose fatalmente o de que nació el mismo día o de que al menos comparte el signo zodiacal con gente a todas luces impresentable. A él lo fastidiaba un montón cumplir años el mismo día que Sylvester Stallone, un tipo por el cual había desarrollado un caprichoso y beligerante desprecio desde que lo vio actuar por primera vez en *Rocky*.

Yo pensé un momento y, cuando ya tenía en la punta de la lengua el nombre de un célebre teórico estructuralista, me arrepentí.

—No. En realidad, me jode ser Géminis como Turbay.

Todos se rieron. En la imaginería política colombiana el ex presidente Julio César Turbay no sólo pasa por ser el epítome de la corrupción y el clientelismo, sino también el responsable de un sombrío período de nuestra historia, ya de por sí bastante pródiga en episodios sombríos. Aunque no llegó al poder a través de un golpe de Estado, ni era miembro activo del Ejército, en muchos sentidos Turbay fue para Colombia lo que Pinochet para Chile.

Ricardo, toda la vida un tipo irónico, se acordó de una vieja caricatura en la que podía verse al general Luis Carlos Camacho

Leyva, comandante de las fuerzas militares en la época turbayista, contestar pausadamente a una pregunta sobre posibles rumores de un golpe de Estado: "Bueno, no creo que el presidente Turbay se atreviera a tanto...".

Y él mismo, después de que hubiéramos contado otro montón de chanzas:

—¿Se han dado cuenta de que llevamos media hora echando cuentos y nada que se nos acaba el repertorio? ¿No les parece que sería buenísima idea recopilar un libro de chistes sobre Turbay?

•

—*Señor comandante, esto es inaceptable.*

(Quien habla es Nydia Quintero, la primera dama).

—*¿Qué pasó, doña Nydia?* —*responde alarmado Camacho Leyva.*

—*Es que a Julio César le acaban de robar 1.436 corbatines.*

(Aunque a veces usaba corbata, la prenda favorita del ex presidente eran los corbatines).

—*¡No puede ser! ¿Cómo así?*

—*Pues créalo, comandante.*

—*No se preocupe, doña Nydia. Ya mismo encontramos a esos antisociales.*

Al día siguiente, la primera dama telefonea de nuevo a Camacho Leyva.

—*Ay, general. Esto fue un grave error. Acaban de aparecer los corbatines.*

—*¡Mierda! ¿Y qué hacemos con los 1.200 tipos que ya confesaron?*

•

En aquel tiempo yo trabajaba en la editorial Tercer Mundo, un sello fundado al despuntar la década del sesenta y en cuyo catálogo había no pocos libros inconformes y retadores. A la mañana siguiente de mi cumpleaños me senté con el editor en jefe y logré convencerlo de que, no obstante la afugia de tiempo, era posible tener impresa la antología de chistes para el 18 de junio, fecha en que el ex presidente Turbay alcanzaba la bíblica edad de ochenta años. Esa misma tarde empecé a trabajar con un método ad hoc. Simplemente llamaba a mis amigos, a periodistas, a profesores, a otros colegas, a los padres de mis amigos y les decía:

—Cuéntame un chiste sobre Turbay.

En una semana tuve listo el libro.

•

Van seis presidentes latinoamericanos navegando por el río Amazonas. Hace un calor espantoso y están aburridos. Uno de ellos propone que, para matar el tedio, jueguen al "Diccionario".

—¿Qué tal si comenzamos con palabras que tengan el prefijo "hiper"? —dice el mandatario argentino.

—¡Hipermercado! —salta de inmediato el chileno.

—¡Hipertensión! —riposta el brasileño.

—¡Hipérbaton! —aporta el uruguayo.

Y así, hasta llegar a Turbay, quien susurra en su patentada parla gangosa:

—Droguería.

—Perdón, presidente —retoma el argentino—. El juego consiste en citar palabras que empiecen por "hiper".

—Por eso, mi estimado colega: droguería y perfumería.

•

Hoy en día, cuando hojeo el manuscrito de los chistes turbayistas, siento una especie de asombro melancólico. Lo de menos es que no se haya publicado; sigo pensando que pudo haber sido un pequeño *best seller*, sobre todo porque los festejos en honor del ex presidente Turbay fueron particularmente untuosos y la antología hubiera proporcionado un eficaz contrapunto satírico.

Pero, bagatelas al margen, creo que el libro era importante porque proyectaba una luz inédita sobre una discusión abierta tres años antes. En 1993, recién posesionado de mi cargo en Tercer Mundo, debí ayudar marginalmente en la edición de un extraordinario libro del profesor inglés Malcolm Deas. *Del poder y la gramática*, así se llamaba el volumen, concitó enseguida la atención de los lectores, pues, además de su escritura desenvuelta e incisiva, se ocupaba de aspectos muy novedosos en la historiografía colombiana como las fuentes bibliográficas del *Nostromo* de Joseph Conrad, la deletérea influencia de Vargas Vila en la imaginación política del continente o las endiabladas relaciones entre la gramática castellana y la lucha por el poder político en la Colombia del siglo XIX.

En este último ensayo, "Miguel Antonio Caro y amigos: gramática y poder en Colombia", Deas se declaraba insatisfecho con la explicación al uso según la cual el fervor filológico de tantos hombres públicos colombianos era sobre todo un capricho, el gusto soberbio de una élite finisecular empeñada en forjar un "vocabulario de dominación". Para él, se trataba de un fenómeno inusitado en cualquier época y país del mundo: ni más ni menos que un *gobierno de gramáticos* en su forma más pura y directa.

Y es que, si bien resulta difícil imaginar en la actualidad tal tipo de hegemonía, lo cierto es que entre 1886 y 1930 cinco gramáticos conservadores —Rafael Núñez, Miguel Antonio Caro, José Manuel Marroquín, Marco Fidel Suárez y Miguel Abadía Méndez— fueron presidentes de la república y un sexto —el poeta Guillermo Valencia— fracasó dos veces en el intento por serlo.

Además de convertir al presidente poeta, o literato, en una institución nacional, los cinco contribuyeron a forjar el mito de Bogotá como una suerte de "Atenas suramericana", a propalar la especie de que en Colombia dizque se hablaba y escribía "el mejor español de América" y a difundir la idea de que un gobernante debía ser capaz de regir los destinos de un país tanto como la correcta dicción del idioma.

•

Está Turbay en el Palacio dándole instrucciones a su secretaria.
   —Señorita, ¡póngame la reunión con los ministros el viernes a la una!
   —Señor presidente, ¿viernes se escribe con be o con uve?
   —Señorita, mejor póngamela el lunes.

•

En su libro, Deas observaba que ese frenesí lexicográfico y gramatical no fue exclusivamente colombiano: a principios del siglo XIX, cualquier tendero de la Nueva Inglaterra anunciaba con gusto que su establecimiento tenía buen acopio de licores, melaza, telas de algodón, aperos de labranza, pólvora... y libros de ortografía inglesa. Yo añadiría que en los años posteriores a la Segunda Guerra Mundial, especialmente en Asia y en África, las revoluciones populares y nacionalistas vieron surgir como la maleza a los presidentes poetas. Mao Tse-tung y Ho Chi Minh fueron poetas. Léopold Sédar Senghor fue poeta. En general, es un fenómeno típicamente poscolonial, propio de naciones jóvenes e inseguras, que tratan de reafirmarse demostrando que hablan con mucha mayor corrección que en la madre patria.

Sin embargo, aunque no fue un fenómeno reducible a nuestro país, en pocos lugares dejó tantas huellas. La inseguridad con la propia cultura es responsable de que generaciones enteras de colombianos hayamos debido memorizar las rimas del *Tratado de ortología y ortografía de la lengua castellana* de Marroquín, esas que dicen

Las voces en que la zeta
puede colocarse antes
de otras letras consonantes
son gazpacho, pizpireta,
cabizbajo, plazgo, yazgo

y que por lo tanto nunca hayamos podido tener modelos para una puntuación más rica y consciente.

Esa inseguridad también está en la raíz del asfixiante deporte nacional de cazar gazapos, el cual convierte a toda la crítica literaria en una permanente búsqueda de incorrecciones. Cuando José María Rivas Groot y Lorenzo Marroquín se aliaron para escribir una novela de costumbres titulada *Pax*, Marco Fidel Suárez no encontró mejor forma de dirimir el conflicto político con ambos que propinarles ciento cincuenta páginas con la lista de sus errores. (Muchos años después, Jorge Aristizábal Gáfaro parodiaría esa obsesión por la pureza lingüística con su cuento "Grammatical Psycho", en el cual un empleado del Instituto Caro y Cuervo se convierte en asesino serial a causa de su incapacidad para tolerar el dequeísmo de sus congéneres).

Y también, de modo no tan visible, esa inseguridad es la responsable de que, inmersos en el estudio del participio, en la traducción de los clásicos griegos y romanos o simplemente en la búsqueda de la respuesta chusca, muchos de estos presidentes poetas hayan terminado alucinando con que la realidad y el lenguaje son exactamente lo mismo.

●

No quiero ser malinterpretado. Mi propósito aquí no es contrastar estilos presidenciales, ni sugerir una diferencia en el desempeño entre presidentes "prosaicos" y presidentes "literatos". Lo que me interesa subrayar es que la institución del presidente poeta le creó a los hombres públicos unas obligaciones imaginarias sobre los requisitos para alcanzar el solio de Bolívar. Si la Constitución de Cúcuta estipulaba que debían ser mayores de treinta años, tener una renta de quinientos pesos anuales y ser *profesores de alguna ciencia*, la República de las Letras les exigía, además de hablar y escribir con elegancia, tener exhaustivos conocimientos gramaticales y dominar *toda* la literatura grecolatina y del Siglo de Oro. Alberto Lleras Camargo resumió tales extravagancias con una frase magnífica: "A la presidencia de Colombia se sube por una escalera de versos pareados".

Por largo tiempo el politólogo Francisco Gutiérrez Sanín acarició la idea de publicar un libro de aforismos que recoja y sintetice ese legado. En su opinión, darle un repaso a los discursos o a los artículos de prensa de los antiguos políticos colombianos echaría por tierra un buen número de lugares comunes. He visto partes de ese material y puedo dar fe de que, comparados con sus actuales copartidarios, los prohombres de hace sesenta o setenta años eran capaces de escribir o verbalizar apostillas memorables. ¿Quién pudiera redactar hoy una frase tan feliz como "contraría la estricta labor histórica la profesión de energúmeno", de Luis Eduardo Nieto Caballero? ¿O quién, entre tanto parlamentario displicente, podría decir con Armando Solano que "un caballero es quien goza más divirtiéndose que haciendo sufrir a los otros"?

·

Iba Turbay con su hijo en un bus y de pronto el niño le pregunta:
—¿El bus parará, papá?
Y Turbay le responde:
—No sé, perere Pepe.

·

Con lo dicho hasta aquí, no pretendo idealizar esta república de presidentes poetas. En palabras de Gutiérrez Sanín, "los buenos presidentes literatos escasean —y escasean por los dos lados, es decir, rara vez son buenos gobernantes, rara vez son buenos escritores, casi nunca son ambos— hasta el punto de que es difícil encontrar un solo ejemplo indiscutible". Además, tampoco puede pasarse por alto que, si bien el estudio de la gramática fomentó el buen hablar y escribir entre la casta política colombiana, también atizó el fuego del dogmatismo y propaló una vena eufemística, entonces en estado larvario.

En el siglo XIX la palabra "eufemismo" carecía del significado que actualmente le damos. En sus *Apuntaciones críticas sobre el lenguaje bogotano*, Rufino José Cuervo recuerda que proviene de *euphemo*, una voz griega cuya traducción podría ser "hablar de modo correcto", y que en un principio servía para no referirse directamente a la divinidad. Un eufemismo era, por ejemplo, decir *pardiobre*, en vez de *¡lo permita Dios!*, si bien ya en la época de Cuervo esas locuciones exclamativas habían caído en desuso y los eufemismos se utilizaban sobre todo para cuestiones tabú, en particular las relacionadas con el sexo o con los órganos sexuales. Cuervo censuraba escandalizado el uso de *¡caray!*, presente en los labios de prácticamente todos los bogotanos, porque esa "voz de infame parentela, que ojalá no se usara en ninguna parte", era el eufemismo de *carajo*, el muy castizo nombre del miembro viril masculino.

Ignoro en qué momento y cómo los eufemismos dejaron la esfera del pudor y se instalaron en la política. Tengo para mí que el *incipit vita nuova* llegó poco después de la Guerra de los Mil Días, en 1903, cuando el presidente y gramático José Manuel Marroquín trató de convertir en decoroso algo cuya recta y franca expresión resultaba especialmente difícil de tragar. "¿Y qué más quieren?", les dijo a quienes le reprochaban la pérdida de Panamá. "Me entregaron una república y yo les devolví dos".

•

Va Turbay en la limusina de la presidencia y de pronto el chofer le dice que tienen un pequeño problema.

—Presidente, ¿por favor se puede bajar a ver si las luces estacionarias están bien?

Y él se baja y responde:

—Sí. No. Sí. No. Sí. No.

•

Antes de Turbay hubo mandatarios como Laureano Gómez o Carlos Lleras Restrepo que, si bien se formaron en disciplinas diferentes a la tradicional abogacía —ingeniero el uno, economista el otro—, conservaron el perfil de hombres cultos y de sesgo literario. Lo mismo cabe a Alfonso López Michelsen, el antecesor de Turbay. ¿En qué otro país de América Latina es posible hallar un presidente capaz de escribir un concienzudo prólogo a *El príncipe* de Maquiavelo?

El público entendió que con Turbay se hallaba frente a un espécimen distinto. La mayoría de los chistes que recogí en 1996 parecían desencantados con que ya no fuera un político a la vieja usanza: o se mofaban de su falta de estudios formales ("Votaré por Turbay el día en que me presente a uno de sus condiscípulos"), o hacían leña con sus frases involuntariamente cómicas ("Hay que reducir la corrupción a sus justas proporciones") o simplemente magnificaban su ignorancia de la puntuación y la ortografía ("Presidente, ¿habichuela se escribe con hache o sin hache? Pues con hache, joven, porque si no se diría *abicuela*").

Un chiste no es un retrato verista; en tanto caricatura, da una imagen distorsionada y al mismo tiempo selectiva del carácter de una persona. Turbay está lejos de ser el administrador torpe y gallego que pintan sus retratos. Eso lo admiten incluso sus detractores más contumaces, pero como no escribía artículos de prensa (salvo a través de terceros), como tenía una voz nasal y gangosa que lo hacía parecer un Pablo Neruda recitando en cámara lenta y como además siempre parecía estar quedándose dormido —en cientos de fotos tiene las manos en el regazo y los ojos cerrados—, no hay nada que hacer: el vulgo ha dictaminado que nada en él es comparable con nuestros elocuentes mandatarios de antaño.

Por si fuera poco, Turbay arrastra el pesado fardo de ser el príncipe platónico enemigo de los poetas en la república. En 1982, durante el último año de su gobierno, Gabriel García Márquez temió que lo encarcelaran los esbirros del general Camacho Leyva y decidió exiliarse en Ciudad de México. (De aquello da testimonio una feroz crónica publicada en los principales diarios del mundo). No fue un caso aislado. Turbay hizo encarcelar o torturar a tantos estudiantes e intelectuales que las comparaciones con lo sucedido en el Chile de Pinochet —o en la Argentina de Jorge Rafael Videla— resultan inevitables.

Las numerosas coincidencias, sin embargo, no deberían hacernos perder de vista las también numerosas diferencias. En aquellos años nunca se llegó al extremo de imponer una gramática militar sobre la vida; nunca, por ejemplo, se cambió el nombre de los paraderos de bus a "zona de detención" ni se pegaron avisos en los colegios con la leyenda "El silencio es salud", como en Argentina. Menos castrense, Turbay acudió a referentes locales como el de Marroquín y descubrió que los eufemismos, capaces de convertir en un chiste histórico la separación de Panamá, también podían embozar los actos indignos o problemáticos de su gobierno. Fue toda una sorpresa advertir, mientras compilaba el *Turbay's Digest*, que muchos de mis informantes parecían convencidos de que frases como "En Colombia los torturados se autotorturan para desprestigiar al gobierno", "No gradúe enemigos, porque después ejercen contra usted" o la famosísima "Aquí el único preso político soy yo" eran chanzas, cuando en realidad constituían serísimas declaraciones a *El Tiempo* o *El Espectador*, nuestros principales diarios.

Si bien esos *obiter dicta* eran la expresión políticamente aceptable del represivo Estatuto de Seguridad, Turbay también echó mano de los eufemismos con un propósito diferente a encubrir las torturas o los allanamientos arbitrarios. En su gobierno, la guerrilla del M-19 desató una agresiva campaña de secuestros que tuvo como pico la toma de la embajada de la República Dominicana en 1980. A mis ojos, ese episodio fue crucial; a partir de allí, el lenguaje cambió su signo. La palabra secuestro, como tantas otras asociadas al conflicto colombiano, se convirtió en un tabú e instaló en el discurso público una fantasmagoría de significados.

"Operación Libertad y Democracia" llamaron los guerrilleros del M-19 al plagio de casi sesenta diplomáticos.

"Diálogos con la guerrilla" fue la expresión de Turbay para referirse a lo que en realidad eran unas tensas conversaciones para liberar rehenes.

"Cuidar al pescao" fue vigilar a los plagiados.

"Conducta impropia de un revolucionario", matar a sangre fría.

Turbay rompe la tradición del presidente poeta no sólo porque cambia los requisitos imaginarios para ocupar el cargo en Colombia, sino porque quiso y se vio obligado a *convertir los eufemismos en el estilo literario del Estado*. Es el primer presidente colombiano que lo hace de manera consciente y de paso entroniza una tradición que pretende, como temía George Orwell, hacer que las mentiras parezcan verdades y el asesinato una acción digna de encomio.

Coda mínima: Es una deliciosa ironía que en 1986, cuando ya había dejado la presidencia, Turbay, el mandatario anticomunista, el presidente enemigo de los escritores, el tribuno torpe y malicioso, el senador incapaz de elocuencia, se casara en segundas nupcias con una mujer cuyo único talento conocido es pergeñar versos.

Se realiza en Cartagena una cumbre de ex presidentes. El maestro de ceremonias dice:
—Por favor, todos los invitados pasen a la planta alta.
Y al cabo de unos instantes:
—Presidente Turbay, ¡bájese de esa palmera!

•

Estas historias nunca son lineales; si así fuera, después de la época de Turbay ningún presidente colombiano habría podido ser elocuente o escrito con tanta prolijidad como sus pares del siglo XIX. Pero en 1982 resultó favorecido en las urnas Belisario Betancur, un abogado antioqueño que cabe muy bien en la categoría del mandatario poeta. Pese a que nunca se dedicó a la gramática, sí cometió versos, tradujo a Cavafy y a Marguerite Yourcenar y fundó editoriales como Tercer Mundo. Uno de sus mayores orgullos es haber dado un discurso aplaudidísimo en las Naciones Unidas —que, dicen las malas lenguas, fue escrito en su casi totalidad por el crítico literario Hernando Valencia Goelkel.

Sin embargo, no es en la vida pública colombiana donde hay que seguir buscando a los dirigentes poetas. Allí, salvo excepciones, ese modelo se desfondó tiempo atrás. El ex presidente Virgilio Barco, elegido en 1986, era tan torpe al hablar que un chiste de aquella época proclamaba: "Imaginate que le hicieron un atentado terrorista, ¡le tiraron un micrófono en el patio de la casa!". Desde entonces, a medida que se alejaban de los viejos requisitos imaginarios para ocupar el solio de Bolívar, los presidentes colombianos fueron incrementando cada vez más su capacidad de "darle apariencia de solidez al viento". Ernesto Samper solía acudir a las "fuerzas oscuras" para explicar desde el asesinato de un defensor de los derechos humanos hasta la voladura de una torre eléctrica; Andrés Pastrana, probando que podía ser tan frívolo como Marroquín, avalaba comunicados entre su gobierno y las Farc en los cuales no se mencionaba *ni una sola vez* la palabra secuestro (ni plagio, ni retención, ni rescate, ni rehén, ni víctima), aunque en ese momento "la actividad" estaba alcanzando máximos históricos; y Álvaro Uribe, en el que tal vez sea el más obsceno eufemismo de nuestra historia, empleaba "falsos positivos" para disimular los asesinatos cometidos por agentes del Estado. (Y digo *obsceno* porque la sola elección del término exculpa a los victimarios: en medicina, "un falso positivo" es cuando una exploración física o una prueba de laboratorio detecta la presencia de una enfermedad que en realidad no existe).

La etimología tiene sus pequeños milagros: en sus *Apuntaciones críticas*, Cuervo recordaba que el antónimo de eufemismo es "blasfemia": ¿será por eso que los intelectuales, siempre tan reacios al dorado de la píldora, son quienes "blasfeman" del Estado?

Lo que hoy pervive de la vieja gramática del poder es parodia o anacronismo. (Un Marx colombiano hubiera dicho que la historia se repite dos veces: primero como poesía, después como retórica.) Al respecto tengo una teoría de uso personal, de la cual solo daré un par de esbozos. Creo que entre los políticos colombianos el estilo literario admirado es, siempre, el de una generación anterior. Por ejemplo, el ex senador Alberto Santofimio, célebre tribuno del Partido Liberal condenado por sus nexos con el cartel de Medellín, escribe y habla como si fuera un poeta piedracielista de los años cuarenta, mientras que políticos más modernos, como el ex alcalde de Bogotá Antanas Mockus, imitan, con mayor o menor fortuna, los tics y la retórica del sesentero movimiento nadaísta.

Pero me extravío. Lo que intentaba decir es que los cultores modernos de la relación entre gramática y poder están en otro lado: en concreto, en la comandancia guerrillera de las Farc.

•

El gobierno italiano cursa una invitación al presidente Turbay para viajar a la península. Visita Roma, Milán, el Piamonte y, por último, hace escala en Venecia, donde da un pequeño discurso que empieza:

"Queridos damnificados...

•

Desde que en noviembre de 2011 asumió el mando general de las Farc, el médico quindiano Rodrigo Londoño Echeverri (alias Timochenko) ha mantenido una febril actividad literaria. Es imposible saber si escribió directamente todos los comunicados guerrilleros que desde entonces las FARC han dirigido a la opinión pública o si, como es habitual, contó con amanuenses o escribidores. Sin embargo, en varios de ellos, por las acusadas marcas de estilo, es posible inferir con plausible certeza su estro. Las cartas de Timochenko sorprenden no tanto por la novedad de sus puntos de vista, sino por su retórica de otro tiempo: cabría suponer que de peripatético griego u orador romano, pero tal vez sea más justo decir que de gramático cachaco del siglo XIX. No es sólo que al jefe guerrillero le gusten las anáforas (*"Así no* es, Santos, *así no* es"*), la inversión de los reflexivos (tan típica en las traducciones del latín en esa época) o el uso de la segunda persona del plural, nada común en los hábitos lingüísticos de un latinoamericano: "¿Con qué autoridad *habéis* hecho tan detestables guerras a estas gentes que estaban en sus tierras mansas y pacíficas?".

Timochenko cita en sus comunicados a los *mismos* autores y las mismas obras que citaban los gramáticos del siglo XIX —Homero, la *Ilíada*, Jorge Manrique, los clásicos españoles del Siglo de Oro—, si bien no agota su repertorio en ellas: también trae a cuento a Carlo Collodi, el autor de *Pinocho*, o a Jack London, el padre de *Colmillo blanco*, y hasta se da el champú —que también se daba Miguel Antonio Caro— de citar frases en latín: *"Ego vox clamantis in deserto"*, nos dice en "Sin mentiras, Santos, sin mentiras", un comunicado de septiembre de 2011.

Estas cuestiones no son tan exóticas como aparentan. Dado

que en Colombia la política y la gramática han sido una habitual pareja de baile, es plausible imaginar a Timochenko y muchos de sus correligionarios leyendo en las selvas del Catatumbo las *Nociones de prosodia latina* del ex presidente Miguel Abadía Méndez. Esa impresión es reforzada por el hecho de que, con la regularidad de un taladro neumático, el comandante fariano insiste en interpretar los acontecimientos del presente bajo la luz de la historia griega y romana:

> *El Gobierno del que usted hizo parte* —le enrostró al presidente Juan Manuel Santos— *se negó a abordar (la paz) diez años atrás, condenándonos a todos a esta Troya sangrienta que sin toma de Ilión se apresta a repetirse.*

¿Se sorprenderá alguien si digo que nuestros gramáticos usaban exactamente el mismo pasaje, sólo que para referirse a la Guerra de los Mil Días? A ojos de unos y otros la guerra de los aqueos y el conflicto colombiano son iguales, como si la historia, con sus estructuras y arquetipos, con sus cursos y recursos, retornara una y otra vez.

Hago la salvedad de que Timochenko es una anomalía entre los cuadros dirigentes de las Farc. Antes de él, sólo Alfonso Cano y Jacobo Arenas pudieran recibir el apelativo de hombres de letras. Los demás miembros del Secretariado siempre fueron como Tirofijo, el antigramático por excelencia, el campesino orgulloso de proclamar "ojalá *haiga* paz". De ahí no se puede inferir que entonces un combatiente con el *Tratado del participio* en la mochila sea menos feroz que los demás guerrilleros. Creo que fue el general José María Obando quien, al caracterizar a su rival Tomás Cipriano de Mosquera, pronunció esta otra sentencia magnífica: "Llora mucho y mata con facilidad". Timochenko puede hacer suyas esas palabras. Aunque le gusta imprimir un tono de franqueza a sus comunicados, nunca deja de lastrarlos con sus propios eufemismos. Llamar "pesca milagrosa" a los secuestros —¡un término extraído de la Biblia del Oso!— e "impuesto revoluciona-rio" al dinero cobrado por las liberaciones no hace más presenta-ble ni menos atroz ese delito.

●

Dizque iba una comisión de gente por la selva viendo animales.
Turbay ve un ave parecida a un loro.
    —¿Cómo se llama ese animal? —pregunta al escolta.
    —Lo ignoro, señor presidente.
    —Ay, qué ignorolorito más lindo.

●

Dije que el vínculo entre el poder y la gramática se había evapo-rado en el mundo oficial de Colombia. Pensándolo bien, creo que no es exactamente así y que todavía queda un paradójico repre-sentante de la estirpe: el ex presidente Álvaro Uribe. Me dirán que exagero. No lo creo. Uribe nunca tuvo particular aprecio por el mundo de la cultura. En una entrevista al comienzo de su primer mandato confesó que la última vez que había pisado un cine fue para ver *El llanero solitario* —y no el *remake* moderno, sino alguna de las muchas versiones de Clayton Moore de los años cuarenta. Apenas tiene trato con intelectuales —por lo general extremada-mente cáusticos con su gobierno— e intentó desmontar el sistema de ventajas fiscales para las editoriales y los autores impulsado en la administración de Belisario Betancur. Yo fui invitado a una re-unión en el Palacio de Nariño, donde Uribe, con falso tono cam-pechano, nos exhortó a todos los presentes: "Ome, muchachos, ustedes también deberían hacer un esfuercito". (Se refería a que nuestros impuestos tendrían como destino las arcas del Plan Co-lombia para combatir a la guerrilla).

Siendo innegable esto, tampoco puede pasarse por alto que es un fervoroso lector y declamador de poemas. Suele citar largas parrafadas de Jorge Robledo Ortiz, "el poeta de la raza antioqueña", y repite sin titubear los 166 versos del "Relato de Ramón Antigua" de León de Greiff. (No muchos saben que en ese poema, cuyas primeras líneas arrancan diciendo

> *En el alto de Otra Mina*
> *Ganando ya para el Cauca*
> *Me topé con Martín Vélez*
> *En qué semejante rasca*

el Martín Vélez mencionado es el abuelo materno del ex presidente.)

Pues bien: ese fervoroso amante de la poesía que es Álvaro Uribe, ese hombre que (supone uno) admira la elocuencia, ese fanático de los diccionarios y los sinónimos, ese tuitero enemistado con las comas y las tildes, también es el responsable de elevar el eufemismo a razón de Estado. Cuando la revista *Semana* develó que Jorge Noguera, el director de los servicios de inteligencia, estaba pasando información confidencial a los paramilitares, Uribe respondió como si fuera el guionista de la película con Joe Pesci, Ray Liotta y Robert de Niro:

—A mí sólo me consta que es un buen muchacho.

¿Duda alguien de que ya estamos muy lejos del siglo XIX?

Mario Jursich Durán (Valledupar, 1964) es escritor y editor. Miembro fundador y director de la revista *El Malpensante*, su último libro es *¡Fuera zapato viejo!* *(Crónicas, retratos y entrevistas sobre la salsa en Bogotá)*.

Venezuela

"Vivo en un país en el que la sangre vale menos que la gasolina y la gasolina vale menos que el agua".

—Ezequiel Borges, poeta

Destino manifiesto: contracorriente

Venezuela sueña en grande. Simón Bolívar, el caraqueño masón libertador del norte del continente, quiso unificar América del Sur en una gran nación. Tan atrás como cuarenta años, los venezolanos ganaban tanto dinero como los europeos. Desde siempre, las chicas venezolanas no quieren ser la más linda del barrio sino Miss Universo. Caracas alguna vez se soñó con rascacielos como New York. Un buen pelotero jamás se conformará con la Liga del Caribe cuando tiene frente a sí las Mayores. Y, bueno, saludemos a Hugo Chávez.

En los setenta, Venezuela y unos pocos países iban a contracorriente de las dictaduras de la región. Sus democracias estaban abiertas a los exilados del sur. Cuando Augusto Pinochet empezaba a desangrar a Chile, Venezuela, cuenta Boris Muñoz, vibraba: moderna, próspera, solidaria. "Un país sándwich entre la brutal violencia represiva que padecía América Central y la brutal violencia represiva que padecía el sur", escribe en *Crecer a golpes*. "El país del whisky y el petróleo, pero también de las autopistas, el desarrollo siderúrgico y los intelectuales y académicos que huían de la peste militar".

Ese país se desmoronó con los años y Boris recorre la curva que une el golpe en Chile con la muerte de Chávez para, también, cuestionar el alcance de aquella idea de una nación triunfante, tal vez un sueño exagerado.

"Hay algo muy poderoso en esa idea de la Venezuela trascendente", dice. "Hemos tenido la idea del destino manifiesto, sin dudas. Los grandes nombres de Venezuela se han propuesto la liberación de América del Sur del poder imperial".

Cuando el Caracazo solivantó la capital, Boris Muñoz no quiso estar ausente del espíritu de las masas, extraordinariamente susceptibles y desconfiadas hacia el poder que encarnaban el gobierno y las grandes empresas. Era el 18 de mayo de 1989 y la Confederación de Trabajadores de Venezuela y otras centrales sindicales habían convocado a un paro nacional, pero alguien no participó de la protesta: McDonald's abrió sus puertas ajena a todo. Boris y sus amigos, en los tiernos veinte, convocaron al repudio pacífico contra la cadena de comida rápida. La llamaron "Marcha contra la McHamburguesía". Una treintena de estudiantes y periodistas se reunieron frente a un local acordonado por más de un centenar de funcionarios de la policía política vestidos como Robocop, con arreos antimotín. Además de inofensivos panfletos, sus únicas armas eran un par de megáfonos para animar a los transeúntes y conductores con una consigna que todavía hoy resuena graciosa: "¡Dile no a la McHamburguesía, cómete tu arepa!".

"No llegamos muy lejos", dice Boris ahora, desde su casa en Cambridge, Massachussets. "Pero la McHamburguesía refleja una mentalidad profunda de la Venezuela en la que participé: que había y hay un destino propio. Que uno debe comerse su arepa, no la hamburguesa".

Hablamos. Hablamos largo de los setenta a este siglo. Extractos:
—¿Qué quedó de la Venezuela liberal?
—Algo muy importante, determinante: la voluntad democrática. En mi país, las elecciones serán chapuceras o no, pero sali-

mos a votar. Esa voluntad democrática es una gran conquista de hace cincuenta años que persiste: la gente no quiere matares, quiere una salida política.

—¿Y en materia de símbolos?

—De aquellos años, elefantes blancos. La Torre de David, el barrio vertical más alto del mundo, se construyó en los ochenta pero fue el punto máximo de la "Venezuela Saudita", un símbolo de transición que se prolongó.

—La herencia de Chávez tiene mayor potencia simbólica.

—La figura que Chávez dejó es Chávez: él. El cambio de nombre del país —de República de Venezuela a República Bolivariana de Venezuela— es síntesis de su pensamiento: es el regreso de los héroes. Chávez pretendía vivir el *ethos* de las naciones que se suponen superiores: como el presente fue degradado, hay que recuperar la pureza que sólo existe en el pasado.

—¿El postchavismo puede perpetuar el símbolo de Chávez? Como la Torre de David, que incluso derruida superó las épocas.

—Es difícil. Chávez dio nuevo brío al ideal igualitarista venezolano, pero apenas muerto nada más queda una versión pervertida de eso. Chávez era la pantalla total, absorbía toda la luz. Podía representar todo; sin él se ve el desmadre.

—¿Y qué queda entonces de las grandes visiones, el sueño libertario de Bolívar y el antiimperialismo de Chávez?

—Como dice una persona en la crónica, la Venezuela de 2013 no supera a la de los setenta. Venezuela se sostiene retóricamente hoy por el petróleo: lo quitas y andas en alpargatas; sin petróleo volveríamos a ser el país de la malaria de hace un siglo.

Ser "El país en las antípodas" —el título del texto de Boris Muñoz— parece resumir el destino manifiesto de Venezuela, en la grandeza y en el barro. Un país, cuarenta años atrás y hoy, la contrafigura continental de Chile.

Un país en las antípodas

BORIS MUÑOZ

La primera vez que escuché los apellidos Allende y Pinochet y me expuse a los términos "milico", "golpe de Estado" e "imperialismo yanqui", tenía cuatro años y ocurrió la tarde del 11 de septiembre de 1973. Mamá me había ido a buscar temprano al kínder y regresamos a casa sin que ella pronunciase una palabra en todo el camino. Yo daba vueltas en su cama viendo las nubes cambiar de forma, cuando la oí, teléfono en mano y de pie frente a la peinadora, descargando su indignación contra los milicos que le habían dado un golpe de Estado a Salvador Allende. Al cabo de una pausa, cargó contra el imperialismo yanqui y Henry Kissinger, secreto maestro de ceremonias del golpe. Mi mamá no era mujer de improperios ni destemplanzas, pero la oí llamar a Kissinger "el desgraciado ese" y lamentarse con mucho pesar por la suerte de Allende.

Días después, papá vino a casa a su visita semanal de los sábados y los dos se encerraron a hablar del golpe en la cocina. Escuché "persecuciones" y "muchas muertes". Mi papá trabajaba en la campaña presidencial de Carlos Andrés Pérez, quien llegaría al poder meses después, y había sido activo contra la dictadura del autodesignado general Marcos Pérez Jiménez en la Venezuela de los cincuenta: sabía muy bien cuán cruel y sanguinaria podía ser la bota militar.

Aunque con el gobierno de Rafael Caldera habían comenzado a llegar los primeros exiliados chilenos, la promesa de Pérez fue el salvavidas de miles de perseguidos políticos mientras la cultura del terror impregnaba el Cono Sur, reforzando, al mismo tiempo, una imagen positiva de la democracia venezolana.

Estela Aganchul fue una de ellos. Llegó a Caracas desde Buenos Aires poco después de que la Junta Militar tomara el poder en Argentina, en marzo de 1976. "Venezuela era el único país democrático al que se podía ir. No era fácil llegar a una embajada. Muchas no abrían sus puertas. La venezolana estaba en un edificio de la calle Santa Fe, vigilada. Me produjo terror ir hasta allí, porque había que subir por ascensor y hasta no estar dentro de la sede diplomática no estás en suelo inviolable". Aganchul tenía veintiún años, un marido y un bebé en brazos. Un hermano suyo había sido desaparecido, otro estaba detenido.

La imagen del país que recibió a Estela a los veintiún años no puede ser más contrastada: un lugar donde había muchísimo dinero, poblado por gente alegre y ruidosa, y que era libre de andar por la calle sin preocuparse de desaparecer. A Estela no la asombró que la gente hablara en la calle sin el temor a ser mirados o escuchados. "Lo que me asombró es que nadie hablaba de política. A nadie parecía interesarle el tema, salvo a los españoles porque recién había muerto Francisco Franco".

Los recuerdos del novelista Tomás Eloy Martínez coinciden con los de su compatriota refugiada. En una breve crónica de 1992 evoca el país de algarabía que lo recibió una madrugada de junio de 1975. "Sentía una incontable felicidad por haber regresado vivo a América Latina". Martínez había llegado a Caracas escapando del letal acecho del brujo José López Rega sin saber nada del país "cuya unidad monetaria era el petróleo". No tenía más pertenencias que la ropa puesta, unos pocos dólares, una visa de turista y las cartas de presentación firmadas por sus amigos Carlos Fuentes, Gabriel García Márquez y Juan Rulfo. Aquella primera mañana descubrió que el centro histórico de aquel trópico era un conjunto informe y poco agraciado, una especie de zoco árabe abigarrado y lleno de vendedores ambulantes donde la gente bullanguera se paraba a bailar salsa en la calle sin mediar excusa.

A la noche siguiente un grupo de escritores venezolanos lo invitó al restaurante Al Vecchio Mulino, "que figuraba en el libro *Guinness World Records* de 1972 y 1973 como el lugar público donde se había bebido más whisky y ginebra en todo el mundo". Pero Tomás Eloy Martínez resume la esencia de su experiencia en una frase mejor que muchas anécdotas: "Lo que ahora deseaba era respirar los aires de una democracia estable y latinoamericana, pero no quedaban muchas", escribió.

Este es un punto familiar, incluso evidente. Del río Bravo a la Patagonia, América Latina era una región dominada por las botas. Somoza, Videla, Pinochet, Bordaberry, Stroessner, Velasco Alvarado, los brasileños Médici, Geisel y Figueiredo, Ríos Montt: hijos de la Escuela de las Américas, sobrinos de la Guerra Fría, hermanos y primos de la Operación Cóndor. Sólo había un puñado de naciones funcionalmente democráticas. Y entre ellas, Venezuela, vibrante en plena modernización, era una isla de apertura y prosperidad por encima de México, Colombia y Costa Rica. Un país sándwich entre la brutal violencia represiva que padecía América Central y la brutal violencia represiva que padecía el sur. Era el país del whisky y el petróleo, pero también de las autopistas, el desarrollo siderúrgico y los intelectuales y académicos que huían de la peste militar.

Estos hechos reafirmaron la vigencia del sistema democrático venezolano. Gracias a su poder petrolero el país había logrado salir de las esquinas de la Guerra Fría. El sistema democrático había vencido a la guerra de guerrillas, pacificando a sus principales actores, que comenzaban a participar en la democracia representativa. Esa fue la regla —salvo por notables excepciones que dos décadas después volverían por sus fueros— y todo eso junto produjo una autopercepción positiva —quizá demasiado repentina— del imaginario colectivo venezolano.

Las dos anécdotas que mejor reflejan el espíritu de aquellos tiempos refieren la aparente hegemonía de la democracia representativa. La primera es un comentario del ex presidente Rómulo

Betancourt —"el padre de la democracia venezolana"— después del estreno de *Compañero Augusto*, una película sobre el drama de un joven burgués que había marchado a la guerrilla y buscaba incorporarse a la vida civil después de prisión. Con estilo perspicaz, Betancourt resumió la experiencia en un aforismo: "Este es el cine de los derrotados que se hace con el dinero de los vencedores".

La segunda es del mismo tenor y ocurrió cuando el presidente Carlos Andrés Pérez condecoró a Pedro León Zapata, el mayor caricaturista venezolano, quien había sido (y siguió siendo) un crítico tenaz de los gobiernos democráticos.

—¡Se imagina, Zapata, yo condecorándolo a usted! —le dijo Pérez.

—La vergüenza es mutua, señor Presidente —replicó Zapata.

●

Tomás Eloy Martínez vivió el exilio como la condena del no regreso y pasaba el tiempo juntando los pedazos dispersos de su ser. "Un exiliado novato supone que estará lejos de su país dos o tres meses, y que las ominosas razones que lo indujeron a marcharse desaparecerán de pronto. Cuando quiere acordarse han pasado dos o tres años de melancolía, con el cuerpo en un lugar, el alma en el otro y la vida en ninguna parte", escribió en su testimonio caraqueño.

Nadie que haya dejado su país encontrará extrañas estas palabras. Pero no todos viven de igual manera la condena del no regreso. "La dinámica venezolana fue abierta a una incorporación enorme de intelectuales, artistas y académicos llegados del sur, extranjeros. Pero no había sensación de extranjería, en el sentido de la minusvalía que siente alguien que se ve privado de su lugar de origen", recuerda desde Montevideo Claudio Rama, quien arribó a Caracas en 1974 y la dejó una década después aunque siguió pegado a ella como cualquier parroquiano. "Cuando llegué el país vivía una fase expansiva. Entré a estudiar sociología en la

Universidad Central de Venezuela como cualquier hijo de vecino, sin recurrir a palancas ni influencias. Obtuve una beca sin la cual no habría sobrevivido. Me involucré activamente en el tejido político, algo que muy pocas veces logra un extranjero. Ciertamente no es algo común en el Uruguay de hoy, ni lo era en el México de los setenta, donde los exiliados sufrían cada año trámites tortuosos para residir. Pocos escenarios históricos han sido de tal amplitud. Con viveza, fuerza, inteligencia y un entendimiento claro del momento histórico, Venezuela aprovechó la coyuntura de los otros países. A diferencia de México, tuvo una política de nacionalización rápida y efectiva. Incluso se discutió si se eliminaban las barreras constitucionales para la participación política plena de los extranjeros. Mucha gente no quiso volver a sus países de origen porque tenían las piernas y el cuerpo metidos en la sociedad venezolana, incluyendo la nacionalidad".

Rama recuerda el país de la fiesta interminable: el bulevar de Sabana Grande con sus cafés llenos hasta la madrugada, los bares y tascas donde los bohemios de la época saciaban su épico apetito etílico, las cinco fiestas que tenía por noche cuando era un estudiante feliz y nacionalizado. Tampoco olvida que visitaba los barrios pobres para hacer trabajo político de base sin miedo a la violencia y la inseguridad. Todo esto transcurría en una ciudad fiestera y protectora: "La Venezuela a la que llegué era el país del abrazo. A la que volví casi veinte años después, la de la confrontación".

Por un momento pensé que Rama exageraba. El extranjero suele idealizar los lugares donde fue alguna vez bienvenido. Ilusiona la remembranza de un edén en un período en el que se jugaban literalmente la vida. Esta vez, sin embargo, no era exageración. Como niño yo también viví esa ciudad, esa sociedad, ese país, tan distintos a la ciudad, la sociedad, el país del resentimiento, el miedo y la confrontación que siguieron. Las ciudades cambian, las sociedades cambian, los países ni hablar. A veces el cambio es evidente de la noche a la mañana aunque lleve tiempo gestándose de forma subterránea, larvado como un gusano que carcome desde las vísceras.

•

La Venezuela de los setenta era ajena al autoritarismo y al militarismo que había dejado atrás casi dos décadas antes. En la gloriosa cresta de la década el país tuvo el ingreso per cápita más alto del mundo. Mientras el petróleo era el *commodity* más apetecido —que subía como un globo de aire caliente impulsado por las crisis de Medio Oriente—, nadie debió pensar que la fiesta acabaría. Se vociferaba sobre el pleno empleo y las promesas del V Plan de la Nación. El espejismo del Primer Mundo estaba tan cerca que casi se tocaba en los rascacielos y las torres financieras que brotaban en Caracas como hongos. Todos suponían que la renta petrolera obraría el milagro de llevarnos a ese deseado estatus por ósmosis divina.

En 1979, Maritza Sayalero, un portento, fue la primera venezolana en ganar el título y la corona de Miss Universo. No era un hecho pequeño. Su triunfo coronaba al país en auge y sumaba otro arquetipo al catálogo de mitos que transformaron la historia contemporánea de Venezuela: el país de las reinas de belleza. En 1981, Irene Sáez, la ambiciosa rubia que casi dos décadas después aspiraría a la presidencia, repitió la hazaña de Sayalero remachando con campanas de júbilo la fantasía de una nación radiante, bendecida por la suerte y la belleza.

Por eso el intento de reconectar con esas experiencias es doloroso, como si al revisitar los intersticios, las columnas y las esquinas del edén perdido se descubriera que, en realidad, era un simulacro, una escenografía entrañable aunque frágil. Esa Venezuela había sido edificada por arquitectos con visión, pero la gerencia fue entregada a gobernantes fanfarrones.

La caída ocurrió en el marco de una crisis económica latinoamericana mayor —la de la deuda—, que originó el reemplazo del Estado benefactor por el orden neoliberal. No tan casualmente, Chile fue el laboratorio principal de este experimento que, años más tarde, probaría suerte en Venezuela con desastrosas consecuencias. Para los venezolanos, la "década perdida" de los ochenta fue producto de factores externos a su sociedad: una racha de mala suerte. Pero, ¿cree alguien realmente que si en 1980 no hubiesen comenzado casi dos décadas de petróleo a precio de remate, el país habría ido directamente al ranking de las naciones más prósperas, igualitarias y democráticas, es decir, al banquete de la civilización occidental? La respuesta es cualquier cosa menos evidente.

Por lo mismo, aunque la pregunta "¿Cuándo se jodió Venezuela?" resulte retórica, hay que hacérsela otra vez. Y como el tiempo viaja en una dirección y la memoria en otro —William Gibson *dixit*—, es crucial encontrar un punto medio que ayude a comprender cómo estos acontecimientos estropearon la modernidad venezolana y, al fin y al cabo, pusieron al país en un rumbo dudoso.

●

La década de los ochenta no duró en Venezuela diez años sino nueve, y no comenzó tampoco el 1 de enero de 1980, sino el 18 de febrero de 1983. Tampoco terminó el primer día de 1990 sino el 4 de febrero de 1992. Empecemos por el comienzo tardío.

Aquel 18 de febrero fue viernes. El lunes los venezolanos se enterarían por la prensa que su moneda había sido devaluada y que había control de cambios: no estaban preparados para ello. El precio del petróleo había empezado a caer desde principios de los ochenta, pero ahora ya no daba para seguir costeando los viajes a Miami donde se volvió seña de identidad la frase "Tá' barato, dame dos". Los demonios de la inflación y el desempleo se desencadenaron y con ellos asomaron la cabeza otros más difíciles de dominar como el resentimiento social, el clasismo, el racismo.

Yo tenía trece años y todavía disfrutaba del último trecho de una niñez accidentada pero, a fin de cuentas, protegida. Paseaba en bicicleta por mi calle cuando oí a un amigo decir algo que acabó para siempre con los vestigios de atemporal inocencia que aún tenía: "Esto se lo llevó quien lo trajo". Y así era. El papá de uno de mis mejores amigos de la infancia era un alto gerente de una farmacéutica internacional y, de un día para otro, fue despedido sin contemplación. Eso que actualmente llaman reestructuración y es bastante común, no lo era en los remotos ochenta.

Mis vecinos del *penthouse*, unos cubanos que habían llegado poco después de la Revolución, dejaron de ir con frecuencia a Miami y ya no estacionaban en la puerta del edificio el descomunal *motor home* que, como pocos otros objetos, simbolizaba haber alcanzado la cumbre de la pirámide social. Para quienes nunca fuimos a Miami, la imposibilidad de viajar no era el mal mayor: el mal mayor era todo lo demás. En mi casa, donde dos años atrás mi mamá se había quedado sola sosteniendo a la familia, la crisis significó una reducción drástica de cosas esenciales, frecuentes cortes de luz y teléfono por falta de pago, y la pesadilla de comer, a diario, arepas de mortadela o boloña con queso Kraft en vez de jamón de pierna con Edam o Gouda. Fue muy duro ver a mamá, profesora universitaria cuyo mundo natural consistía de laboratorios, libros y aulas de clase, convertida también en vendedora de ropa interior por catálogo y de tortas y panes que horneaba tarde en la noche cuando sus hijos dormíamos. No deja de entristecerme y frustrarme la impotencia de que mi madre viera negada la realización de sus sueños por los obstáculos que las circunstancias ponían en su camino. Quizá la infancia termina cuando comienzas a entender que las cosas que pasan fuera de tu casa pueden cambiar dramáticamente tu vida.

En 1983 pasaron muchas otras cosas, incluyendo la partida de Tomás Eloy Martínez de Venezuela. Argentina volvía a la democracia y por ella muchos de sus inmigrantes dejaron el país; igual sucedió hasta el fin de la década con oleadas de uruguayos y chilenos. La Venezuela que los atrajo con sus promesas de libertad y su calidad de vida se desgastaba ante sus ojos. Claudio Rama recuerda que a principios de los ochenta había comenzado un gradual pero perceptible cambio de paisaje. La caída económica había despertado un chovinismo antes invisible. "Empezó a circular una frase que se hizo famosa: 'Esta gente del sur confundió el slogan *Caracas para todos*, con *Todos para Caracas*'".

Ese año fue también el año del bicentenario del nacimiento del Libertador Simón Bolívar, el héroe mítico y padre de la patria. La conmemoración consumió grandes presupuestos, como si debiéramos saldar una deuda con el guerrero y la historia. En la nación civilista que los venezolanos habían forjado en veinticinco años de democracia, Bolívar era una figura confinada a los libros escolares, los billetes de alta denominación, el protocolo de los desfiles patrios y las estatuas de mármol en los parques. Un nombre en aeropuertos, escuelas, hospitales y foros de orquestas: una referencia histórica esencial que ya había dado lo suyo. Así se suponía que era. O al menos eso creíamos.

•

En *La herencia de la tribu*, un extraordinario ensayo que algún día será un clásico de los estudios sobre la identidad venezolana, Ana Teresa Torres recupera esta cita:

"Como la riqueza del petróleo ha cambiado una parte tan grande del estilo y algo del contenido de la vida venezolana, la élite tecnócrata tiene que descubrir un mito nuevo para el futuro del país. En 1983 los actos patrocinados por el gobierno para celebrar el bicentenario del nacimiento del Libertador dieron paso a una avalancha de propaganda cultural y comercial que enlazaba la vida gloriosa y los tiempos de Bolívar con los éxitos y símbolos contemporáneos de Venezuela. Sin embargo, las interminables celebraciones, discursos y reediciones de material referente a Bolívar y conferencias históricas daban la impresión de estar alejadas de las preocupaciones actuales de las mayorías de los venezolanos y de los recordatorios cotidianos de la crisis económica del país. Al parecer, la Independencia y Bolívar están perdiendo fuerza como símbolos del nacionalismo, no sólo porque aquellos tiempos semejan irremisiblemente remotos al tecnócrata urbano sino también porque los valores de la Venezuela rural que simbolizaban ya no tienen nada que ver con esta generación".

El autor del análisis es el historiador estadounidense John Lombardi, quien supo ver que, ante la crisis, los venezolanos buscaban un símbolo de reemplazo. Pero el mito nuevo no buscaba desplazar al Libertador Simón Bolívar, cuya figura fundadora de la nacionalidad venezolana sólo tomaba una siesta en espera de una nueva y estremecedora revancha. (En realidad, como arquetipo heroico, Bolívar nunca perdió el valor político que supieron explotar sus edecanes militares, los dictadores Guzmán Blanco, Gómez y Pérez Jiménez). El actor finalmente reemplazado fue la élite tecnocrática que condujo la modernización desarrollista.

¿La riqueza petrolera había cambiado el estilo y contenido de la vida venezolana? Cierto: Venezuela fue, durante un pestañeo resplandeciente, una isla de democracia y prosperidad. De una sociedad agraria y pobre que los sabios de la primera mitad del siglo XX llamaban "el país de la malaria", devino símbolo de cuanto el dinero podía comprar. Con la explotación de los inmensos recursos mineros y energéticos, sus dirigentes soñaron un modelo de potencia japonesa. Llevaron la palabra "infraestructura" a un nuevo nivel sembrando al país de carreteras e inmensas centrales hidroeléctricas y dotando a Caracas de altos edificios y una madeja de autopistas de nombres fantasiosos como El Pulpo, El Ciempiés, La Araña. Pero ésta fue una política de Estado que no logró sembrarse como proyecto colectivo. Al contrario, el legado de la Venezuela Saudita de los setenta fue la pasión nacional por el consumismo que se manifestó en la insaciable voracidad por productos importados y en la preeminencia del *mall* como espacio público. La pasión por sembrar el petróleo que provenía de los años treinta, tenía una hermana gemela y perversa: el rentismo del Estado y las mayorías.

La privación económica de los ochenta puso también al descubierto que en la abundancia y el ascenso social de los setenta muchos —demasiados— quedaron en el furgón de cola. Los venezolanos que conoció Estela Aganchul eran generosos y desprendidos más allá de su situación inmediata, pero eran chocantes las brechas entre unos y otros, un fenómeno que no existía —todavía— en su Argentina natal. No era que la pobreza estuviera escondida detrás de la bonanza: era visible codo a codo con la riqueza, decorando —o cariando— con ranchos de hojalata o ladrillo las lomas y colinas que rodean Caracas. Estela llevaba un tiempo en el país cuando se fue a vivir a Los Magallanes de Catia, una zona pobre del oeste de la capital. "Me recibió una amiga, una mujer muy humilde con dos niños. A los días de estar ahí, noté que lo único que comían los niños a la noche era pan con Pepsi-Cola. Le pregunté por qué y mi amiga me dijo que no podía acostumbrarlos a cenar".

Por esos tiempos, el precio del petróleo caía cada día, lento pero indetenible, mientras el dólar subía como por efecto de un mecanismo hidráulico; cada semana la inflación se comía más rápidamente porciones sustanciales del salario; cada mes subía el escepticismo frente a la posibilidad de salir del hueco; cada año los políticos hablaban con un lenguaje que sonaba, cada minuto, más hueco. El presidente de turno decía que había recibido un país hipotecado y dio un firme paso al frente devaluándolo. Lo recibió Jaime LuSínchi, el hombre del *Sí*, un médico bonachón y aficionado a la botella, quien le pidió el *Sí* a Venezuela prometiéndole ponerla en marcha hacia una democracia social. "Jaime es como tú", era su slogan de campaña y, mentira o verdad, con él la crisis se profundizó al grado de que, cuando entregó la banda presidencial en 1989, las arcas públicas estaban prácticamente vacías. Por eso los políticos eran vistos como los emisarios de cuanto andaba mal. La opinión pública ya había oído de masacres de guerrilleros y campesinos, y también de un intento de rebelión militar sofocado sin aspavientos. En diciembre de 1988, se votó contundentemente por el regreso de Carlos Andrés Pérez, quien personificaba los años de la Gran Venezuela con su delirio desarrollista y sus orgías consumistas en Miami. Sin embargo, la sensación general era una gradual pérdida del horizonte que en poco tiempo se llegaría a sentir como *No Future*.

●

El año 1989 es otro punto cardinal de esa década de nueve años que en vez de empezar en 1980 comenzó en 1983.

Una de las pocas maneras en que Caracas podía resultar interesante a un muchacho que trataba de armar el rompecabezas de su mundo era prestar atención al arte. A mediados de los ochenta, las piedras a la vera de las autopistas comenzaron a aparecer pintadas con el tricolor amarillo, azul y rojo de la bandera venezolana. También los carros abandonados e incluso algunos monumentos. El autor de tales travesuras era Juan Loyola, un excéntrico artista con un agudo talento para la provocación y el escándalo. En una sociedad que seguía recuperándose de la resaca de los setenta, sus obras y *performances* eran ácidas denuncias contra la corrupción, el saqueo y la entrega de la nación a las instituciones financieras internacionales. En una ocasión, Loyola entró al Palacio de Justicia con siete ayudantes, todos de punta en blanco en representación de las siete estrellas de la bandera, cargando bolsas de pintura tricolor que se derramaron encima mientras se arrastraban por el suelo como víctimas de una masacre. La crítica interpretó la obsesión de Loyola con la bandera en un sentido estrecho: no como la expresión de un talento visionario sino como atávico patriotismo. O mejor dicho: su obra era demasiado abstracta, absurda, tosca, y tal vez profética, para ser tomada en serio.

Loyola, quien se concebía como un rebelde, murió en 1999 sin ver el despliegue del chavismo —y, hasta cierto punto, la metástasis de sus ideas y símbolos. Su memoria fue tragada por el olvido, pero su obra tomó el pulso de una poderosa corriente subterránea en la sociedad venezolana que se puso de manifiesto el 27 de febrero de 1989, durante el Caracazo. Aquel día algunos de los sectores más pobres de la capital hicieron erupción en un estallido donde hubo, estrictamente, de todo: fiesta, furia, catarsis, saqueo, represión. La ciudad sumida en disturbios, toque de queda, razias policiales que dejaron más de trescientos muertos según el relato oficial —o más de tres mil según la leyenda negra que, en el futuro, el chavismo explotaría para beneficio propio.

Joseph Brodsky sentía envidia de quienes, viendo por el espejo retrovisor de su vida, podían diferenciar instantes, períodos y ciclos en el *continuum* de la existencia. Mi vida, como cualquier otra, es una confusa amalgama de momentos, pero puedo distinguir al 27 de febrero como el acontecimiento terminal de una época. Esa fecha mostró al país su rostro sustancial: empobrecido y caótico, tribal y colérico. El gobierno castigó con saña las protestas contra el aumento del costo de la vida e impuso un ajuste económico que echó al cesto de basura las ilusiones del regreso de Carlos Andrés Pérez. La ciudad se convirtió en una necrópolis. Las ráfagas de plomo de la Guardia Nacional y los cuerpos de seguridad del Estado fueron repelidos con intensidad en varias partes de Caracas, una demostración de la existencia de sectores armados dispuestos a fajarse a tiros con el poder.

El efecto bola de nieve prueba que el Caracazo es el emblema de una súbita transición. Mientras más avanzaba la onda expansiva del 27-F más edificios y mitos cayeron. El primero fue el complejo de superioridad de una nación segura de su avance hacia la democracia social que había empezado a resquebrajarse seis años antes. Siguió la arquitectura del sistema democrático liberal y representativo, que consumaría su demolición diez años después. Finalmente, cayó también el mito de la sociedad armónica: la brecha social era inocultable y se expandía, pero también la brecha entre los gobernantes y los gobernados.

Aquel 27-F dispara la remembranza de una transición difusa pero también dramática que sólo puedo referir como la desaparición del sentimiento de seguridad y la aparición del miedo. Las ráfagas de plomo fueron sustituidas por ráfagas de pánico. ¿Pánico a quién? Al otro. El marginal es el otro y el burgués es el otro del otro; el carente de educación es el otro del profesional y éste es el otro del empresario; el político es el otro del pueblo. El otro es quien me amenaza. Le temo y, por lo tanto, es mi enemigo. La caída del mito de la Venezuela policlasista lanzó la fase del todos contra todos, preludio del sálvese quien pueda posterior.

En una época caracterizada por la subordinación militar y la transición hacia el civilismo, Venezuela marchaba ostensiblemente en dirección contraria a la región. En cierto modo, el 27 de febrero de 1989 nos devolvió como nación a un caos primordial, despertando ancianos rencores y añoranzas de redención, orden y jerarquía. Esas evocaciones fueron astutamente leídas por quien llevaba mucho tiempo agazapado, preparándose para ser el protagonista principal de las dos próximas décadas: Hugo Chávez.

•

Ana Teresa Torres recuerda en *La herencia de la tribu* que no hubo otra nación que quedara tan devastada como Venezuela tras las guerras de independencia del siglo XIX. Simón Bolívar confesó en una carta a su tío el dolor que respiraba la capital: "Vd. Se encontrará en Caracas como un duende que viene de la otra vida y observará que nada es lo que fue". Para Torres, las frases del Libertador son el emblema del "destino sentimental" de quienes forjaron la Independencia: "[E]l consuelo de la gloria a cambio de la pérdida. He allí la génesis de una ética y la piedra fundacional de un imaginario nacional"*.

No es extraño que ante una nueva devastación de Caracas como la del 27 de febrero de 1989, la respuesta haya sido la resu-

---

* Ana Teresa Torres, *La herencia de la tribu. Del mito de la Independencia a la Revolución Bolivariana*. Caracas, Editorial Alfa, 2009, pág. 14.

rrección de una utopía nostálgica y arcaica. Nada revela mejor el deseo de redención que la aparición de Hugo Chávez el 4 de febrero de 1992 como el genio liberado de la botella: resumía en un solo hombre el mito del héroe épico y el militarismo. Clamó que resarciría a la sociedad venezolana del trauma impuesto por un sistema político corrupto. En el famoso discurso tras su detención, asumió la responsabilidad del fracaso pero dijo que habría nuevas oportunidades para reconducir el destino venezolano. Chávez planteaba su cruzada militar y bolivariana como el catalizador de una destrucción creadora: la eliminación de la llamada IV República y la creación de la V República, que más tarde metamorfoseó en el socialismo bolivariano o Socialismo del Siglo XXI.

Hugo Chávez fue recibido con más escepticismo que entusiasmo. Sus intentos de golpe —el protagonizado el 4 de febrero y el teledirigido del 27 de noviembre— sumaron más muertos a los años sangrientos. Pero poca gente salió a la calle a defender al gobierno —o a la democracia. Muy temprano aparecieron signos de que el militar felón había tocado fibras profundas de la psique nacional. A semanas del golpe, durante el Carnaval de ese 1992, el disfraz más popular entre los niños no fue el tradicional de Batman sino el uniforme de campaña con boina roja: la prueba de que el teniente coronel había llegado para quedarse. Ante el entusiasmo demostrado por el arquetipo encarnado por Hugo Chávez, el sociólogo Tulio Hernández escribió entonces unas líneas que siguen sonando fatídicas: "Es una revelación, es el cambio de valores ocurriendo con evidencia fatal frente a nuestros ojos, es la reacción menos esperada en un país que vivió bajo dictadura la primera mitad de este siglo y que, se supone, había alcanzado el más alto grado de solidez democrática entre todas las naciones vecinas".

No pasaría mucho tiempo para que Hugo Chávez demostrara ser un político hábil, pródigo en astucias, con agudo sentido estratégico y, más importante, un proyecto político de largo aliento.

Aquella noche de martes yo regresaba del cine cuando mi abuela me llamó por teléfono con voz agitada: "Un golpe, están dando un golpe". Mientras escuchaba la plomamentazón a unos kilómetros, en la residencia presidencial de la Casona, recordé que dentro de un sobre de papel de estraza que guardaba en mi escritorio había un documento que un amigo me encomendó proteger con discreción y dar a conocer sólo en caso de que le pasara "algo". Mi amigo era un profesor universitario a tiempo convencional, pero con vocación de conspirador a tiempo completo. Hacía tiempo me había alertado sobre sus frecuentes viajes a Valencia y Maracay, donde se estaba preparando "una vaina". En ocasiones, a los bares y cafés venían a verlo "amigos" con quienes se apartaba a hablar casi en secreto. Una vez estuvimos horas dando vueltas en carro junto a un señor de pelo y barba blancos a quien me presentó como Kléber, "el viejo", como si dijera Alfonso X, "el sabio". Aquella madrugada de febrero, mi curiosidad no aguantó y saqué el documento del sobre: era el proyecto de Constitución de los golpistas. No comprendí mucho qué decía, pero no olvido que preveía la pena de muerte para los corruptos. Transcurrido un tiempo que juzgué prudente, devolví el documento en su sobre original con una notica en la que manifestaba mi alivio por el fracaso de la insurrección.

¿Pero había sido un fracaso? En la cárcel donde pasó poco más de dos años, Hugo Chávez amplió su radio de acción atrayendo a náufragos de la izquierda intelectual e insurreccional, preparando su regreso a la arena política como gran acusador del sistema partidista. Chávez había comenzado a construirse a sí mismo como líder mesiánico en la década de los setenta, cuando entró a la Academia Militar. En 1982, emulando el juramento del Monte Sacro atribuido a Simón Bolívar, prometió con solemnidad teatral llevar adelante su obra inconclusa bajo la sombra del viejo samán donde el Libertador había echado una siesta. Cuatro años después, con una partida de jinetes que flameaban las banderas negras del ejército del prócer José Antonio Páez, Chávez cruzó el país desde los llanos del sur hasta el campo de Carabobo, donde en 1824 se libró la batalla que selló la independencia de Venezuela.

En cada pueblo que pisó, colocó una ofrenda floral y ofreció un discurso en la plaza Bolívar. Se tomaba muy en serio esos gestos que a otros le parecerían puro teatro. "Yo siento que era la razón de su vida", dijo Herma Marksman, su amante de la época.

•

Mientras permanecía preso en el penal de Yare, la historia dio un espaldarazo inequívoco a Hugo Chávez: el sistema que había entrado en crisis en 1983 y eclosionado en 1989, cayó en barrena en 1992, cuando acabó la década chucuta de nueve años.

Las pruebas irrevocables del colapso del sistema fueron la salida de la presidencia de Carlos Andrés Pérez después de un tumultuoso juicio por corrupción y una crisis bancaria que dejó al descubierto las descomunales estafas de los banqueros. Había que ser ciego para no ver que el país se iba a la mierda. La economía era un detalle delante del desgobierno y la inseguridad y un sistema en decadencia moral y política. Los miles de muertos en las morgues del país no son un fenómeno nuevo: ya en 1993 un joven cosía a otro a balazos por un par de zapatos de goma. Casi por instinto, mi generación comenzó a abandonar el país por bandadas. Los llamaban "balseros del aire" porque cada quien se iba como podía —pero, a diferencia de los cubanos— en avión. Difícil culparlos. Yo busqué posibilidades de estudio en lugares imposibles como Japón y terminé en Estados Unidos tras la quimera del norte.

Para quienes se quedaron, una de las pocas esperanzas era la princesa Irene Sáez, electa alcaldesa de Chacao, el municipio del este de Caracas considerado entonces el más rico de América Latina. Tan bien le fue que, en 1998 —a punto de declararse la bancarrota de la democracia representativa—, Sáez tuvo el dudoso honor de enfrentar a Chávez. El discurso de la princesa era tecnocrático; el del guerrero, justiciero. Ella inspiraba el ideal femenino, las aspiraciones de estatus y faranduleras de la clase media y, estirando el discurso, la potencial renovación de la democracia representativa. Él, la sed de reconocimiento de las mayorías empobrecidas, la revancha histórica y la romántica redención bolivariana: una utopía arcaica y nostálgica.

Miss Universo fue favorita durante la mayor parte de la contienda, pero el teniente coronel terminó arrasando. ¿Cómo explicarlo? Ana Teresa Torres: "La tesis política para explicar este cambio en las intenciones de voto se basó en el hecho de que Sáez aceptó el apoyo del partido socialcristiano Copei, y el rechazo por los partidos que había ganado a la sociedad no pudo ser remontado. Es una explicación razonable, pero sugerí (...) que más fuerte que ese error era la presencia de un militar y lo que encerraba el mito del militarismo heroico y salvador que comenzó con la República (...). Alguien, en suma, que encarnaba un arquetipo fascinante (...) Fue un encuentro entre una gran mayoría de venezolanos con el héroe que prometía llenar el vacío del imaginario nacional. Y cumplió su promesa".

El poder como espectáculo quedó en las mejores manos.

●

Lo demás, en cierto sentido, es historia e inmortalidad. El mayor cambio que hubo en Venezuela en los últimos cuarenta años es tan evidente que (casi) pasa desapercibido. En 1999, al cabo de un apresurado proceso constituyente y refundador, excitado por un Hugo Chávez en *overdrive*, el país modificó su nombre de República de Venezuela a República Bolivariana de Venezuela. No fue un simbolismo: el adjetivo "Bolivariana" afectó significativamente al sustantivo "República".

Esa fue sólo la primera de una serie de transformaciones en todos los órdenes: reales, materiales, ideológicos, estructurales, retóricos y simbólicos.

Por ejemplo, la estética. En las cuatro décadas de democracia que precedieron al chavismo, el país ostentaba una estética diversa, ecléctica, modernista; con el chavismo adoptó una estética militarista, oficial, arcaizante, basada en la tautología de los símbolos patrios visibles por doquier y el rojo como uniforme obligatorio de los adeptos al régimen.

Es cierto: la revolución bolivariana dio vueltas a muchas cosas. Acabó con un sistema político, que, tras más de una década de demonización, nadie echó de menos. Pero la democracia liberal contó en sus años mejores con una ventaja enorme sobre el chavismo: su proyecto de país, no importa cuán discutible fuera, era producto de un contrato social sustentado por la mayoría y los más diversos actores políticos.

Cuando Claudio Rama volvió a vivir en Venezuela entre 2002 y 2005, la sociedad del abrazo que había dejado casi veinte años antes había cedido lugar a la sociedad de la confrontación. "Alquilé un apartamento de unos judíos que habían llegado en los años cuarenta y prosperado en los siguientes. Se iban del país porque tenían miedo. Otros tantos inmigrantes, y no sólo del sur como yo, sino españoles, italianos, portugueses y hasta colombianos, hacían lo mismo. La ciudad, el país, era ahora un escenario de encerramiento, de miedo, de escape". La diáspora venezolana se acercó al millón de emigrantes entre los noventa y 2013.

Irónicamente, esa diáspora grita una historia paralela —pero en sentido inverso— a la de Chile. Mientras los militares gobernaban el Cono Sur, eran sus profesionales de clase media y alta quienes migraban a Venezuela para sobrevivir. Con la experiencia chavista, fueron miles los venezolanos formados que migraron al Cono Sur buscando una mejor calidad de vida y un ambiente político más respirable. Una vez más, Venezuela está en las antípodas de Chile.

Rama se lamentó de que el país se hubiera tornado irascible y perdido la capacidad de resolver dialogando sus problemas. "Una sociedad que se empobrece puede sindicalizarse y actuar junta o dividirse y actuar todos contra todos", dice. "Esto le sucedió a Venezuela: ahora es una sociedad menos franca y que actúa mediante la exclusión del otro. Esto implica que las fuerzas democráticas no eran tan sólidas o que cambiaron muy rápidamente. Venezuela en 2013 no ha mejorado ni superado a la de los setenta".

Estela Aganchul llegó a Venezuela para quedarse. Para ella, el país tampoco es el mismo de los setenta. Pese a las tensiones que han sobrevenido, dice, "es una sociedad que creció mucho políticamente". Más allá del incesante show político, gente de un bando y otro mantiene los lazos y lleva adelante proyectos comunitarios de beneficio mutuo. Debe ser así, pues una de las cosas que aún maravillan de Venezuela es que, estando tan dividida, no se haya arrojado a una guerra civil.

Hugo Chávez reconstruyó una plataforma de asistencia social descuidada por el régimen anterior. Gozó de una bonanza petrolera diez veces superior a la del primer período de Carlos Andrés Pérez. Usó el *boom* de principios de siglo para poner a Venezuela en el mapa de países que defienden un modelo económico y social diferente al neoliberalismo. Fomentó con éxito la emergencia de gobiernos personalistas de izquierda, como en Bolivia y Ecuador. Y se benefició de la influencia económica venezolana para colocar su epicéntrica personalidad en el centro de la escena.

Se puede discutir sobre el impacto de Chávez y su vago Socialismo del Siglo XXI, pero a condición de formularse una pregunta incómoda: para conquistar la lealtad de los más y llegar a esos logros, modestos en comparación con la enorme afluencia económica, ¿era necesario atizar el resentimiento social, la antipolítica, y construir un régimen autocrático, militarista, centralizado y caudillista que retuerce cada día más el brazo al ciudadano? O de otro modo: ¿era preciso sujetar otra vez el destino de una nación a la voluntad de poder de una persona y sus mediocres sacristanes de partido?

Hugo Chávez creó un sistema de decisiones híbrido, jerárquico-vertical-militar con un mecanismo de legitimación democrático-populista-electoral. Actuó como su motor y gendarme. La única institución del *ancien régime* en la cual los venezolanos mantuvieron la fe fue el voto como expresión de voluntad y poder individual sobre el sistema. Chávez comprendió esta realidad y celebró elecciones a granel para subrayar la mitología de que era el líder más democrático de todos, confiriéndole apariencia de autenticidad a su proyecto.

Pero la realidad es más compleja. El escritor Alberto Barrera, coautor con Cristina Marcano, de *Hugo Chávez sin uniforme*, la primera biografía del hombre fuerte, me dijo en 2012 a propósito de las elecciones presidenciales: "[Chávez] habla todo el tiempo de sí mismo y de su historia personal. Tanto que ya es difícil saber qué es cierto y qué no. Su memoria cada vez más parece una ficción. Cada vez más su mensaje principal no es el país, ni la revolución... sino Chávez".

He visto a Hugo Chávez discursear. Impresionaban su pasión patria y sentido de protagonismo, patentes en la facilidad con que se consideraba parte del engranaje de la historia. Así fue durante el lanzamiento de su última campaña política el 1 de julio de 2012, en Maracay. Después de la usual arenga contra el capitalismo, discurrió largo sobre Bolívar para sembrar la idea de que él, Chávez, tenía la misión de llevar a Venezuela hacia su segunda Independencia del imperialismo global. Con una oratoria elegíaca, llena de necrofilia y *pathos* patriótico, prometió que sus enemigos nunca lo derrotarían "nunca jamás, porque Chávez no soy yo, Chávez es un pueblo —invicto, invencible". Sabía que la muerte rondaba, pero no tuve duda de que continuaría su show hasta el final, incluso a costa de su vida.

Era igualmente impresionante el fervor de sus admiradores. Experto en la seducción y adulación de las masas, Chávez dibujó para ellos una Venezuela ilusoria donde el petróleo era un inagotable proveedor de felicidad material a través del Estado. Podían dejar que él administrase la justicia personalmente o ejercerla ellos mismos, pues para Chávez robar no era malo si era por necesidad. "Él es mi hermano, mi esposo, mi amigo, mi madre y mi padre", me dijo una mujer en una ocasión.

•

Escuché esas palabras repetirse durante el velorio del Comandante en la Academia Militar de Caracas, en marzo de 2013. Entre los miles que lloraban su fallecimiento, una mujer decía ser su esposa secreta y muchos manifestaban sentirse huérfanos. ¡Aléjate muerte, no seas tan cruel, déjanos seguir protegidos por quien le dio sentido a nuestras vidas!

Quizá Brodsky tenía razón al decir que tal vez la enfermedad y la muerte sean los únicos denominadores comunes entre un autócrata y sus súbditos —y sobre lo primero no estoy tan seguro.

Cuando dejamos la Academia Militar, marchando con mi amigo chileno Patricio "Pato" Fernández entre la muchedumbre que buscaba el Metro, nos preguntamos lo que muchos otros: ¿cuál es la herencia de Chávez?

Tras su desaparición física, Chávez ha sido explotado como mito religioso e ícono pop instantáneo, pero su transubstanciación no dio los dividendos políticos buscados. Y esto se debe a que dejó Venezuela sumida en una aguda crisis económica, con estadísticas de criminalidad que rivalizan con las naciones más violentas del mundo, y con un Estado más corrupto y disfuncional que aquel contra el cual se declaró insurgente en los noventa. Si bien sembró ansias de justicia, igualdad y bienestar en la mayoría, también profundizó el rentismo, la corrupción, la soberbia y el desdén por el esfuerzo. Como los arquitectos de la república democrática, Hugo Chávez también prometió sembrar petróleo, pero el país que dejó está cada vez más lejos de su utopía idílica y más cerca del fracaso como cultura nacional.

Para sostenerse en el poder sin Chávez, sus sucesores violaron repetidamente la Constitución. Venezuela quedó en manos de una nomenclatura de segundones cuya misión nominal ha sido evitar que la revolución se corrompa, pero cuyo verdadero objetivo fue siempre mantenerse unidos para vigilarse unos a otros y evitar que salgan a la luz la corruptela.

Del discurso de democracia participativa en que se basó el socialismo bolivariano de los primeros tiempos quedó la pura soflama. La patética prueba es el tinglado chavista progresivamente ocupado por animadores de televisión y cantantes de reggaetón que sustituyen la prédica de la austeridad personal de Chávez por una estética basada en la opulencia del *show business* y el narco: Ferraris, cadenas de oro, celulares satelitales, locaciones exóticas, champán, yates en aguas paradisíacas, hembras espectaculares postproducidas en quirófano. ¿Es ése el verdadero Hombre Nuevo chavista?, se preguntó atinadamente Tulio Hernández al constatar los resultados del legado cultural de Chávez. ¿Lo son las estéticas de reemplazo, que "no concuerdan para nada con las prédicas igualitarias, antiimperialistas y antiriqueza del jefe que se fue"?

El chavismo sin Hugo Chávez, hasta nuevo aviso, es para Venezuela un "significante vacío", una incógnita a llenar con el contenido que mejor convenga a la ideología del poder. Después del chavismo —y cuando eso ocurra—, Venezuela volverá a verse en su espejo diario: cuestionará su falta de memoria histórica; revisará hechos esmeradamente manipulados o escrupulosamente omitidos, interrogándose por su significado histórico y buscando el hilo perdido de su tradición civil que la ideología militarista siempre ha aplastado. Será otra vez un país en busca de una definición para rehacerse desde las ruinas del fracaso.

Y todo volverá a comenzar una vez más.

Boris Muñoz (Caracas, 1969) es periodista y escritor. Escribe para *Gatopardo*, *Prodavinci*, *Newsweek*, *Daily Beast* y *The New Yorker*, y es el autor de tres libros, incluido *Despachos del imperio*.

Nicaragua

"Madre, que dar pudiste de tu vientre pequeño
tantas rubias bellezas y tropical tesoro".

—Rubén Darío, *Nicaragua*

Quimera, ruleta, *Nostromo*

La bella Ometepe, la isla de los volcanes paralelos. El río San Juan y la hacienda del poeta José Coronel Urtecho, su mentor y amigo. El archipiélago de Solentiname, al sur, donde Ernesto Cardenal creó su comunidad de artistas, en Mancarrón.

Sergio Ramírez ligó su juventud al lago Nicaragua, sus islas y el río, y ahora, cada vez que se vuelve hacia él, siente que esa geografía afectiva puede ser herida por los recuerdos del presente.

"Dios nos bendijo con una geografía especial, ser puente entre dos mares, y es nuestro destino serlo", dice. "Pero no con esta quimera".

La *quimera* es un canal con el cual un ex sandinista y un extraño empresario chino —el presidente Daniel Ortega y el elusivo Wang Jing— quieren atravesar el país. Un proyecto de miles de millones de dólares, cientos de kilómetros, decenas de disputas y, dicen, sólo cinco años de realización. Un proyecto que podría cambiar la vida de Nicaragua. Uno del que mucho se habló y poco se ha visto desde los tiempos en que los conquistadores buscaban el Estrecho Dudoso, un paso breve para cambiar de océanos.

"La idea de un canal es cíclica, como si el país estuviera atado a una rueda que siempre se detiene en *ese* número. Como una ruleta maldita", explica Sergio.

El canal será de aguas dulces pero primero está hecho de misterio. Nadie conoce las motivaciones de Ortega —¿la historia grande?— ni las credenciales de Wang, un espontáneo canalero sin experiencia en proyectos de ingeniería. El día en que la primera retroexcavadora abra su garra sobre la tierra habrá júbilo en Nicaragua pero, hasta entonces, el canal habrá sido lo que fueron otras veinte trazas imaginadas en el pasado: una idea, un ejercicio abstracto, para hacer millonario a un país con pobres pobres. Un pase de magia.

¿De qué modo una historia de estos días se vincula con el Chile de Augusto Pinochet?

Ortega es hijo de los años duros. Cuando el sandinismo tomó el poder en Nicaragua, la salida de Anastasio Somoza fue la primera caída de una dictadura cuando las dictaduras todavía eran funcionales al ajedrez de la Guerra Fría. El pinochetismo —el militarismo anticomunista— fue un registro de fondo para Nicaragua. Tanto en Nicaragua como en Chile, Estados Unidos desplegó sus peores artes para intervenir en la política interna. Ambos países constituyeron los mayores ejemplos de intervencionismo en los setenta. Los espías de la CIA que operaron contra el gobierno de Allende serían superados por el financiamiento y asesoría a los "contras" de Edén Pastora.

La Revolución Sandinista —la llamada Revolución de los Poetas— había llegado como aire fresco a América Latina, pero su desenlace llegó con un desgaste poderoso y el abandono de sus principios. Cuando pretendían atornillarse al poder, los herederos de Ortega fueron desalojados, como ocurriría al pinochetismo, por la opinión popular. Ortega se convertiría en la farsa de sí mismo, un hombre atenazado al negocio del poder. Como los autócratas del pasado, su filosofía es el mesianismo y su plan político la perduración. Al igual que muchos gobiernos habituados a escribir el futuro a su antojo, Ortega ha encontrado en un opaco hombre de negocios, Wang, el aliado ideal para asegurarse un lugar definitivo en la historia. El gran canal de Nicaragua, la obra de Ortega, puede transformar a Nicaragua con la profundidad de los cambios estructurales que Pinochet provocó en Chile. El terremoto político del general fue a Chile lo que el tajo de agua de Ortega puede ser a la Nicaragua del siglo XXI: el fin del pasado como lo conocemos.

Napoleón III, emperador de Francia; Cornelius Vanderbilt, uno de los hombres más ricos de Estados Unidos; el gobierno de Woodrow Wilson. Una veintena de aventureros, filántropos y aprovechadores quisieron tajear el regalo de dios a Nicaragua. Todos ilusionaron a muchos, todos fracasaron.

La expectativa de una obra que saque a Nicaragua de la postración es mayoritaria; quienes denuncian la pérdida de soberanía —como Ramírez— o el riesgo de invadir la selva y convertir el lago en pantano —como los ecologistas— son una minoría de la minoría. Una élite. ¿Y puede una élite contra el poder del poder y la esperanza de los crédulos?

—La gente tiene el deseo legítimo de ver los barcos atravesando el país porque eso significaría que el país se transforma, pero en toda la historia de proyectos para hacer un canal en Nicaragua, nunca se dio una palada. Este canal es un cebo.

El Mar Dulce, como llaman al lago que puede dar de beber a toda Nicaragua, es un océano dentro de una nación monoambiente. El lago Nicaragua es custodio de la selva y el bosque húmedo. En una de sus costas comienzan las haciendas de ganado, un contradictorio Far West en el este del que vive el país. Esa riqueza, dicen, se podría ir con la vena de agua de Ortega y Wang.

—Tengo una tristeza de fondo: no entiendo cómo alguien viene a vender cuentos chinos, y se los compran.

Le digo a Ramírez que parece una historia de boticarios de la antigüedad que venden tónicos capilares mágicos: hasta que no se ve, sólo hay dudas. Al menos Melquíades, el gitano de *Cien años de soledad*, llevaba inventos y descubrimientos a Macondo. Pero no hay realismo mágico en la Nicaragua del siglo XXI.

—Es *Nostromo*.

En 1904, Joseph Conrad publicó una novela que retrataba una nación imaginaria de América del Sur, Costaguana, un país rico en tiranos y revoluciones, y en minas de plata. *Nostromo* está inspirada en el momento político de la separación de Colombia y Panamá, cuya independencia apoyaba Estados Unidos, interesado en controlar su canal interoceánico. La novela es rica en traiciones, mezquindades, codicia, secesiones y negocios turbios.

—Esa visión está ahí: somos *Nostromo*, el trópico político.

Un cuento chino contado por un herbolario chino

SERGIO RAMÍREZ

Wang Jing podría ser tomado por un sereno profesor de artes marciales *wushu*, un tanto pasado de peso y el pelo rapado en las sienes hasta recoger el brillo de los focos de las cámaras de las estaciones oficiales de televisión, encendidos esta noche del viernes 14 de junio de 2013 en el salón de ceremonias de la Casa de los Pueblos que se alza frente a la desierta plaza de la Revolución, en Managua.

En plena temporada de lluvias, el olor a cloaca que el viento tibio trae desde el vecino lago Xolotlán, donde desembocan las aguas negras de la ciudad, no penetra en los recintos refrigerados del edificio, pintados de colorines como un juguete de Fisher-Price. En uno de los costados de la plaza se halla la catedral metropolitana, descalabrada por el terremoto que en treinta segundos arrasó Managua la Navidad de 1972, y en otro, el Palacio Nacional tomado por los guerrilleros sandinistas en 1978, en una operación espectacular que puso de rodillas a la dictadura del último de los Somoza.

Wang Jing ha llegado a Managua para firmar con el caudillo Daniel Ortega el "Acuerdo Marco de Concesión e Implementación del Canal de Nicaragua", conocido como el Tratado Ortega-Wang. Tiene cuarenta y un años de edad, se declara un chino común y corriente, graduado de médico herbolario en una universidad de Beijing cuyo nombre prefiere no revelar. Sus íntimos colaboradores lo llaman *chairman*, como a él le gusta, el *chairman* Wang. Lleva el nombre de uno de los protagonistas de la novela clásica del siglo XIV, *Los forajidos del pantano*, una historia de bandidos del tiempo de la dinastía Song. En uno de los episodios, el bondadoso personaje Song Jiang cae en manos de Wang Jing, un ser lascivo, impaciente y rudo apodado "Tigre Enano", quien ordena que le saquen el hígado y el corazón para hacer una sopa, pero termina perdonándolo.

Los forajidos del pantano es conocida también como *Las orillas del agua* y el Wang Jing del siglo XXI parece dispuesto a convertir en pantano al Gran Lago de Nicaragua, el segundo más grande de América Latina, señalado por su mano como parte del proyecto del Gran Canal. Un sino trágico el que la suerte del país se halle siglo tras siglo ligada a filibusteros. Engaño, expoliación, ruina y siempre la misma miseria. Así se alinean las estrellas. Wang Ying nació en Beijing el mismo mes de 1972 en que el terremoto destruyó Managua.

Un mural de la escuela del viejo realismo socialista, en el que descuella la figura del *chairman* Mao Tse-tung, adorna su oficina en la empresa Xinwei Telecom Enterprise Group, en un parque industrial al norte de Beijing, decorada también con modelos a escala de aviones caza, plataformas de lanzamiento de cohetes, carros blindados y satélites militares, toda una parafernalia insólita para un médico herbolario que se hizo empresario de telecomunicaciones sin saber nada de teléfonos celulares. Su fortuna, según confesión propia, nació de la explotación de minas de oro en Camboya.

El *chairman* Mao a las espaldas del *chairman* Wang, pero él mismo se ha apresurado a aclarar que no es miembro del Partido Comunista. El capital de su empresa está valorado, según cálculos de *Bloomberg*, a 2.950 millones de dólares, y la participación de Wang Ying en 1.100 millones; la mayoría de las acciones pertenecería a la gigante estatal Datang Group. Nada suficiente para codearse con los poderosos multimillonarios surgidos del modelo económico impulsado por Deng Xiaoping.

En realidad, Wang Jing había aparecido por primera vez en Managua en septiembre de 2012 y de la mano de Laureano Ortega, quien además de lucir su voz de tenor en funciones de ópera montadas en el Teatro Nacional con elencos traídos de Italia, actuaba como encargado de su padre para promover las inversiones extranjeras, y parece ser su heredero. Ese año Xinwei ganó una licitación para establecer una red de telefonía móvil, bajo la patente McWill. No hubo contrincantes, porque la banda de transmisión requerida sólo se usa en China. Los trabajos de la red, que requería una inversión de 2.000 millones de dólares, nunca comenzaron; la página web de McWill se halla permanentemente bloqueada. Un tiempo después, en Ucrania también esperaban que Xinwei se hiciese cargo de la concesión que había recibido años atrás.

Ahora, de pronto, desde el otro lado del mundo, el Tigre Enano reencarnado surgía como dueño de la concesión del Gran Canal de Nicaragua, frente a la cual el Tratado Bryan-Chamorro parece una nimiedad.

●

Dos de las figuras malditas de la historia de Nicaragua son Adolfo Díaz, dos veces presidente bajo la intervención militar de Estados Unidos en el primer cuarto del siglo XX, y Emiliano Chamorro, presidente también dos veces bajo la misma intervención, caudillos ambos del Partido Conservador. El 5 de agosto de 1914, Chamorro, quien era entonces embajador de Díaz en Washington, firmó un tratado con el secretario de estado William Jennings Bryan, por el que Estados Unidos adquiría a perpetuidad "libre en todo tiempo de toda tasa o cualquier otro impuesto público, los derechos exclusivos y propietarios, necesarios y convenientes para la construcción, operación y mantenimiento de un canal interoceánico por la vía del río San Juan y el Gran Lago de Nicaragua, o por cualquier ruta sobre el territorio de Nicaragua".

Mediante el tratado el país también concedía, por noventa y

nueve años prorrogables, el arriendo de dos islas en el Caribe, Great y Little Corn Island, y el derecho de establecer una base naval en el golfo de Fonseca, en el Pacífico, a cambio de tres millones de dólares que fueron aplicados a la deuda pendiente de Nicaragua con Estados Unidos. El Congreso Nacional ratificó el tratado, y quienes lo cuestionaban no pudieron asistir a la sesión porque el servicio de trenes desde la ciudad de León, donde vivía la mayoría de los opositores del Partido Liberal, fue interrumpido ese día.

El general Augusto C. Sandino, quien en 1927 se alzó en armas contra la ocupación armada de Estados Unidos, y libró con su Ejército Defensor de la Soberanía Nacional una guerra de resistencia que duró hasta 1933, escribió: "Se nos han robado nuestros derechos sobre el canal. Teóricamente se nos pagaron tres millones de dólares. Nicaragua, o más bien los bandidos que controlaban el gobierno por esa época, con ayuda de Washington, recibieron unos cuantos miles de pesos, que repartidos entre todos los ciudadanos nicaragüenses no hubieran bastado para comprar una galleta de soda y una sardina para cada uno. Las discusiones acerca de esta venta se llevaron a cabo dentro de un Congreso espurio, a puerta cerrada, que guardaban soldados conservadores, ayudados por las bayonetas yanquis. Mi propio padre fue encarcelado porque protestó contra el Tratado Bryan-Chamorro (...)".

El nombre de Bryan quedó ligado a la historia de Nicaragua gracias al tratado, pero en Estados Unidos se lo recuerda más bien por el célebre "juicio del mono" celebrado en 1925 en Dayton, Tennessee, en el que figuró como acusador del maestro de escuela John Thomas Scopes, procesado bajo el cargo de enseñar a sus alumnos que el hombre venía del mono, de acuerdo a la teoría de la evolución de Darwin.

El Tratado Bryan-Chamorro nunca tuvo efecto, puesto que el gobierno de Woodrow Wilson nada más pretendía impedir con él que ningún otro país obtuviera la concesión de la ruta nicaragüense, ya que el canal de Panamá abría sus operaciones aquel mismo año. Pero hizo ganar a sus protagonistas, Díaz y Chamorro, el más conspicuo de los términos despectivos del léxico nicaragüense, acuñado por el propio Sandino: vendepatrias.

●

En el estrado hay profusión de flores como si se tratara de un altar. Daniel Ortega permanece sonriente bajo los focos al lado de Wang Jing, por todo atuendo una chaqueta de gamuza, y sin corbata, pues tiene años de no llevarla ni aun en las ocasiones más solemnes como ésta.

"Ya se encuentra con nosotros, en carne y hueso, nuestro hermano Wang Jing, aquí está el fantasma en carne y hueso y una delegación también de carne y hueso", dice Ortega, tantas eran las dudas de que este socio suyo de la lejana China en verdad existiera, pues muy pocos recordaban su primera visita.

La *Nicaragua Canal* Development Investment Company (HKC) fue creada en agosto de 2012 en Hong Kong con un capital de 1.300 millones de dólares. Otra compañía paralela, HKND, fue inscrita en noviembre de 2012 en Gran Caimán, uno de los paraísos fiscales más cómodos del Caribe, y en el mismo mes y año se registraba en Managua la Empresa Desarrolladora de Grandes Infraestructuras. El dueño absoluto y único de todas estas compañías de papel era Wang Jing.

Pero faltaba el gran acto de prestidigitación, reservado para esa noche del 14 de junio. Según el Tratado Ortega-Wang, Nicaragua cedía por un plazo de cien años a HKND los derechos absolutos para construir y explotar el Gran Canal Interoceánico, que ha permanecido por siglos en el imaginario de la nación, a veces dormido con sueño inquieto, a veces despierto.

En el mismo paquete envuelto con vistoso celofán, van un ferrocarril de costa a costa, oleoductos, aeropuertos internacionales, puertos marítimos en cada extremo y zonas de libre comercio. Es un tratado unilateral, pues no establecía obligación de parte del consorcio de Jing hacia Nicaragua más que la de procurar la entrega anual de un máximo de 10 millones de dólares, y ceder, también de manera anual, el 1% de las acciones de la compañía hasta completar su traspaso total en el plazo de un siglo.

Superando a los leoninos tratados del pasado, Nicaragua renuncia a toda autoridad judicial, administrativa, laboral y de seguridad, migratoria, fiscal y monetaria en los territorios necesarios al canal, y también a su soberanía monetaria, pues las reservas del Banco Central quedan en garantía de cualquier incumplimiento del Estado: es la única vez que se menciona en el texto la palabra "soberanía". El concesionario también podría confiscar las tierras privadas que necesite, al precio a que se hallen registradas, y tomaría las públicas sin costo alguno. El jurista Alejandro Serrano enlistó diecisiete violaciones a la Constitución política del país, que habría de ser reformada en un plazo perentorio para adaptarse a los requerimientos del tratado. Bryan, el que se negaba a aceptar que descendía del mono, no saldría de su sorpresa.

Antes de poner su firma, ya la pluma en mano, Ortega pronuncia unas palabras dignas de ser cinceladas en el pedestal de su monumento: "La soberanía es un elemento tangible... Si hay pobreza, si hay extrema pobreza, si hay dependencia económica, no hay soberanía... Por Sandino, por Darío, por este pueblo de tanto sacrificio y dolor... ¡Llegó el día, la hora de alcanzar la tierra prometida!".

Su socio Wang Jing, llegado del otro lado del mundo, muestra una visión igualmente redentora. Transformar un país del que hasta hacía poco nada había llegado a sus oídos, tan ignoto que, según sus palabras, presentaba amplias zonas borrosas en los mapas de Google. Para hablar de la misión que le había encargado el destino, se desprende de sí mismo en tono mayestático: "Los nicaragüenses han tenido este sueño por centenares de años y de pronto aparece un chino y les dice que tiene un plan. Se quedaron sorprendidos".

El Gran Canal, de acuerdo a cálculos de Wang Jing, costaría 40.000 millones de dólares, varias veces el Producto Interno Bruto de Nicaragua, el cual, según el ministro de la Presidencia para Políticas Públicas, Paul Oquist, crecería, sólo en los primeros años de construcción, no menos del 10% al 14% anual. Un milagro tras otro. El vocero oficial de Jing, el boliviano Ronald MacLean, antiguo ministro de Finanzas del general Hugo Banzer, dijo que Nicaragua se convertiría "en el país más rico de Centroamérica".

La Asamblea Nacional aprobó el tratado en setenta y dos horas, a punto para la ceremonia, sin que fuera necesario suspender el servicio de trenes para impedir el voto de los disidentes, pues el ferrocarril desapareció hace años de Nicaragua. Y si en algo supera al Tratado Bryan-Chamorro, es que fue publicado en inglés en *La Gaceta*, Diario Oficial, el lunes 24 de junio de 2013, algo que no ocurría desde que William Walker, el jefe filibustero nacido en Tennessee, se apoderó del país en 1855, y editaba en ese idioma *El Nicaragüense*, también de carácter oficial, pues allí aparecían sus leyes y decretos.

•

Nadie sabía quién era Mark Twain cuando entre la Navidad del año 1866 y el Año Nuevo de 1867 atravesó el territorio de Nicaragua viniendo de San Francisco con rumbo a Nueva York. Tenía treinta y un años, no había publicado aún ningún libro, y en el rol de pasajeros figuraba bajo su nombre verdadero, Samuel Langhorne Clemens.

Twain desembarcó en el puerto de San Juan del Sur en la costa del Pacífico, tomó una diligencia tirada por mulas que lo llevó por el istmo de tierra firme hacia el puerto de La Virgen en la ribera occidental del Gran Lago, para navegar en un barco de rueda de paletas, como los del río Mississippi, hacia el puerto de San Carlos, allí donde las aguas del lago desembocan en el río San Juan, y luego en un vapor más pequeño por el curso del río hasta el puerto de San Juan del Norte, o Greytown, en el Caribe, donde se embarcaría hacia Nueva York.

De esta travesía dejó memoria en *Viajes con Mr. Brown*, un libro que recoge sus cartas publicadas en el periódico *Alta California* de San Francisco. Era uno de los miles de pasajeros que atravesaron por la Ruta del Tránsito creada por el comodoro Cornelius Vanderbilt cuando en 1848 se descubrió oro en Sutter's Mill. Más de trescientas mil personas se desbocaron hacia California, unas arriesgándose por el territorio continental de Estados Unidos desde la costa del este, otros dando la vuelta por el cabo de Hornos, o por el istmo de Panamá en el ferrocarril transoceánico que empezaría a operar en 1855; y, finalmente, la vía más rápida, barata y segura, a través de Nicaragua, que hizo a Vanderbilt más rico y poderoso de lo que ya era, pues por ella pasaron de ida y vuelta más de cien mil entusiastas.

Vanderbilt y sus socios consiguieron en 1849 del gobierno de Nicaragua una concesión para el uso de la Ruta del Tránsito, y a su vez para la construcción de un canal interoceánico, a cambio de la promesa de diez mil dólares anuales y un porcentaje de las utilidades, que nunca pagaron. Fue uno de los más de veinte intentos, promesas-engaños, o proyectos con empresas y consorcios surgidos de pronto de la nada, estadounidenses, holandeses, franceses, ingleses, alemanes, y ahora chinos, que se han sucedido desde 1824, cuando la compañía Barclay, Herring Richardson & Company hizo la primera propuesta.

En 1856 Vanderbilt perdió la concesión porque uno de sus socios, Charles Morgan, se alió con William Walker, ya dueño del país. Una verdadera lucha de tiburones en la que Walker salió perdiendo, pues Vanderbilt ayudó con armas y pertrechos a los ejércitos centroamericanos a expulsarlo de Nicaragua. Sería fusilado en Honduras en 1860 al fracasar un nuevo intento suyo de invasión. "Soy el presidente de Nicaragua", reclamó antes de ser pasado por las armas.

Greytown, en la desembocadura del río San Juan, estuvo por siglos en disputa entre España e Inglaterra, y luego entre Inglaterra y Estados Unidos, y a partir de los tiempos de Vanderbilt empezaría a convertirse en una ciudad cosmopolita en medio de la selva y de la soledad, con hoteles de verandas floridas y palacetes de columnas dóricas, sucursales de bancos con escalinatas de mármol, un tranvía de caballos, lupanares regentados por madamas francesas, alamedas y avenidas, y cementerios ingleses, judíos, alemanes y masones, de los que hoy sólo quedan las lápidas rotas entre la hierba crecida. Hasta hace pocos años una draga oxidada se alzaba sobre las aguas del estuario, testigo de las obras que inició la Maritime Canal Company en 1891 para ser luego abandonadas.

●

Con el orgullo de quien pone el pie sobre piezas de caza mayor, Wang introduce en mandarín, con voz segura de moderadas altisonancias, impostando solemnidad, a los miembros de su cortejo, también de carne y hueso, como ha dicho Ortega.

Todos pertenecen al mundo de los negocios trasnacionales, y representan a firmas como McLarty Associates, fundada por Henry Kissinger y Thomas McLarty, jefe del gabinete de Bill Clinton en la Casa Blanca, con una clientela que incluye a decenas de las más importantes corporaciones del mundo, como Nike, Walmart y General Electric. Entre sus estrellas figura John Dimitri Negroponte, quien desde su cargo de embajador de Ronald Reagan en Honduras dirigió en los años ochenta las operaciones militares de la CIA contra Nicaragua, y terminó su servicio público como director del Consejo de Inteligencia Nacional.

El australiano Bill Wild, de Infin8 Resource Co., es presentado por Wang Jing como jefe del proyecto. Patrick Boehler, del *South China Morning Post*, quien lo entrevistó después en las desiertas oficinas de HKC en Hong Kong, contó apenas seis personas trabajando allí, aunque Wild esperaba una docena más en algún tiempo venidero. En Managua, ni la HKC ni la HKND tienen un solo empleado. No obstante, en una entrevista con el *Financial Times*, Wang Jing afirma que había cuatro mil personas dedicadas a los estudios de factibilidad, una verdadera legión de técnicos y expertos trabajando de manera invisible, como los genios de *Las mil y una noches* que transportan una montaña en un parpadeo. Según Wang Jing, esos estudios le costarían 900 millones de dólares. "El dinero que hemos gastado hasta ahora, varios millones, los he puesto personalmente", ha dicho con aplomo de benefactor.

El politólogo Arturo Cruz, ex embajador de Ortega en Washington, ponderó en una entrevista al Canal 4 en Managua, propiedad de la familia Ortega, la presencia de tantas celebridades en la ceremonia: "McLarty es una de las principales compañías de cabildeo en Estados Unidos, pero cuando me percato que McKinsey está también trabajando con esta iniciativa... ¡es una firma inmensa! Todos los que se gradúan en las grandes escuelas de negocios en el mundo quieren trabajar para ellos... Ya estás hablando de McKinsey, de McLarty, y ahora estás hablando también de Kirkland, que hasta hace unos pocos años era el quinto bufete de mayor tamaño en Estados Unidos, y el noveno o décimo bufete en el mundo...".

A su regreso de Managua, Wang Jing convocó a una conferencia de prensa en un hotel de Beijing donde ofreció precisiones para demostrar que sabe manejar bien el ábaco: las obras de construcción comenzarían en 2014 y estarían terminadas en 2019, un plazo de apenas cinco años. La ampliación del canal de Panamá, menor en dimensiones y cuantía, se inició en 2007 y no concluirá sino en 2015, ocho años después.

Wang Jing aseguró que no quería convertirse en el hazmerreír del mundo, y por tanto no iba a fallar; y aun cuando no estaba definida la ruta exacta, pues por entonces había cuatro posibilidades contempladas, ofreció datos sorprendentemente precisos: el Gran Canal tendría 286 kilómetros de largo, 520 metros de ancho y 27,6 metros de profundidad, y permitiría el paso de buques de 400.000 toneladas de peso, capaces de cargar 18.000 contenedores. A plena capacidad, generaría ingresos anuales por 5.500 millones de dólares.

En Managua, mientras Wang Jing hablaba a la audiencia en la presentación del tratado, una pantalla mostraba un segmento del mapa con la ruta del Gran Canal marcada en rojo. Sólo que el mapa estaba al revés. Poniéndolo al derecho, se entiende que el trazo sigue por el río San Juan, fronterizo con Costa Rica; pero es de todos modos un mapa distorsionado, porque en lugar de salir al océano Pacífico, la traza parece desembocar en otro lago que no existe. Ya antes Wang había anunciado que la ruta por el San Juan había sido desechada para no crear conflictos con el país vecino, hablando como si él mismo fuera el jefe de estado de Nicaragua.

Más tarde, en declaraciones al *Telegraph* de Londres, Wang Jing sacaría otro conejo de su chistera al anunciar que ya había decidido la ruta del Gran Canal, cuando los estudios de factibilidad que ocupaban a sus cuatro mil genios invisibles apenas empezaban, si es que ya habían empezado: partiendo de la bahía de Bluefields en el Caribe, la vena de agua seguiría por las selvas y entraría en el Gran Lago por el pequeño puerto de Morrito, para salir hacia el Pacífico por Brito, un pequeño poblado del ventoso departamento de Rivas.

En la mísera comunidad de El Zapote, donde viven unas setenta y cinco familias campesinas, y que desaparecería bajo las aguas del Gran Canal, Ronald González, dueño de unas cuantas cabezas de ganado, expresó su aflicción a Amalia Morales, periodista de *La Prensa*, recordando la devastadora guerra de los años ochenta entre sandinistas y contras: "Si hacen ese canal por aquí y nos toca salir sería como vivir una segunda guerra. Ya perdimos todo una vez en la guerra y no pudimos recuperar nada".

Quizás los habitantes de El Zapote no deberían preocuparse tanto. HKND desmintió a Wang a los pocos días: "El 30 de julio *The Daily Telegraph* publicó un artículo que indica que la ruta para el canal de Nicaragua había sido seleccionada. De hecho, varias rutas siguen bajo consideración… la decisión sobre la ruta final se basará en estudios técnicos, ambientales, comerciales, comunitarios y otras investigaciones que se están desarrollando".

¿Cómo podía contradecir una empresa a su supuesto dueño absoluto? ¿Es Wang Jing sólo una máscara, un charlatán de feria? Y si es una máscara, ¿quién está detrás de esa máscara?

En el teatro de la dinastía Ming, el color de la máscara determinaba el carácter del personaje. Amarillo para la ambición, azul para la astucia, verde para la impetuosidad. Los bufones de la corte no llevaban máscara, sino que les pintaban la cara con trazos de tiza alrededor de los ojos y la nariz, el estilo xiaohualian, para realzar así su doblez.

●

Cuando corría 1846, dos años antes de que estallara la fiebre del oro en California, el príncipe Louis-Napoleón Bonaparte, que recién se había fugado del castillo de Ham donde purgaba una condena por conspiración, publicó en su exilio de Londres un folleto titulado "El canal por Nicaragua, proyecto de unión de los dos océanos Atlántico y Pacífico", en el que proponía "una ruta interoceánica que partiendo de San Juan del Norte llegue hasta El Realejo, pasando por los dos grandes lagos de Nicaragua".

En 1844, el político liberal Francisco Castellón, quien entonces cumplía negocios diplomáticos en Europa, recibió autorización del emperador Luis Felipe para visitar al prisionero. En esa entrevista, Castellón le propuso a Bonaparte trasladarse a Nicaragua para acometer la empresa del canal. Tiempo después cruzarían correspondencia sobre el tema. En 1846 el ministro de Relaciones Exteriores de Nicaragua enviaba una carta al príncipe francés en la que otorgaba poderes para que organizara en Europa la compañía del canal, el cual llevaría, según disposición del gobierno, el nombre oficial de "Canal Napoleón de Nicaragua".

La leyenda cuenta que, durante la entrevista en el castillo, Castellón entregó a Louis Bonaparte una suma de luises de oro para que financiara su fuga. Sea o no cierto, el príncipe había quedado tan encandilado con el canal, que mientras hacía los preparativos de su escape logró terminar el borrador del folleto. Basta leer unos párrafos para calar en su entusiasmo:

"Nicaragua… así como Constantinopla es el centro del antiguo mundo, de la misma manera la ciudad de León es el centro del nuevo; y si una cortadura fuera practicada a través de la lengua de tierra que separa los dos lagos del océano Pacífico, ella dominaría, por su posición central, todas las costas de América del Norte y de América del Sur (…) Mejor aún que Constantinopla, el Estado de Nicaragua puede convertirse en la ruta obligada del gran comercio del mundo, porque sería, para los Estados Unidos, la ruta más corta hacia China y las Indias Orientales, y para Inglaterra y el resto de Europa, hacia la Nueva Holanda, la Polinesia y toda la costa occidental de América (…)".

Una vez convertido en el emperador Napoleón III, Bonaparte se apoderó de México en 1862 para instalar a Maximiliano en el trono imperial, decidido a disputar a Estados Unidos la hegemonía continental. En 1858, Félix Belly, señalado de ser agente encubierto suyo, logró del presidente Tomás Martínez una concesión por noventa y nueve años para construir el canal, con zonas francas en ambos extremos de la ruta, un ferrocarril y el derecho de expropiar cuatro kilómetros de territorios adyacentes. Diez años después, y antes de la caída del emperador Napoleón El Pequeño, como lo llamó Víctor Hugo, su amigo el senador Michel Chevalier obtuvo del presidente conservador Fernando Guzmán otra concesión en términos muy parecidos que también incluía la exención de toda clase de impuestos.

Wang Jing podría haber copiado del folleto de Louis-Napoleón Bonaparte su discurso en la Casa de los Pueblos la noche del 14 de junio. Su inspiración y entusiasmo, son los mismos:

"Por generaciones, la humanidad ha buscado sin descanso encontrar mejores rutas para el comercio marítimo que puedan acortar los recorridos, reducir los costos de transporte y ampliar la eficiencia y la seguridad… Es imperativo desarrollar y construir un canal interoceánico más amplio y profundo para buques de mayor peso y generar mayor eficiencia. Así, el sueño de siglos del pueblo nicaragüense para tener un gran canal emerge en respuesta a esta demanda… Estamos comprometidos a asegurar el apropiado diseño y operación del Gran Canal".

•

El 10 de mayo de 2007, Ortega recién había vuelto a la presidencia tras tres lustros de férrea oposición a los gobiernos a los que siempre denostó como neoliberales y depredadores de los recursos naturales de Nicaragua. Ese día presentó el plan forestal de su gobierno, y dijo: "No habrá oro en el mundo que nos haga ceder en esto, porque el Gran Lago es la mayor reserva de agua de Centroamérica y no la vamos a poner en riesgo con un megaproyecto como un canal interoceánico". Los vientos que soplan desde el Lejano Oriente se han llevado sus palabras.

Por su estrecha vecindad con el Pacífico, el Gran Lago ha estado en la ruta de todos los proyectos del canal, pero su escasa profundidad no permitiría el tránsito de buques de gran calado sin dragarlo. Los ecologistas han temido por largo tiempo que entonces se pierda su gran riqueza como depósito de agua dulce en un mundo cada vez más sediento. El más respetado de los científicos nicaragüenses, el doctor Jaime Incer, indicó en una entrevista en un programa de TV que el cauce convertiría al lago en un inmenso pantano, y su fauna, en la que como una rareza hay tiburones, no sobreviviría.

En la entrevista con el *Telegraph*, Wang Jing, comparó al Gran Lago con el río Amarillo, el Huang He, por su valor simbólico, y aseguró muy solemnemente: "Asumo toda la responsabilidad frente al daño ambiental. Les he dicho a mis empleados que si cometemos un error en ese campo, quedaremos deshonrados en los textos de historia de Nicaragua". La lista de esos deshonrados no ha dejado de aumentar.

●

Relata Hernando Colón, quien acompañaba a su padre en su cuarto y último viaje, que el 12 de septiembre de 1502 se libraron de naufragar en medio de la tormenta que los sorprendió frente a un cabo bautizado como "Gracias a Dios" en memoria del hecho. Cuando siguieron su derrotero rumbo al sur, pasaron sin advertirlo frente a la desembocadura del río que luego se llamaría el San Juan, el desaguadero en cuyo otro extremo vaciaba sus aguas el Gran Lago, la Mar Dulce, como lo llamó el conquistador Gil González Dávila cuando lo tuvo a la vista en 1523, y cuya ribera occidental distaba unas pocas millas del océano Pacífico, la Mar del Sur. Era lo que tanto buscaba Colón, el Estrecho Dudoso, el paso entre los dos mares hacia Catay, los dominios del Gran Khan descritos por Marco Polo, no otra cosa que la China. Allí se alzaría después el puerto de San Juan del Norte, o Greytown.

Nada encontró, pues, de notable Colón en lo que luego sería el territorio de Nicaragua, salvo una tribu de orejones, comedores de carne cruda, los lóbulos de las orejas tan grandes como para que cupiera en ellos un huevo de gallina, que podían cobijarse con sus propios pabellones para protegerse del frío, según él mismo escribe, con mansa credulidad.

Fue Vasco Núñez de Balboa, decapitado luego por Pedrarias Dávila, porque la conquista era un asunto de luchas por el poder y la fortuna, quien tomó posesión de la Mar del Sur en nombre de la corona, en 1513. Pero para atravesar el istmo de Panamá desde la costa del Caribe, a pesar de la estrechez del territorio, Núñez de Balboa tuvo que abrirse paso, a pie, con su tropa, en medio de la selva cerrada. No era aquel el Estrecho Dudoso.

Faltaba encontrarlo, y en 1523 Carlos V urgió a Hernán Cortés a emprender su búsqueda desde México: "Y porque soy informado que en la costa abajo de esa tierra hay un trecho para pasar de la Mar del Norte a la Mar del Sur, y porque a nuestro servicio conviene mucho saberlo, yo os encargo y mando que luego con mucha diligencia procuréis saber si hay el dicho estrecho y enviéis personas que lo busquen y nos traigan larga y verdadera relación de lo que en ello se hallase (...)".

José Coronel Urtecho, uno de los escritores capitales de Nicaragua, escribió: "Esta comunicación afanosamente buscada, se creyó que existía o podía existir entre los caprichos de nuestras costas. Por eso la llamaban el Estrecho Dudoso. Y este misterio del Estrecho es la razón de nuestra existencia nacional y de nuestras venturas y desventuras internacionales".

●

Siendo un personaje sin pasado, Wang Jing se presta a las leyendas, como la de que es hijo de un general en el Ejército Popular de Liberación. Pero al menos por un buen tiempo no parece haber tenido un "guanxi", un entronque con alguien de la cúpula del poder. En tomas publicadas en la página oficial de Xinwuei, se trata de aparentar que jerarcas como el presidente Xi Jinping y el primer ministro Li Keqiang visitan sus instalaciones, cuando más bien han sido fotografiados mientras recorren los *stands* de ferias de telecomunicaciones, y con lejana cortesía prestan atención a los productos que les muestran los edecanes de Xinwuei. El presidente Xi Jinping, por ejemplo, sigue la demostración de las virtudes de un modelo de teléfono celular, pero el *chairman* Wang no aparece a su lado, porque no estaba a mano.

Sin embargo, en lo que se refiere al Gran Canal, Wang Jing ha guardado distancia. "Ésta es una empresa totalmente privada y no existe ningún vínculo con el gobierno chino", dijo a la prensa; "la gente puede asociar la obra con la política y con la competencia de los gobiernos, ya que la escala de este proyecto es muy grande y su impacto será grande. Pero eso no es verdad. Negocios son negocios".

Si Wang Jing posee el total de las acciones de HKC, nada impediría que las endose al estado chino o a cualquiera de sus empresas gigantes. El Tratado Ortega-Wang no contempla ninguna cláusula de neutralidad en cuanto a conflictos militares se refiere, o al paso de armamentos y tropas; pero Estados Unidos ha estado lejos de mostrarse alarmado ante la eventualidad de tener a China en su viejo traspatio y como dueña de un canal interoceánico.

El canal por Nicaragua fue siempre un asunto geopolítico para Estados Unidos, que defendió con sus garras imperiales el *dictum* de "América para los americanos", consignado en 1823 en la Doctrina Monroe, aun al precio de derrocar gobiernos, como ocurrió en 1909 con el general José Santos Zelaya, intervenir militarmente, y forzar tratados como el Bryan-Chamorro de 1914.

Ortega comentó su proyecto del Gran Canal a Barack Obama el 3 de mayo de 2013 en San José, Costa Rica, durante el transcurso de una cena oficial en presencia de los demás presidentes centroamericanos; le informó que era una empresa china la que llevaría adelante el proyecto. "Él me escuchó con atención", dijo luego. Como se vio después, la respuesta del presidente de Estados Unidos fue el silencio. Dos meses después, de visita en Nicaragua, el subsecretario de Comercio de Obama, Walter Bastian, opinó que la obra era un proyecto atractivo y que el interés de las empresas norteamericanas estaría dominado por la transparencia en los contratos que se fueran a otorgar. Eso fue todo.

Beijing, por su parte, negó cualquier vinculación con el Gran Canal. "China no tiene relaciones diplomáticas con el gobierno de Nicaragua (...) El gobierno chino advirtió a las compañías privadas no participar en el canal", se leía en un despacho de prensa de la agencia oficial China News fechado en mayo de 2012.

Según la opinión expresada en el *South China Morning Post* por el analista del Instituto de Estudios Estratégicos del U.S. Army War College, Evan Ellis, de avanzar, el proyecto será financiado por bancos chinos y construido por compañías chinas. El hecho de que China Railway Construction Corporation (CRCC) tuviera un pie en la puerta con los estudios en su primera fase, era una fuerte indicación de que tendría una mano fuerte en el proceso de construcción.

La CRCC, involucrada en los trabajos de la represa de las Tres Gargantas en Sichuan, ha construido la mitad de las nuevas líneas ferroviarias en China. Ningún personero suyo apareció en la ceremonia de Managua.

●

En 1897, el presidente William McKinley designó una comisión para preparar un estudio, otra vez, sobre la ruta del canal por Nicaragua, donde se había producido en 1893 un abrupto cambio de gobierno al triunfar las armas de la revolución liberal encabezada por el general José Santos Zelaya, quien no tardó en convertirse en dictador.

El gobierno de Zelaya otorgó en 1901 a Estados Unidos una concesión para construir el canal mediante el Tratado Sánchez-Merry, donde se establecía, al menos en el papel, que se garantizaría a perpetuidad "la soberanía, la independencia y la integridad de todo el territorio de la república de Nicaragua".

El Senado de Estados Unidos entró entonces a discutir si la ruta debería ser la de Nicaragua, o la de Panamá, y se dio así la "Batalla de los canales", que en 1902 terminó favoreciendo a Panamá gracias a un curioso episodio.

Nicaragua había emitido en 1900 una estampilla de correos, con valor de un centavo, en la que aparecía el volcán Momotombo coronado por un gran penacho de humo. El agente de Panamá, Philippe-Jean Bunau-Varilla, sobreviviente del desastre de la quiebra de la Compañía Universal del Canal Interoceánico de Panamá de Ferdinand de Lesseps, ocurrida en 1891, recurrió a los agentes filatelistas de Washington que lograron conseguirle las noventa estampillas que necesitaba, una para cada senador. Eso fue suficiente. Un volcán humeante, capaz de provocar un terremoto, era el peor enemigo de una ruta canalera. Zelaya no cejó en su empeño, y buscó el apoyo de Alemania y Japón, pero ninguna potencia estaba en ánimo de entrometerse en los designios de Estados Unidos. Podría ser que ahora China pueda hacerlo con impunidad.

●

En *Trágame tierra*, la novela de Lizandro Chávez Alfaro, publicada en 1969, la gran alegoría de la historia de Nicaragua es el canal, la alucinación recurrente que se niega a desaparecer. Uno de los personajes, Plutarco Pineda, sobreviviente de las crónicas guerras civiles entre liberales y conservadores, no se rinde ante la idea de que algún día se abrirá el canal y entonces se hará rico porque posee una manzana de terreno en las márgenes del río San Juan, cuya venta podría negociar con los constructores extranjeros que llegarían a ensanchar sus riberas y a construir las esclusas. Entonces, el progreso de verdad habría llegado por fin al país; a él no le importaba de quién era el canal.

Daniel Ortega ha hecho despertar en muchas cabezas los sueños imposibles de Plutarco Pineda, y la imaginación popular se encendió con las visiones de los barcos de gran tonelaje atravesando las aguas del territorio partido por la mitad, pero próspero y rico, como se lo ha fantaseado cada vez que el virus de la felicidad vuelve a apoderarse de los cerebros.

Esta idea fija, siempre de regreso, se planta en el escenario y parece cada vez nueva, como recién inventada, aunque detrás arrastra una cauda de repeticiones y frustraciones. Un terco pretexto soldado a la historia de un país que sigue siendo tan pobre como en el siglo XIX, cuando los barcos de la Compañía del Tránsito del comodoro Vanderbilt surcaban el Gran Lago y el río San Juan, y Mark Twain pudo ver la cortina gris de la lluvia cayendo en una ribera, y el sol esplendoroso alumbrando la otra.

●

En los días posteriores al anuncio del Gran Canal, el periodista Fabián Medina escribió en su columna del diario *La Prensa*: "A veces creemos que Nicaragua está sólo ante dos escenarios principales: uno, que se construya el canal, y dos, que no se construya. Sin embargo, hay un tercer escenario verdaderamente apocalíptico para el país: que se quede a medio hacer".

Eso es. El decorado en harapos de un escenario en ruinas. El país abierto en canal, partido en dos por una zanja represada a trechos, el Gran Lago un inmenso pantano de peces muertos sobrevolado por los zopilotes, riberas desoladas, densas nubes de mosquitos, campamentos abandonados, las grúas herrumbradas alzándose al cielo como mastodontes ociosos, los pozos ciegos de las esclusas encharcadas, barcazas a la deriva, cercas alambradas comidas por el orín, túmulos interminables de sedimentos, esqueletos de edificios. Un olor a podredumbre y abandono que se extiende por kilómetros a la distancia.

Sergio Ramírez (Masatepe, 1942) es escritor y maestro de la FNPI Gabriel García Márquez. En 1998 recibió el Premio Alfaguara de Novela y en 2011 el Premio Iberoamericano José Donoso por el conjunto de su obra. Su último libro es la colección de cuentos *Flores oscuras*.

El Salvador

*"La tolerancia, al final, nunca llevó a la guerra civil;
la intolerancia ha cubierto la Tierra con matanza".*

—Voltaire, *Tolerancia y otros ensayos*

"Sin embargo, la vida no es muy seria en sus cosas".

—Juan Rulfo

INTRODUCCIÓN

El Salvador en la Tierra y sin cielo

En "Saturno devorando a un hijo", Francisco de Goya y Lucientes retoma el mito griego de Cronos: el padre que, para evitar el derrocamiento filial, decide comerse a sus hijos al momento de nacer. Cuando la obra, Goya, que vivía sus setenta y tres años, estaba profundamente apenado por la crisis política y social de España. Su pintura reflejó el desastre: la patria consume a su simiente en la guerra y la revolución.

Los setenta fueron una bacanal de ciudadanos para el diente de la violencia: gobiernos de derecha e izquierda reclutaban sangre para la máquina política, antes y después de la noche de Augusto Pinochet en Chile.

Carlos Dada explora cómo El Salvador devoró, por cuatro décadas, una generación tras otra. Cientos, miles: carne reseca. Sin juicio, sin castigo. Nada.

—¿Qué cambió en El Salvador de los últimos veinte a diez años?

—La violencia ha cambiado de política a criminal y social —me responde Dada—. Seguimos sin tener ilusiones como nación. La mayor esperanza es irse del país. Porque toda solución pasa por voluntad política, honradez y compromiso de quienes tienen el poder político y económico, pero no dan muestras de ello y no tienen contrapesos. La victoria de FMLN (Frente Farabundo Martí para la Liberación Nacional) fue crucial por ello, porque demostró de una vez por todas que no era un problema de izquierdas o derechas. Que la corrupción es estructural. ¿Ya viste que hasta los jugadores de la Selecta vendían partidos? Uf, los seleccionados vendían sus derrotas mientras los aficionados dormían en fila hacia la taquilla para comprar su boleto y apoyar al único elemento de cohesión nacional.

Saturno gana incluso sin hambre.

El Salvador, afirma Carlos Dada, no tiene mecanismos para resolver la impunidad. El país lleva cuatro décadas —y más— sometido a la circulación de balas. Matan unos, matan otros y Saturno se traga la nación. Carlos dice que, cuando las cosas funcionan, es producto de un accidente. Es curioso: para que la historia cambie, el proceso histórico —un largo maceramiento de acciones— debe detenerse por una anomalía.

Dice Dada: "En el Salvador, un accidente es la Sala constitucional, cuyos miembros fueron nombrados a partir de la imposibilidad de que ARENA o el FMLN lograran imponer a sus candidatos. Eligieron a dos potables cada uno, que les parecían afines a su ideología, pero ellos se juntaron y se rebelaron y les han dado vuelta al país entero. Ahora todos los políticos conspiran para destituirlos. Es interesante, pero sigue siendo una nota a pie de página".

El Salvador enredado en los anillos violentos de Saturno: un país con nombre de redentor nace invocando a un dios defensor de hombres; un país sucumbe a la metáfora de un dios devorador de hombres. Símbolos hechos carne.

¿Qué tan impune es la impunidad? Depende de la voluntad y la circunstancia.

Dada enumera juicios internacionales contra criminales de guerra salvadoreños. A Interpol, con orden de captura librada contra la cúpula militar bajo cuyo mando asesinaron a sacerdotes jesuitas en 1989. Un juicio abierto en España pendiente de que Estados Unidos deporte a uno de los acusados del crimen. Son noticias tranquilizadoras, claro, pero.

Pero. Hay guerrilleros criminales convertidos en asesores de gobernantes en Colombia o México. Hay maras que volvieron zonas liberadas secciones del país. Hay represores con credencial de héroes, como Domingo Monterrosa Barrios, un teniente coronel que en los ochenta lideró el asesinato de miles de mujeres, niños y hombres en El Mozote y, treinta años después, tiene su nombre pintado en los frentes del edificio de la Tercera Brigada de Infantería de San Miguel.

Y pero. Muchos de esos hombres están protegidos en El Salvador. Y hay órdenes de captura que no son aplicables en el país, dice Dada, porque así lo decidió la Corte Suprema.

Y pero.

En la brutal y oscura "Saturno devorando a un hijo" de Goya, el dios patriarca —una figura maníaca, de ojos extraviados— ha comido ya la cabeza y va por el brazo de un hombre. En "Saturno", la pintura que Peter Paul Rubens creó en 1636, casi dos siglos antes que Goya, el dios es aun más perverso y decidido: su hijo es apenas un bebé al que le arranca la carne del pecho. Esta vez en los ojos de Saturno no hay otro desequilibrio que el rencor.

Los Saturnos de El Salvador se han renovado por igual —desequilibrio y rencor— en una rueda violenta sin normas. Los militares versus la guerrilla. La guerrilla versus la guerrilla. La ley versus la embarazada Beatriz y su derecho a elegir su vida. Los ricos versus los pobres. Y ahora, ya, en un nuevo ciclo, la mara versus los pobres.

Escribe Dada: "Nadie dio importancia a las maras, hasta que se convirtieron en el monstruo que garantizó la permanencia de Saturno. Entre más devoraba —entre más violencia ejercía, entre más población doblegaba y controlaba— la antropofagia salvadoreña se volvió más fuerte. (…) Por ese mismo pasillo que recorrieron la guerra y la migración y que va de Colombia a México, se metió también el narco".

El narco versus El Salvador. Saturno insaciable.

Roque en Saturno

CARLOS DADA

Cuando sepas que he muerto no pronuncies mi nombre
Porque se detendría la muerte y el reposo.

Tu voz, que es la campana de los cinco sentidos,
Sería el tenue faro buscado por mi niebla.

Cuando sepas que he muerto di sílabas extrañas.
Pronuncia flor, abeja, lágrima, pan, tormenta. *

—Roque Dalton

Los huesos de Yanira están en una caja de cartón. Dos cúbitos amarillentos, los radios, las clavículas izquierda y derecha, los huesos pélvicos formando el inconfundible arco femenino. El cráneo con las dos cavidades oculares profundas. La dentadura completa. En el diente incisivo central izquierdo hay una corona de plata que parece darle identidad a ese cráneo sin rostro. Los dientes son la única parte del cráneo de Yanira que se veían en vida.

En esa misma caja donde están los huesos de Yanira hay una bolsita de papel. El doctor Saúl Quijada, uno de los forenses clíni-

---

* Los textos en cursiva son fragmentos de poemas de Roque Dalton, reproducidos con el permiso de Juan José Dalton.

cos del Instituto de Medicina Legal, la abre con cuidado y extrae unos huesos tan diminutos y frágiles que debe maniobrar con delicadeza y precisión de relojero para colocarlos sobre una hoja blanca, de uno en uno, y armar el esqueleto. Si a Yanira la hubieran dejado vivir tres meses más, esos huesitos habrían sido su primer hijo.

Del feto los forenses conservan la mandíbula inferior, una clavícula, nueve huesos aún cartilaginosos diseñados para ser el soporte de los brazos y piernas, y dieciséis huesitos curvos del grosor de un palillo de dientes, que el doctor llama cuerdas costales. Las costillas.

El doctor Quijada y su equipo no lograron determinar cómo fue asesinada Yanira. No encontraron marcas de bala en su esqueleto ni evidencias contundentes que permitiesen concluir si murió asfixiada o, tal vez, estrangulada. Hallaron los huesos de Yanira y del feto junto a los restos de otras dos mujeres en una finca de San Juan Opico, el valle más fértil de El Salvador, ubicado a cuarenta y dos kilómetros al noroeste de la capital. Una de las mujeres había sido decapitada. El doctor Quijada cree que con un machete.

●

El doctor Quijada me cuenta la historia de Yanira frente al cráneo de Yanira que tiene un diente con corona de plata. Me cuenta la historia en este pequeño cuarto que es su oficina. Me la cuenta donde siete esqueletos humanos esperan desplegados sobre unos plafones blancos de cartón montados sobre cajas de archivos con documentos.

Una doctora entra con una mujer de unos cuarenta años. La mujer está allí para ver la dentadura del esqueleto, otro intento desesperado por determinar qué pasó con su hija de diecisiete años desaparecida seis meses atrás en una comunidad de San Salvador controlada por pandillas. La doctora muestra un esqueleto completo cuyo cráneo tiene dos agujeros de bala: el de entrada, en la parte superior derecha del hueso frontal; el de salida, en la mandíbula. Los ojos de la mujer se humedecen, se tapa la boca. Un ayudante de Medicina Legal, entrenado para hablar con familiares de desaparecidos, le dice en voz baja y con tono suave que a "ella" la encontraron con ropa. ¿Se acuerda qué ropa llevaba su hija la última vez que la vio?

—Sí. Un suéter verde con capucha.

No: a esta mujer la encontraron con un suéter parecido, pero rojo. La doctora levanta la mandíbula del esqueleto para enseñar la dentadura y, cuando lo hace, dos dientes caen al suelo. El ayudante se agacha lentamente a recogerlos, como si quisiera disimular con discreción la caída en un momento dramático: dos dientes de una calavera de una adolescente que una madre desesperada intenta identificar —o para ser más exactos, no identificar. La madre aprieta su propia mandíbula.

—No —dice finalmente—. No es mi hija.

Y sale de ahí.

Hay más madres esperando, denunciando desaparecidos, pidiendo pruebas de ADN, buscando a sus hijos perdidos. Los salvadoreños —como si fuera una certeza producto de la experiencia— sabemos que es muy probable que muchos de ellos ya hayan sido devorados por el Saturno que tenemos por país, un monstruo hambriento y cruel que mantiene ocupados a los médicos del departamento de clínica forense.

•

El Departamento de Antropología Forense está en un anexo del Instituto de Medicina Legal. Es un rectángulo de paredes blancas descascaradas adornadas por insectos disecados puestos con alfileres sobre relojes y calendarios. Los restos que llegan aquí son restos —¡restos!— de personas no identificadas, casi siempre víctimas de homicidio. Los médicos intentan descifrar a qué persona pertenecieron esos huesos y apoyar la investigación judicial. Luego entregan los restos a los deudos, aunque hay casos, como el de Yanira, donde eso nunca sucede. Los fiscales notificaron a la familia de la chica pero sus parientes no quisieron recoger los huesos. El papá dijo que Yanira buscó su propia muerte al andar con pandilleros; no querían saber nada más de ella. ¿Sabrá el padre que cuando la mataron estaba a tres meses de hacerlo abuelo?

Yanira quedó en una caja junto a la bolsita de papel que contiene los huesitos de su hijo. Eso, que en países como Suecia sería tan excepcional que mantendría a las personas hablando por décadas, en El Salvador es cotidiano. Quijada y su equipo reciben semanalmente, en promedio, dos cuerpos sin identificar; adolescentes asesinadas por sus propios novios, pandilleros celosos que ya en la adolescencia conocen el enorme poder de ejercer la violencia para controlar pedazos de tierra y reivindicar su antojo. Pandilleros alcanzados por la muerte encomendada a sus propios *homeboys* por alguna indisciplina, por alguna traición, por alguna sospecha del matón que pretende verlo todo y que desde una celda en la prisión dispone quién vive, quién muere.

En 2012, la Policía Nacional Civil recibió 1.564 denuncias de desaparecidos: 132 fueron confirmadas como homicidios, 820 archivadas porque "aparecieron" las personas; el resto, 612, fueron caratuladas "sin paradero conocido". Las autoridades creen que en El Salvador hay, al menos, sesenta mil pandilleros organizados, jóvenes que dominan territorios donde dictan las reglas de convivencia, que trafican armas, drogas y personas, que secuestran y hacen trabajos de sicariato, que tienen familias que también participan de los negocios del contrabando y la extorsión. Y que mueren y mueren y mueren. Cada vez más jóvenes. Cada vez más.

¿De dónde salieron esos pandilleros que asesinan con sadismo y crueldad? Salieron de aquí mismo. De este Saturno que no tiene intenciones de parar la gran comilona. Son el producto lógico de nuestra historia de revueltas y represiones y violencia e impunidad que, pensamos, había culminado con la guerra civil.

•

Patria idéntica a vos misma
pasan los años y no rejuveneces
deberían dar premios de resistencia por ser salvadoreño ·
Beethoven era sifilítico y sordo
pero ahí esta la Novena Sinfonía
en cambio tu ceguera es de fuego
y tu mudez de gritería

•

La única manera de medir las esperanzas y los temores que un hecho político provoca es dimensionar el alcance de las reacciones. Las olas que levantó convirtieron el triunfo electoral de Salvador Allende en Chile, en 1970, en el hecho más importante de la nueva década en América Latina: tras el triunfo de la Revolución cubana, la izquierda ahora alcanzaba el poder por la vía electoral.

Washington y la derecha continental entendieron la lección: si la apertura de espacios democráticos había sido la agenda para liberar la presión política sobre las sociedades, para frenar el avance de la izquierda era necesario robar sus banderas. Los gobernantes militares salvadoreños, que intentaban aún recuperarse del desastre de la guerra de 1969 contra Honduras, impulsaron entonces reformas que aliviasen la calidad de vida de una población mayoritariamente pobre. Pero no fue suficiente.

En 1972, cuando el general Augusto Pinochet aún se declaraba leal al presidente Allende, los militares salvadoreños sufrían una derrota electoral que sólo pudieron revertir mediante un escandaloso fraude. El candidato opositor, José Napoleón Duarte, había encabezado una exitosa alianza de demócrata-cristianos, social-cristianos, comunistas, socialistas, intelectuales independientes y empresarios progresistas. Para algunos miembros de aquella Unión Nacional Opositora, el fraude confirmaba que los militares no estaban dispuestos a ceder el control y que, por tanto, las aspiraciones de llegar al poder por la vía democrática eran ingenuas. Los movimientos revolucionarios armados recibieron a muchos nuevos militantes.

Después del golpe chileno —que los demócrata-cristianos salvadoreños repudiaron con mucha más fuerza y más publicidad que los demócrata-cristianos chilenos—, el mensaje fue brutal: los militares de América Latina que quisieran impedir aventuras izquierdistas contarían con todo el apoyo de Washington. Los comunistas se multiplicaron a los ojos del Ejército salvadoreño, que ordenó más operativos, más asesinatos, más balas contra todo esquinero sospechoso de ser revolucionario.

El poeta salvadoreño Roque Dalton recibió las noticias del triunfo de Allende en La Habana. Viajó a Santiago pocos meses antes de que terminara aquel sueño de la izquierda latinoamericana y regresó a El Salvador convencido de que Estados Unidos derrocaría al presidente chileno. Tras el asalto de Pinochet a La Moneda, Dalton empacó su maleta cubana y se unió a los movimientos armados revolucionarios salvadoreños. Un viaje a Saturno.

•

Te he de cantar mañana
cuando tenga tiempo
y no asesinen con rápidos puñales
a las gargantas telúricas en todos los caminos

•

Todas las fotos de Roque Dalton que conozco muestran esa mirada a un tiempo pícara y melancólica que la evolución dejó a los salvadoreños. Con ella conquistó mujeres, alegró borracheras y escribió poemas que pujan el dolor existencial de un pueblo marcado por la muerte y la violencia. Con ella recorrió el mundo (La

Habana, Praga, México, Hanoi, Moscú, Managua, Pyongyang...),
sobrevivió a las cárceles políticas, transformó la poesía y regresó a
intentar la revolución, con un arma en la mano, en la incipiente
guerrilla salvadoreña. No sé si la mantuvo —la mirada pícara y
melancólica— al momento de morir asesinado por sus propios
compañeros.

Roque Dalton García nació un día de invierno de 1935, hijo de
un millonario irlandés que nunca lo reconoció y de una enfermera
salvadoreña. Era un tipo flaco y pequeño con unas cejas levemente
caídas hacia las sienes que aportaban mucho al aire melancólico
que descubría su mirada. Desde sus años universitarios, Dalton
destacó como un joven inteligente, comprometido con los movimientos revolucionarios y con un sentido del humor filoso y sar-
dónico, todas cualidades que impregnaron su producción literaria.

Para unirse a la revolución, el joven Dalton tuvo un breve entrenamiento militar en Cuba, donde vivía como huésped de la
Casa de las Américas. En un número especial de la revista *Casa*,
Julio Cortázar lo recuerda discutiendo con Fidel Castro sobre
cómo utilizar un arma. "Cada uno intentaba convencer al otro
mediante demostraciones de una metralleta invisible que esgrimía
de una u otra manera", escribió el argentino. "Las diferencias entre el corpachón de Fidel y la figura esmirriada y flexible de Roque nos causaba un regocijo infinito, mientras la metralleta
abstracta pasaba de uno a otro y se repetían las demostraciones
sin que ninguno quisiera ceder terreno; la salida del sol definió el
debate, mandándonos a todos a la cama".

Dalton dejó La Habana para integrarse a la más militarista de
las organizaciones guerrilleras de El Salvador, el Ejército Revolucionario del Pueblo (ERP), y comenzó a hablar de política. No
escondió en su vida ni en su obra su convicción de ejercer violencia para contrarrestar la violencia de los poderosos contra los débiles; la represión de los cuerpos de seguridad y la opresión de la
oligarquía. Pero la violencia guerrillera, insistía, debía estar supe-
ditada a una estrategia política. Eso le costó la vida.

El 10 de mayo de 1975 el poeta revolucionario y revolucionario poeta Roque Dalton fue asesinado por sus compañeros de armas. Le metieron un balazo por la espalda después de interrogarlo y golpearlo. Su cuerpo fue arrojado por sus propios compañeros a un cementerio de lava volcánica llamado El Playón, donde lo devoraron los animales.

Aquellos días sus amigos debieron haber pronunciado abeja y flor y tormenta, en especial cuando comenzaron a circular en San Salvador unos volantes donde su organización explicaba el ajusticiamiento del poeta "porque siendo militante del ERP estaba colaborando con los aparatos secretos del enemigo". Un conmovido Cortázar condenó meses después el "simulacro de justificación" hecho por "quienes de alguna manera necesitan lavarse las manos de una sangre que un día sabrán indeleble, imperdonable". Habló de "una muerte monstruosa".

Dos décadas después, Joaquín Villalobos, firmante de la paz, comandante del ERP y uno de los asesinos, confesaba el crimen a Juan José Dalton, hijo del poeta. Escudándose en una decisión colectiva, llamó al asesinato "el error más grande que he cometido". Juan José recuerda ese momento: "Estaba sintiendo por primera vez que me enfrentaba a uno de los asesinos de mi padre. No supe qué hacer porque él, Villalobos, estaba casi llorando".

Sobrevive a Dalton su obra poética —muy por encima de su obra revolucionaria— en la que logró preservar el asombro ante la muerte convertida en norma en un país tan pequeño que "ni le alcanza para tener Norte ni Sur". Sus poemas son, en conjunto, uno de los tres textos referenciales de El Salvador del último medio siglo. Los otros dos, las homilías de monseñor Óscar Arnulfo Romero y el informe de la Comisión de la Verdad, tienen en común con los poemas de Roque la denuncia de la violencia, de la impunidad y de la muerte. Esto, desde luego, no es casual.

La historia es una narrativa continua que artificialmente dividimos en capítulos pues en algún lado debemos comenzar nuestros relatos, aunque estos no puedan ser del todo entendidos sin los acontecimientos anteriores. La violencia salvadoreña comenzó mucho antes del triunfo de Allende y no terminaría tampoco con el fin de la guerra. La violencia es nuestra historia. Ante el fracaso de nuestras instituciones formales, dirimimos los conflictos personales, políticos, económicos y sociales con arcabuces, mosquetes, pistolas, carabinas, machetes, revólveres, corvos, escuadras, rifles, cumas, cuchillos, escopetas, cuernos de chivo y G-3. El Salvador podría ganar campeonatos de devoradores de hijos.

•

Ser salvadoreño es ser medio muerto
eso que se mueve
es la mitad de la vida que nos dejaron

Y como todos somos medio muertos
los asesinos presumen no solamente de estar totalmente vivos
sino también de ser inmortales

Pero ellos también están medio muertos
y sólo vivos a medias

•

La mara, en el argot de los salvadoreños, es un grupo de gente. Mi mara. Mis amigos. Me voy al mar con la mara. El sábado jugamos contra una mara de la UCA. Esa niña es de la mara de la Paty. Es, también, un grupote de gente. Como cuando jugamos contra México en el Cuscatlán y la gradería comienza a silbar el himno contrario. La mara es silvestre. Se alebresta la mara. Y luego canta el himno de uno y se pone la piel de gallina. La mara se enciende. Puta, la mara.

Miguel pide que cambie su nombre porque le apena salir retratado como quien fue. Nos conocimos en los años ochenta, cuando ambos éramos adolescentes. Yo me había ido al exilio con mi familia poco después del asesinato de monseñor Romero y algunos años después, aún con la guerra encima, comencé a viajar a El Salvador una vez al año durante las vacaciones.

Miguel era amigo de un primo, una mara de adolescentes urbanos de clase media, capitalinos. Mi primo a veces pasaba a traerme a casa de mi abuela para ir a beber un par de cervezas. Sus amigos pronto comenzaron a llamarme, despectivamente, "El pacifista".

Yo era el único que no andaba con un arma, que les recriminaba por disparar al aire y porque cada borrachera se convirtiera en una amenaza para todo mundo, porque en todos lados había adolescentes bolos con pistolas que jugaban a ver quién era el más macho. Algunos estaban armados desde los catorce años. Era la llamada "generación de la guerra", que en esos años pasó de la niñez a la juventud. La mía.

Matar no tenía mayores consecuencias. Las nuevas generaciones de capitalinos de clase media alta y alta se sentían poderosas con las armas de fuego. A manera de entretenimiento, jóvenes de los barrios más lujosos se unían a las patrullas del Ejército en San Salvador. Los organizadores de escuadrones de la muerte eran muchachos adinerados. Algunos de los más vulgares asesinos portaban los apellidos más "respetables" de El Salvador y decían defender a la patria del comunismo cuando presumían sus hazañas de bar en bar en la recién inaugurada Zona Rosa. En los ochenta, la violencia no solo trastornó la vida de los pobres en el campo: se convirtió en nuestra manera de vivir.

En aquellos años nos reuníamos a beber y fumar en las gasolineras, donde vendían las cervezas y los cigarros y había letreros de no fumar que nadie, ni los vigilantes, obedecía. Un día, se me ocurrió decirle a alguien a quien apodaban El Tamalón que yo no creía que Roberto D'Aubuisson, un mayor del Ejército retirado, fuera un buen político. D'Aubuisson fundó el partido de la ultraderecha, ARENA, fue organizador de escuadrones de la muerte y uno de los responsables del asesinato de monseñor Romero. El Tamalón, que era alto y gordo, muy cachetón, de unos veinte años, sacó una 9 mm y me la puso en la boca. Pero alguien intervino a tiempo y quitó el cañón de mis dientes.

—Sólo porque sos su amigo —dijo entonces— aquí la dejamos. Pero si volvés a hablar mal de mi mayor no te dejo ir.

No he vuelto a ver a El Tamalón, pero los demás me aleccionaron esa misma noche. "Mirá", me dijeron, "con nosotros no hay problema porque ya sabemos que vivís en México y allá es otra onda y no importa si sos comunista. Pero aquí mejor no andés hablando de política porque te puede ir mal". Esa noche comencé a entender una sociedad esencialmente distinta a todo lo que me era conocido o apreciado. A la mía.

·

El Salvador será un lindo
y (sin exagerar) serio país
cuando la clase obrera y el campesinado
lo fertilicen lo peinen lo talqueen
le curen la goma histórica
lo adecenten lo reconstituyan
y lo echen a andar.
El problema es que hoy El Salvador
tiene como mil puyas y cien mil desniveles
quinimil callos y algunas postemillas
cánceres cáscaras caspas shuquedades
llagas fracturas tembladeras tufos.
Habrá que darle un poco de machete
lija torno aguarrás penicilina
baños de asiento besos de pólvora.

·

Durante la mayor parte de la guerra, San Salvador estuvo libre de combates pero no de los efectos del conflicto. Los helicópteros sobrevolaban todo el día y los aviones bombarderos salían de la base de Ilopango a bombardear el cerro de Guazapa, a pocos kilómetros. Las explosiones retumbaban en la capital.

No fue sólo eso lo que afectó a la generación de la guerra. Casi todos los artistas e intelectuales se marcharon del país con el conflicto. Algunos se incorporaron a la guerrilla, otros se fueron a buscar la vida donde aún hubiera cabida para las artes, las ciencias o la cultura; un tercer grupo partió a un exilio incierto donde esperaron impacientes el momento de volver.

Todos esos años la ciudad quedó a merced de un discurso conservador y militarista. Todo cuanto sonara a progresista era identificado como comunismo y, por lo tanto, debía ser combatido. Bajo ese discurso dominante, se cerraron los espacios para la cultura. La excepción, probablemente, fue la pintura. Los años de la guerra son inconfundibles en la plástica salvadoreña, particularmente en los rostros casi macabros de niños sentados en carruseles de Julia Díaz o con el fantasma de la muerte acechando en los collages urgentes de Rosa Mena Valenzuela.

San Salvador nunca fue como Buenos Aires o Ciudad de México, pero hubo un tiempo, antes de la guerra, cuando conocimiento y pensamiento libre eran valores sociales, reconocidos y respetados. Ellos fueron, tal vez, las primeras bajas de la guerra. Y también la última, porque fue el asesinato de seis de los más importantes intelectuales del país —seis sacerdotes jesuitas— en manos del Batallón Atlacátl de Fuerzas Especiales del Ejército, en 1989, lo que llevó a Estados Unidos a retirar su ayuda militar y, así, forzar el final pactado del conflicto.

Probablemente la última generación con sueños fue la que nos precedió. La revolución fue un sueño; la justicia social fue un sueño; la democracia fue un enorme sueño. A mi generación, en cambio, le legaron la orfandad, las tendaladas de muertos y desaparecidos, el desarrollo del instinto de supervivencia, las guindas nocturnas en las áreas rurales, la zozobra, la impunidad y la falta de claves para entender el mundo. Los tiempos exigían alinearse con el bando que le diera sentido de pertenencia a algo.

Nunca sabremos cuánto perdimos en esos años, pero de ahí emergió una generación completa de salvadoreños con muy pocos recursos intelectuales para la construcción de una nueva sociedad.

•

En diciembre de 1981, ocho años antes del asesinato de los jesuitas, el recién estrenado Batallón Atlacátl —entrenado en la Escuela de las Américas—, bajo el mando del coronel Domingo Monterrosa, llegó a El Mozote, en el departamento de Morazán. En un cerro aledaño los soldados violaron a las muchachas adolescentes antes de matarlas. Estrellaron los cráneos de los bebés contra los muros y atravesaron sus cuerpos con bayonetas. Encerraron a los niños en la iglesia: les dispararon y arrojaron granadas. Reunieron en la plaza central a todos los habitantes de los caseríos aledaños a El Mozote y también los masacraron. Fueron más de mil muertos, la mitad de ellos menores de edad.

La zona quedó casi despoblada. Nadie quiso volver a los caseríos por temor a caer en manos de los soldados.

A mediados de 2013 visité El Mozote y encontré a Prudencio, un hombre de campo. Decía tener treinta y cuatro años pero era difícil acertar su edad: tenía la piel curtida, pocos dientes, algunas arrugas en la comisura de los labios y los ojos. Había nacido y crecido a pocos kilómetros de allí, en un lugar conocido como el Cerro de Gigantes, y aprendió a leer de adulto. La zona siempre tuvo un bajísimo nivel de escolaridad y la guerra cerró sus escuelas y también los hospitales. Nadie quería dar servicios en zonas de combate como El Mozote, el norte de Chalatenango y una parte de San Miguel. Ahí los niños salvadoreños no conocieron aulas.

Hay muy pocas mediciones demográficas de esos años —la investigación académica también desapareció entonces— pero hay estimaciones de entre 1,5 a 2 millones de personas desplazadas en un país que, en 1992, tenía poco más de 5 millones de habitantes. Casi la mitad de esos desplazados se fueron al extranjero; los demás se movieron principalmente del campo a pueblos y ciudades.

Quienes arribaban a San Salvador podían creer que entraban a otro país. La capital fue siempre la gran fortaleza del Ejército, que trabajaba junto a la élite para construir su propio mundo a medida, confiable y controlado. San Salvador lucía tanquetas en las calles, retenes militares y soldados en cada esquina. El departamento de prensa militar inundaba los medios de comunicación con partes que en los noticieros y periódicos se convertían de inmediato en la realidad.

Para aceitar la vida en la capital, el Estado Mayor Conjunto emitía unas credenciales cuyo portador prestaba algún tipo de servicio —de alcance indefinido— al Ejército. La cúpula militar pedía a las autoridades tratar con especial consideración al propietario del carnet, que podía ser un ordenanza del Ministerio de Defensa, un distribuidor de materiales de construcción y hasta jugador de fútbol del Club Atlético Marte. Para los militares, esa gente podía servir como informantes o ser parte de su red de soporte civil. Las credenciales eran conocidas como "magníficas" porque bastaba mostrarlas a quien correspondiera para obtener cualquier cosa: librarse de cateos y retenes, evitar una multa por faltas de tránsito, resolver una deuda con la compañía de agua, entrar gratis a los estadios o al cine o a los burdeles regenteados por mujeres de oficiales.

Los altos mandos militares repetían una y otra vez por televisión que los comunistas querían terminar con "nuestro" estilo de vida y daban cuenta de nuevos héroes de la patria pertenecientes a diversos batallones que habían doblegado al enemigo o caído en el cumplimiento del deber. Todos los civiles asesinados eran "probados terroristas". Los partes de guerra jamás mencionaban los niños acuchillados ni las poblaciones arrasadas e incendiadas.

•

En plena guerra, el militarismo se puso de moda en San Salvador. La capacidad de manipular armas y el conocimiento de los diversos tipos de armamentos eran valores sociales entre adolescentes y jóvenes. La escena que Cortázar describe entre Roque y Fidel Castro se repetía a diario en las calles y las casas y los colegios y los bares de la capital.

La generación de la guerra aprendió rápido de sus mayores. El país entero se infló de armas. En la capital, además de los desaparecidos, los capturados, los torturados y los asesinados por los cuerpos de seguridad, caían muertos todos los días por discusiones entre borrachos.

Fernando, un muchacho adinerado de San Salvador que se rodeaba de jóvenes con su misma capacidad adquisitiva y su misma estupidez, recuerda la insensatez y la anarquía de aquellos años.

—Una vez me gritaron algo en un cine. Salí a mi carro y saqué el M-16 con que andaba siempre y volví a entrar. Paré la función amenazando con el M-16 a todo mundo, gritando que quién era el hijueputa que me había dicho mierdas, que diera la cara. Nadie dijo nada.

—¿Le disparaste alguna vez a alguien?

—A dos personas. Uno estaba amenazando a unos amigos, sacó un cuchillo y le disparé en la pierna. El otro me quiso asaltar en un semáforo, me amenazó con una pistola. Abrí la puerta y le dejé ir unos tiros con el M-16 y me fui. No sé si lo maté. Estábamos locos, todos.

Cuando terminó la guerra, Fernando lloró. No de alegría, sino abrumado por la sensación de que todo su mundo había colapsado. Dice que le preguntó a su padre cómo iban a vivir ahora. No sé qué le contestó, pero ésta pudo ser la respuesta: viviríamos sin guerra, pero no sin impunidad. Saturno seguiría devorándose a sus hijos.

●

¿Ni la castidad del esqueleto
que sólo el polvo es capaz de mancillar
es capaz de alumbraros?

Pues sabed que la sangre
cada día es más negra
y no cuenta siquiera con la menor espuma

●

Algunos llamaron a aquellos acuerdos la evidencia del fracaso de la guerra. Pero vistos a la distancia parecen hoy, por el contrario, el fracaso de la paz. A cambio de garantizar que no habría más conflicto armado, los Acuerdos de Paz de 1992 despidieron a criminales de guerra con honores, se acompañaron de una ley de amnistía y terminaron firmados por los que hicieron la guerra, sin tomar en cuenta a las víctimas o deudos.

Los jefes militares, responsables de ocho de cada diez crímenes de guerra, según el informe de la Comisión de la Verdad, se retiraron gordos y adinerados a embajadas y casas lujosas. Los patrones de la guerrilla entregaron las armas, compraron trajes y corbatas y se integraron al sistema político. En 2009, por la vía electoral, alcanzaron el poder y lo administraron con la misma escasez de escrúpulos que tuvo la derecha. Las reformas económicas y sociales que podrían haber cambiado la estructura del país quedaron pospuestas de manera indefinida y El Salvador continuó con su misma desigualdad y con el mismo aparato productivo en manos de los mismos pocos.

Las calles salvadoreñas siguieron llenándose de esquineros sospechosos y hombres marcados por su participación en Escuadrones de la Muerte ocuparon cargos de ministros, de diputados, de magistrados.

"Ni siquiera once años de guerra civil sirvieron para cambiar algo, once años de matanza y quedaron los mismos ricos, los mismos políticos, el mismo pueblo jodido y la misma imbecilidad permeando el ambiente. Todo es una alucinación", dice Edgardo Vega, el personaje de *El Asco*, de Horacio Castellanos Moya.

●

Entonces comenzó a venirse encima el mundo que ya todos conocen, pero que en aquel momento nadie atendió.

Con todas las armas que quedaron en el paisito, con todos los desempleados que tenían entrenamiento militar, con toda la tradición de impunidad, instituciones débiles que no terminaban de nacer y una cultura de la violencia que no se erradicaba por decreto, la administración recién estrenada del presidente Bill Clinton comenzó a deportar delincuentes salvadoreños. Las maras.

Muchos eran jóvenes que crecieron en las calles de Los Ángeles como miembros de pandillas y que, una vez en El Salvador, poco a poco conquistaron territorios. Las extremas estaban tan ocupadas en continuar su guerra en la arena política y el país en la reconstrucción que nadie dio importancia a las pandillas hasta que se convirtieron en el monstruo que garantizó la permanencia de Saturno. Entre más devoraba —entre más violencia ejercía, entre más población doblegaba y controlaba— la antropofagia salvadoreña se volvió más fuerte. En plena posguerra, El Salvador se convirtió en el segundo país más violento del mundo, apenas detrás de Honduras.

Los gobiernos han intentado atajar el problema por sus propios intereses políticos, buscando más rentabilidad electoral que soluciones. Plan mano dura tras plan mano dura, las pandillas salieron siempre fortalecidas y convertidas en organizaciones más sofisticadas. La administración de Mauricio Funes hizo el intento más agresivo. Pactó con los jefes a cambio de beneficios para los pandilleros y de inmediato la tasa de homicidios cayó a la mitad.

Las pandillas pasaron de ser simples organizaciones criminales a organizaciones con una agenda política que negocian con la muerte. Desde la cárcel y hasta donde les convenga. Ni con el pacto se detuvieron las extorsiones. Con el tiempo, la tasa de homicidios empezó a volver a las cifras anteriores: doce muertos por día, sesenta y cinco por cada cien mil habitantes.

(Por si eso no bastara a mi país diminuto, en ese mismo pasillo que recorrieron la guerra y la migración, y que va de Colombia a México, se metió también el narco que lo devora todo. Todo. La vorágine apenas ha dado tiempo para mirar atrás.).

●

¿Qué habría pasado aquí si allá, en Chile, hubieran dejado a Allende terminar la presidencia? ¿Si los militares salvadoreños hubieran entregado el poder en 1972? ¿Si no hubieran asesinado a monseñor Romero? ¿Si El Salvador no se hubiera convertido en el cómodo y lejano campo de batalla de los protagonistas de la Guerra Fría a quienes nosotros pusimos los muertos? ¿Si la posguerra hubiera castigado ejemplarmente a los criminales de guerra? ¿Si a los pandilleros deportados los hubiéramos integrado en vez de dejarlos sobrevivir como pudieran? ¿Qué sería de nosotros si hubiéramos tenido una élite menos troglodita? ¿Y qué, al fin al cabo, sería de Roque Dalton en estos días, si lo hubieran dejado vivir?

No lo sabremos ya: nada de esto pasó.

Joaquín Villalobos, uno de los asesinos de Dalton, es ahora asesor de procesos de paz en Bosnia, México y Colombia. La familia de Dalton, que permitió a los gobiernos de la derecha arenera publicar antologías de su obra, prohibió al gobierno de Mauricio Funes, el primero de izquierda en la historia de El Salvador, seguir editando las obras del poeta como rechazo al nombramiento de Jorge Meléndez, otro de los asesinos, en el gabinete.

Los huesos de Dalton no serán recuperados del desierto volcánico y cementerio clandestino de El Playón, pero toda una sociedad ha decidido mantener viva la memoria del poeta. Igual con la de monseñor Romero. En cambio, los huesos de Yanira quedarán en una caja hasta desintegrarse porque aquellos cuya cercanía descontamos —la familia— decidieron olvidarla. Roque seguirá vivo en Saturno mientras Yanira —sin nadie que la llore— irá a parar, como miles de personas más, bajo la tierra de las fosas comunes de El Salvador. Nuestro país sabe preservar el recuerdo de sus grandes muertos pero olvida el cuerpo de los hijos de Saturno. Que sigue insaciable.

●

Posdata: Desintegrarse, perder el cuerpo, la identidad. Incorporarse a la lucha armada significó también para Dalton ingresar a la clandestinidad. Sacrificar el nombre propio y elegir un *nom de guerre* con el cual ser identificado como combatiente. Roque Dalton escogió el suyo, como si ya lo presintiera todo. Se llamó Dreyfus.

Carlos Dada (Lovaina, Bélgica, 1970) es periodista, y fundador y director de *El Faro*. Entre otros, recibió los premios Maria Moors Cabot 2011 y Anna Politkovskaja 2011. Su investigación, "Así matamos a monseñor Romero", fue reconocida entre los premios IPYS al periodismo investigativo de América Latina.

Guatemala

"No hay nada más injusto que lo justo".

—Lope de Vega

Dios y el diablo en el taller

Fue una dictadura tardía, pero con una furia primitiva. Y fue una justicia tardía, pero con una paciencia igual de elemental. ¿Quién triunfa entre la brutalidad y la paz?

El cerebro de Efraín Ríos Montt está cableado por el mesianismo militar y religioso. Ríos Montt, que aprendió a combatir la disidencia política con armas, propaganda y tortura en la Escuela de las Américas y en Fort Bragg, fue un cruzado del credo anticomunista de la Guerra Fría. En 1978 conmocionaría a su familia, católicos de rodillas al piso, convirtiéndose al evangelismo pentecostal de la Iglesia del Verbo, una fe conservadora que misioneros de Estados Unidos llevaron a Guatemala durante el terremoto de 1976. Veinte años después, mientras el general alcanzaba la cúspide de la jerarquía pastoral, su hermano Mario Enrique se convertía en heredero de la labor pastoral por los derechos humanos de Juan Gerardi, el obispo asesinado por militares de la inteligencia guatemalteca formados bajo el ala del general.

El 23 de marzo de 1982, Ríos Montt leía la Biblia a un grupo de prosélitos cuando una comitiva de soldados ingresó al templo para pedirle que encabece la junta que había derrocado a Fernando Lucas García. Ríos Montt apareció en la conferencia de prensa con uniforme de campaña y agradeció a Dios la misión de salvar a la nación en ruinas. Ríos Montt arrasó con Guatemala, sus diecisiete meses en el poder los más sangrientos de la historia moderna del país. La violencia política lo precedió por décadas —Lucas García fue acusado de genocidio pero jamás condenado y murió exiliado en Venezuela en 2006—, pero él convirtió el terrorismo de Estado en una maquinaria de exterminio y adoctrinamiento. Aparecía en la TV vestido como militar para adoctrinar sobre fe y moral acusando al promiscuo de cerdo y a la mujer adúltera de gallina. Prometió que acabaría con el hambre, la ignorancia, la miseria y la subversión, los "cuatro jinetes del Apocalipsis". Para Ríos Montt, la inmadurez e ignorancia de los indígenas favorecía el discurso comunista, una invasión silenciosa que combatiría en nombre de dios y la patria. A poco de asumir, el presidente de Estados Unidos, Ronald Reagan, lo glorificó por su integridad personal. En su renovación de las cruzadas, Ríos Montt decía que el buen cristiano se desempeñaba con la Biblia, y la metralleta.

La fe —en un dios, en un credo humano— está siempre en la mesa del absolutismo: todo totalitarismo es mesiánico. Cuando en 1998 fue detenido en Londres, Augusto Pinochet escribió que aceptaba cargar "la cruz" impuesta si con eso salvaba a Chile.

Efraín Ríos Montt, la espada de dios, está en el centro de la historia de Francisco Goldman. Pero también lo está monseñor Juan Gerardi, el verbo de Dios. El obispo fue asesinado en 1998 por los militares por su misión como defensor de los derechos humanos. Su trabajo halló especial resguardo en un grupo que resultó protagonista involuntario de la dictadura y es un actor negado de las religiones: las mujeres.

Las mujeres fueron presas recurrentes de los kaibiles, el cuerpo de élite del Ejército. (La máquina de matar kaibil de Ríos Mott emplea un lema motivador popularizado por el Che Guevara: "Si avanzo, sígueme; si me detengo, aprémiame; si retrocedo, mátame".) Cien mil mujeres —un tercio de ellas, niñas— fueron violadas durante la dictadura. Numerosas sobrevivientes, una mayoría indígenas ixiles, contaron en 2013 su historia al tribunal que juzgó al dictador. Como ellas, es mujer una de las más prominentes líderes guatemaltecas, la Nobel Rigoberta Menchú, y son también mujeres la fiscal general Claudia Paz y Paz y la jueza Yassmín Barrios, quienes en el texto de Goldman unen el arco narrativo entre la misión de Gerardi y la condena al tirano. Paz y Paz trabajó con el obispo en la elaboración del informe de víctimas de la guerra *Guatemala: Nunca más*; Barrios presidió el tribunal que condenó a sus matadores. Claudia fue la procuradora contra Ríos Montt; Yassmín lo sentenció a ochenta años de cárcel por genocidio.

—¿Qué ha dado peso a las mujeres? —pregunto a Francisco.

—Se destacaron mucho en los peores años de represión porque la guerrilla estaba muy débil y desacreditada en Guatemala, y no hubo, ni hay, fuerzas de izquierda en la política. Pero las mujeres, de las que había muchas y muy valientes, como Helen Mack, Rosalina Tuyuc, Nineth Montenegro, salieron de las comunidades, más que todo, como luchadoras por los derechos humanos. Allí están las esposas y hermanas del Grupo de Apoyo Mutuo, que reunía a las familias de desaparecidos. Fueron las voces de las víctimas.

Las mujeres, negadas por la fe, sometidas por el macho, han sido espíritu y cuerpo de la justicia de Guatemala.

Guatemala es una sociedad gobernada por ladinos blancos racistas. La abogada española Almudena Bernabéu, cuyo trabajo fundamentó la acusación contra Ríos Montt, dice que es una decisión política mantener a los indígenas como seres inferiores. El periodista John Carlin, que entrevistó al déspota en los ochenta, asegura no conocer otro país más siniestro: "Sus regímenes militares fueron más despiadados que el apartheid sudafricano".

En la conversación que Francisco Goldman mantiene con los fiscales aflora la discusión de los derechos de los indígenas, central durante el juicio por genocidio a Ríos Montt y sustantiva en los tiempos de monseñor Gerardi. El dictador fue condenado por su responsabilidad funcional en la masacre de más de mil indígenas ixiles, una etnia depredada por sus kaibiles.

—Guatemala ha sido un país de fuertísimo racismo desde la conquista —dice Francisco Goldman—. No hay cultura de mestizaje, como en México o el resto de Centroamérica. Alguien lo llamó un país de *unlegislated apartheid*, y, sí: es así.

Después del segundo round

FRANCISCO GOLDMAN

Monseñor Juan José Gerardi Conedera, más que cualquier otra figura, dio a Guatemala la oportunidad de salvarse a sí misma de sí misma tras la firma de los Acuerdos de Paz de 1996, que pusieron fin formal al conflicto interno de treinta y seis años en el país. Gerardi, director fundador de la Oficina de Derechos Humanos del Arzobispado (ODHA), estableció las líneas que han marcado la cancha dentro de la cual, desde los noventa, ha sido llevada a cabo la lucha por la justicia en la Guatemala de posguerra —una batalla entre (quizás apenas) una democracia viable y una fraudulenta. Asesinado en 1998 a la edad de setenta y seis años, Gerardi fue la primera víctima importante de la batalla, y la lucha para alcanzar la justicia por su asesinato —o justicia parcial— se convirtió, en 2001 y contra todo pronóstico, en su victoria más importante. "Primer round", la llamó Claudia Paz y Paz, la fiscal general de la nación cuando hablé con ella en Ciudad de Guatemala unos meses después de que su Ministerio Público sometiese a un juicio histórico al ex jefe de Estado, el ex general Efraín Ríos Montt. El 10 de mayo de 2013, un tribunal consideró a Ríos Montt culpable de genocidio. Sin embargo, diez días después, en un fallo que los expertos legales consideran casi con unanimidad una resolución ilegal, la Corte Constitucional anuló el veredicto. "Segundo round", dijo Paz y Paz. "Estamos empatados".

Antes de llegar a lo que monseñor Gerardi hizo para dar a Guatemala su oportunidad de salvarse a sí misma, una recapitulación del contexto histórico. Los Acuerdos de Paz fueron maravillosos, por supuesto, llenos de todo tipo de propuestas de reformas que pondrían a Guatemala en el camino —el "Proceso de Paz", lo llamaron— de convertirse en una democracia que funciona, y en un país menos injusto. Muchas de las reformas propuestas nunca serían promulgadas, pero ¿quién sabía eso en los días embriagadores de 1996? Los acuerdos, patrocinados por las Naciones Unidas, marcaron el final de una guerra durante la que más de doscientos mil civiles fueron asesinados y decenas de miles más "desaparecidos". Más de un millón de guatemaltecos, especialmente en las tierras altas montañosas de los campesinos mayas, habían sido desplazados de sus casas y comunidades, cientos y cientos de las cuales dejaron de existir después de haber sido devastadas y quemadas durante la campaña militar de "contrainsurgencia" de tierra arrasada y masacre que alcanzó su apogeo a principios de los años ochenta, cuando la dictadura militar fue presidida por el general Ríos Montt.

Como vencedor indiscutible de la guerra, el Ejército de Guatemala fue capaz de dictar muchos de los términos de los acuerdos. Las organizaciones guerrilleras vencidas agrupadas bajo el paraguas de la Unidad Revolucionaria Nacional Guatemalteca (URNG) —habían pasado más de diez años desde la última vez que fueron una fuerza de combate, si es que alguna vez realmente lo fueron, y eran aún menos que una fuerza política— sólo pudieron asentir. Sin embargo, por su propio interés mutuo, ganadores y perdedores acordaron una amnistía general que protegiera a los militares y sus variadas fuerzas de seguridad —y a la guerrilla también— de ser procesados por cualquier crimen contra los "derechos humanos" cometidos durante la guerra, o incluso de una hipotética asignación de responsabilidad individual o culpa por esos delitos por parte de cualquier tipo de "Comisión de la Verdad". El silencio y el olvido se consagraron como piedras angulares de los Acuerdos de Paz.

Ya era hora para Guatemala de mirar adelante, no hacia atrás, por lo que, en ese espíritu de perdón y optimismo en lugar de rencor y resentimiento, podría construirse la nueva democracia en tiempos de paz. Nada de ese negocio argentino de humillar a asesinos y torturadores patrióticos airando públicamente sus actos sucios, llevándolos a juicio y hasta enviando generales a la cárcel. ¿Cómo avanzó eso la causa de la democracia? El modelo guatemalteco parecía haber decidido reconocerse en la amnistía general de 1978 decretada por la dictadura de Augusto Pinochet, que perdonó a autores, cómplices y encubridores de delitos cometidos durante el prolongado estado de sitio que ennegreció a Chile entre el 11 de septiembre de 1973 y el 10 de marzo de 1978. Guatemala mostraría gratitud a los oficiales y soldados que salvaron al país del terror "comunista". Los valientes oficiales de sus fuerzas especiales kaibiles y de las unidades de inteligencia militar —altamente capacitados ¡en los centros de formación de élite de los Estados Unidos!— serían recompensados especialmente. Los kaibiles lideraron muchas de las operaciones de contrainsurgencia contra las aldeas rurales remotas que resultaron en masacres, violaciones masivas de mujeres mayas, matanzas de niños.

Grupos de inteligencia militar habían operado los más importantes escuadrones de la muerte, cárceles secretas y células de tortura, y llevado a cabo muchos asesinatos políticamente arriesgados, inteligentemente disfrazados, como sacados de Hollywood o incluso de un drama jacobino, teatral y oscuramente astutos. Allí están, en 1990, la muerte a puñaladas de la joven antropóloga Myrna Mack en una calle céntrica de Ciudad de Guatemala, presentada como un crimen pasional. O, en 1985, el secuestro de Rosario Godoy de Cuevas, su hermano menor y su hijo de dos años de un centro comercial adonde habían ido a comprar pañales —Rosario era esposa de un sindicalista desaparecido y uno de los fundadores del Grupo de Apoyo Mutuo, la primera organización de familias de desaparecidos del país. Más tarde esa noche, cuando los tres fueron hallados muertos en su automóvil, lanzado a un barranco en las afueras de la capital, el gobierno militar del general Óscar Mejía Víctores declaró que eran víctimas de un accidente de tráfico. Durante los preparativos funerarios, familiares de Rosario notaron las marcas de mordeduras humanas en sus pechos y sangre en su ropa interior, y que las uñas de su bebé habían sido arrancadas. El a menudo tímido arzobispo Próspero Penados denunció abiertamente el horrible crimen: "Con este crimen, Guatemala está en el lodo". Pero el gobierno del presidente Ronald Reagan llegó al rescate cuando un portavoz del Departamento de Estado insistió en que había sido *sólo* un accidente de tráfico. Esto —yo vivía entonces en Ciudad de Guatemala— fue reproducido por los periodistas en un televisor en la embajada de Estados Unidos, y mostrado una y otra vez en la televisión guatemalteca, en las estaciones de los propios militares y de sus aliados del sector privado. En la nueva era de democracia pacífica en Guatemala, los kaibiles y los oficiales de inteligencia militar tendrían libertad para dedicar sus energías a la delincuencia organizada y la política, donde tuvieron gran éxito. Ex soldados kaibiles eran el corazón de los sicarios del cártel del golfo de México, que llegaron a ser conocidos como los Zetas, exportando a sus colegas mexicanos sus habilidades para la decapitación. Los oficiales lo hicieron mucho mejor que eso. Un ex oficial kaibil, ex jefe de inteligencia militar y gángster, el general retirado Otto Pérez Molina, llegaría a convertirse en el presidente bajo cuyo mandato se realizaría el juicio a Ríos Montt.

●

El obispo Gerardi había fundado la ODHA de Ciudad de Guatemala en 1989. Fue la única organización importante de derechos humanos en el país, la única con alcance nacional a través de sus arquidiócesis, parroquias y comunidades religiosas. Dentro de la ODHA, la gente sabía el horror que la mayoría de los medios de comunicación guatemaltecos no se atrevían o no querían publicar o transmitir. La ODHA llevó las noticias de la pesadilla guatemalteca a las organizaciones internacionales de derechos humanos y a los gobiernos, y condujo a la Iglesia católica de Guatemala a convertirse en la voz más francamente opositora —a menudo la única voz— en nombre de las víctimas de la guerra. Los jóvenes equipos de abogados e investigadores de la ODHA hicieron el trabajo policial que los fiscales y la policía no querían o no se atrevían a hacer, y construyeron casos que acabaron en la Corte Interamericana de Derechos Humanos y otros tribunales internacionales en un momento en que era impensable buscar justicia para las desapariciones de personas en Guatemala. Monseñor Gerardi era un hombre robusto, con un sentido del humor terrenal, una aguda y pragmática inteligencia, y gusto por el whisky. Inspiró intensa devoción y afecto duradero en quienes trabajaban para él. Sus protegidos se emplearon luego en todo el sistema de justicia guatemalteco, llevando adelante la batalla que Gerardi comenzó cuando, tras la firma de los Acuerdos de Paz, dio al país la oportunidad de salvarse de sí mismo.

Gerardi entendía, por supuesto, que la Iglesia de Guatemala, aunque en muchos aspectos tan poderosa como cualquier sector de la sociedad, no había firmado los Acuerdos de Paz, por lo que no estaba obligada a callar por su pacto oficial de silencio e impunidad sobre los crímenes de guerra. Estaba convencido de que sin justicia no había esperanza para la democracia y la paz verdaderas. Monseñor Gerardi sabía que en la Guatemala de posguerra había quizás millones de personas que fueron víctimas de crímenes de guerra de un modo u otro, sobre todo de asesinatos, aunque también delitos hirientes como la tortura, la violación, el secuestro y encarcelamiento ilegales, o la expulsión de sus hogares. ¿Cuántas personas habían perdido familiares, vecinos, amigos, y visto sus comunidades destruidas?

Imagine ser un niño pequeño que ve a su madre y hermanas mayores violadas y asesinadas por los soldados, sobrevivir de alguna manera con esos recuerdos, y que, entonces, le digan que esas memorias han sido silenciadas oficialmente, y que le debe lealtad al gobierno y al Ejército heroico que hicieron posible la "democracia". Imagine que es el padre de un estudiante universitario desaparecido y que le digan que las leyes de la nueva democracia le prohíben exigir al sistema de justicia que busque la verdad sobre el paradero de su hijo o hija, o castigar a los responsables en caso de que de alguna manera pueda identificarlos. ¿Qué tipo de ciudadanos produciría ese tipo de "democracia"? La "amnistía" fue una fórmula para alimentar el odio eterno y la locura en toda la sociedad. Se trató de convertir a una gran parte del país en una especie de manicomio donde cualquier forma de la tristeza, el dolor, el trauma, la ira e incluso el ansia de respuestas quedaba prohibida, por ley, de ser reconocida o considerada oficialmente. La Rusia de Josip Stalin era así; han habido otras. Monseñor Gerardi dijo que no a eso. En su lugar, él y sus colegas de la ODHA concibieron y pusieron en marcha REMHI, el proyecto de Recuperación de la Memoria Histórica, para reunir los hechos y la historia de la guerra de treinta y seis años, y presentarlos a la nación y al mundo. Fue un proyecto tremendamente ambicioso en un país acostumbrado por demasiado tiempo al silencio, donde todo el mundo sabe que el precio por hablar es, con frecuencia, la muerte. Sin embargo, con sus iglesias y parroquias en todo el país, y la confianza generada por la Iglesia en la mayoría de las áreas durante los años de la guerra —cuando muchos sacerdotes y monjas y otros trabajadores religiosos también perdieron la vida—, REMHI, con su cinta grabadora en manos de una mayoría de activistas locales, fue capaz de entrar en las zonas más remotas y atribuladas e inducir a la gente a narrar qué les había sucedido a ellos y a sus comunidades.

El resultado fue un informe de cuatro volúmenes, *Guatemala: Nunca Más*, una recopilación de citas y resúmenes de los testimonios de los testigos de las miles de víctimas de la guerra, junto con el análisis y las conclusiones de lo que transmiten esas historias. El cuarto volumen enlista, por su nombre, más de 50.000 civiles asesinados. El 24 de abril de 1998, REMHI fue presentado oficialmente en una atiborrada Catedral Metropolitana durante una ceremonia presidida por monseñor Gerardi. El informe depositó la culpa en el Ejército y sus fuerzas de seguridad, asociados al

80% de las atrocidades, y a las guerrillas, por un 5%. Fue una verdad impactante, capaz de romper tabúes en Guatemala, capital mundial de la negación oficial, y, por lo mismo, una verdad muy peligrosa. REMHI preparó y mostró el camino para el posterior informe de la Comisión de la Verdad de las Naciones Unidas, publicado en febrero de 1999, cuyas conclusiones fueron aún más duras, pues culpó a los militares del 93% de las atrocidades, y concluyó que el Ejercito de Guatemala había ejecutado un genocidio contra los indígenas mayas. Esa palabra —genocidio— puso fin a la amnistía, la cual bajo el derecho internacional no podía ser utilizada para cubrir crímenes de lesa humanidad. Probablemente eso nunca hubiera sido posible sin monseñor Juan Gerardi.

El 26 de abril de 1998, dos días después de la ceremonia en la Catedral, Gerardi fue asesinado a golpes en el garaje de su casa parroquial en San Sebastián, en el centro de Ciudad de Guatemala. Era uno de esos asesinatos, una de las especialidades de la inteligencia militar guatemalteca, llevado a cabo como teatralización y espectáculo, concebido para parecerse a un extravagante crimen pasional homosexual —Gerardi no era homosexual, pero el sacerdote que compartía la casa parroquial, el padre Mario Orantes, sí. El crimen incluía la absurda hipótesis de un perro pastor alemán llamado Baloo comandado por el cura Orantes, enfurecido, ¡para que muerda al obispo en la cabeza! Con la ayuda de los medios de comunicación cómplices y una gran variedad de actores influyentes de los sectores políticos y económicos conservadores del país, el "escándalo" del asesinato desvió con éxito la atención de las conclusiones del informe REMHI, desacreditando y manchando a muchas personas asociadas con él y con monseñor Gerardi, y lanzó a la población guatemalteca a un estado de confusión sobre el delito que duraría años.

Aquellos detrás del crimen, sus autores intelectuales y todos quienes participaron en él, habían apostado a que permanecería en completa impunidad, como sucedía en general con estos casos. Pero eso no ocurrió en buena medida por los esfuerzos de los jó-

venes abogados e investigadores que trabajaron bajo el obispo en
ODHA, quienes dirigieron la investigación que logró refutar las
extravagantes teorías del primer fiscal, así como por valientes testigos clave que resultarían imprescindibles cuando Leopoldo Zeis-
sig asumiese como tercer fiscal del caso, una vez que su predecesor
fue enviado, amenazado, al exilio. El caso Gerardi pudo avanzar
también por la supervisión y el asesoramiento proporcionado por
la Misión de Paz de las Naciones Unidas (MINUGUA) y otros
miembros de la comunidad internacional, la Comunidad Europea
e incluso la embajada de Estados Unidos, entonces bajo el gobierno demócrata del presidente Bill Clinton.

●

Al principio, durante el proceso de paz e incluso cuando la guerra
llegaba a su fin, la comunidad internacional había identificado el
sistema de justicia de Guatemala como la institución a la que especialmente trataría de ayudar y fortalecer, no sólo para fortalecer
la democracia guatemalteca en general sino para evitar que el país
colapsase en un Estado fallido bajo el crimen organizado y la
cleptocracia, un reto que aún persiste. Sin embargo, a pesar de esa
atención, el caso Gerardi vio numerosos jueces, fiscales y testigos
empujados al exilio o asesinados. Yo ya he perdido la cuenta, pero
con los años más de veinte personas relacionadas con el caso han
sido asesinadas o muerto en circunstancias sospechosas. El 21 de
marzo de 2001, la noche previa a que el caso estuviera finalmente
listo para ir a juicio, explotaron granadas en el patio de la pequeña
casa donde una jueza que los abogados defensores no habían re-
cusado, Yassmín Barrios, quien vivía con su madre. Las granadas,
susceptibles de haber sido lanzadas por la misma seguridad que el
gobierno suministraba a la jueza, fueron una clara intención de
aterrorizarla para que huya del país o, por lo menos, renuncie al
juicio, provocando otro gran retraso. Pero al día siguiente
Yassmín Barrios volvió a presidir el Tribunal Tercero de Sentencia.

"Tenía que cumplir con mi deber", me dijo la jueza en el verano de 2013. "Estaba convencida de que no había ninguna razón para que yo no cumpliera. Mi carácter siempre ha sido así".

Tres meses más tarde, al final de un juicio lleno de drama, el antiguo jefe de inteligencia del G-2, el coronel Byron Lima Estrada, su hijo, el capitán Byron Lima Oliva, y el sargento Obdulio Villanueva, los dos últimos miembros de la unidad de inteligencia del Estado Mayor Presidencial responsable de ejecutar el delito, fueron condenados por haber participado en una ejecución patrocinada por el Estado. Fue la primera vez que militares guatemaltecos eran hallados culpables de participar en un asesinato político. El sórdido —y probablemente chantajeado— sacerdote Mario Orantes fue declarado culpable como cómplice; el perro Baloo no tuvo nada que ver: lo hizo su complicidad con los soldados de inteligencia militar que ejecutaron el crimen. Los autores intelectuales del crimen, hombres muy poderosos, así como otros presuntos participantes, todos militares de alto rango, quedaron libres, aunque sus identidades y algunos detalles de su supuesta participación son conocidos por los investigadores del Ministerio Público y otros, incluyendo algunos periodistas.

Ese fue el "primer round" de la "pelea del campeonato" del país. Después de ese veredicto pasarían otros doce años para el "segundo round". En medio han habido muchas peleas de "semifondo" libradas en los tribunales, importantes como casos individuales en sí mismos, pero también porque contribuyeron a la lucha actual sobre el significado y las consecuencias del ideal democrático de igualdad ante la ley en Guatemala —y también para determinar en qué medida debe permitirse a la ley llevar su alcance en el pasado del país. Algunos de estos ensayos datan de los primeros días del Proceso de Paz, cuando monseñor Gerardi era jefe de la ODHA, como el caso de Myrna Mack y el extenso y sistemáticamente frustrado caso de la masacre de Dos Erres, que ya habían ingresado en los tribunales antes de la firma de la amnistía y que resultaron en condenas en 2012. Por supuesto, la plena igualdad bajo la ley es difícil de alcanzar plenamente para cualquier sociedad, aunque la gente en todas partes, y al menos intuitivamente, entiende que se trata de un ideal democrático indispensable. Pero en todo el mundo hay gente poderosa, no sólo en Guatemala, que no podía estar más firmemente opuesta a ese ideal, así quiera insistir que su país es, de todos modos, una democracia.

No obstante, desde que los pacificadores de la ONU abandonaron el país, en 2006, la comunidad internacional mantuvo como prioridad al sistema de justicia guatemalteco. La ONU estableció la Comisión Internacional contra la Impunidad (CICIG) en Guatemala, una unidad de profesionales —extranjeros— de leyes con competencias fiscales, aunque se ha mostrado reacia a involucrarse en casos políticamente cargados. Hubo mejoras importantes. Evidencia documental digitalizada en el extranjero y Guatemala, y el descubrimiento de un enorme archivo de la policía olvidado en un almacén, han ayudado a los fiscales en la búsqueda de justicia. El caso de Gerardi había sido desarrollado durante años por el grupo de derechos humanos CALDH e inicialmente llevado a corte en España antes de que fuera tomado por el Ministerio Público de Guatemala bajo la dirección de su aparentemente siempre joven fiscal general Claudia Paz y Paz. Estuve intensamente involucrado en ese caso por casi todos los nueve años que duró, desde unos pocos meses después del asesinato del obispo, cuando regresé a Guatemala para escribir un artículo sobre ella para una revista, hasta la primavera de 2007, cuando una última apelación trajo la anulación definitiva de las condenas.

Mientras seguía el procesamiento de Ríos Montt desde lejos, en Nueva York y México, me di cuenta de que varias de las personas que conocía del caso Gerardi, y que se habían convertido en buenos amigos, eran parte del equipo de Paz y Paz en el Ministerio Público. Mynor Melgar, quien encabezó el equipo legal de ODHA como fiscal en el juicio de Gerardi, era ahora, como secretario general, el segundo fiscal del escalafón en el Ministerio Público. Otro de los fiscales de Paz y Paz fue Arturo "Big A" Aguilar.

Cuando conocí a Aguilar, era un estudiante de Derecho de diecinueve años de edad, uno de los tres aficionados del equipo de investigación de la ODHA que presentó pruebas y testigos clave en el caso Gerardi. El grupo se llamaba a sí mismo, en broma, "Los Intocables" y otro de sus miembros, casi tan joven como Arturo, era un estudiante de antropología de pelo largo, Rodrigo "El Shakira" Salvadó. Ahora, Rodrigo era investigador del CALDH en el caso Ríos Montt. Finalmente, la presidenta del tribunal que conducía el proceso contra el ex presidente era Yassmín Barrios, quien había presidido el juicio por el asesinato de Gerardi.

Claudia Paz y Paz Bailey —nacida en 1966, doctora en Derechos Humanos y Derecho Penal por la Universidad de Salamanca, España— también comenzó su carrera en la ODHA como asesora legal. Fue nombrada fiscal general en 2010 por Álvaro Colom, el ineficaz presidente de izquierda. De inmediato, Paz y Paz se comprometió a cambiar la letárgica y corrupta cultura del Ministerio Público. El sitio digital de noticias *Plaza Pública* testimonió: "La nueva fiscal no mintió: llegaron cambios que ahora pueden notarse en la empatía o antipatía de trabajadores. En casos que jamás caminaron, en capturas de mini capos, en destituciones masivas en el MP que no salen a luz porque muchos de los que se fueron no objetaron. Sabían que era mejor salir del MP que ir directo a la cárcel". Cuando Otto Pérez Molina fue elegido presidente, a finales de 2011, se dio por sentado —y durante su campaña lo había señalado— que iba a encontrar una manera de reemplazar a Paz y Paz y de impedirle terminar su período de cuatro años. Pero Paz y Paz tenía el apoyo de la comunidad internacional, que veía con escepticismo a Pérez Molina, y, sin duda, fue presionado para mantenerla. Durante la campaña electoral, la entonces secretaria de Estado Hillary Clinton hizo especialmente visible su apoyo a Paz y Paz, reuniéndose con ella en privado durante su visita a Guatemala. "Algo muy necesario", dijo a *Plaza Pública* el experto guatemalteco en asuntos estadounidenses Gustavo Berganza, "porque para nadie es un secreto que en este clima preelectoral tan enrarecido, algunos de los avances realizados por el MP en investigaciones, capturas y encausamientos —en particular los que implican militares— han sido interpretados como movimientos ordenados para descarrilar la campaña del general Otto Pérez Molina". El Ministerio Público —que ha tenido mucho éxito en la captura y enjuiciamiento de traficantes de drogas después de haber casi desmantelado y empujado a los Zetas hacia Honduras— es la única institución que ha provisto de alguna credibilidad al gobierno de Pérez Molina.

Una tarde de agosto de 2013 me reuní con Claudia Paz y Paz y dos de mis viejos amigos en la oficina del fiscal general, en el último piso del edificio del Ministerio Público, en las afueras del centro de Ciudad de Guatemala. Mynor Melgar, de unos treinta años cuando lo conocí en 1998, es el fiscal con más historia del país después de haber procesado a militares en una serie de casos —Myrna Mack, la masacre de Dos Erres— a través de los años. Dos veces, él y su familia se han visto obligados al exilio temporal por amenazas. Melgar viene de uno de los barrios más duros de la ciudad, El Gallito. Su temperamento y la voz agradable —un hombre aparentemente imposible de sacudir— ocultan una voluntad férrea y una mente legal fuerte e implacable. Ahora tiene el aire suave, seguro de un veterano y sofisticado fiscal con quien nadie quiere meterse. El corpulento, con cara de niño y súper elocuente Arturo Aguilar ha trocado su vieja actitud *grunge* y el pendiente por trajes oscuros y corbatas, pero por lo demás parece apenas haber cambiado desde los viejos tiempos de Los Intocables. Claudia Paz y Paz, con sus rizos castaños, ligeramente pecosa, agradable rostro redondeado, profundos ojos marrones y sus suaves voz y modales, tenía el aire de una madre devota y pediatra del suburbio irlandés de Boston donde crecí.

Si un tribunal guatemalteco encontraba a un ex jefe de Estado culpable de genocidio, se establecería el precedente de que nadie está por encima de la ley, pero, dos meses antes de mi reunión con los fiscales, el veredicto histórico sobre Ríos Montt había sido anulado de manera imperiosa —y probablemente ilegal— por la Corte de Constitucionalidad. ¿Dónde dejaba eso la causa de la justicia en Guatemala? ¿Más fuerte o más débil que antes? Esa tarde tuvimos una larga conversación. Los tres fiscales me llevaron de nuevo al principio de esa lucha, a los años oscuros de la guerra, de los golpes presidenciales, de la impunidad férrea y a sus primeros días de trabajo bajo monseñor Gerardi en la ODHA, y, desde allí, intentaron reconstruir un país en troqueles.

Claudia Paz y Paz: Éramos estudiantes de Derecho todavía. No había más espacios que la ODHA para hacer trabajo en derechos humanos... Me acuerdo cuando el golpe de [Jorge Antonio] Serrano Elías [en 1993], que todos se fueron a refugiar ahí, los periodistas, a la ODHA.

Arturo Aguilar: Serrano había mandando a su secretario de Relaciones Públicas a censurar la prensa, entonces los periodistas tenían mucho miedo. Si te acuerdas, salió el periódico *Siglo 21* con portadas negras: no decían nada.

El periódico fue luego dirigido por el heroico e iconoclasta José Rubén Zamora Marroquín, quien luego pasó a editar elPeriódico, *tan despreciado por el presidente Pérez Molina que llevó a cabo una campaña personal para que el sector privado no publicite en sus páginas.*

Paz y paz: *Siglo 19*, decía... Había una tradición muy fuerte en mi familia de ser abogados. Mi abuelo, mi tío abuelo, fueron abogados. Cuando uno entra en la carrera se imagina los juicios que uno ve en la tele, pero cuando iba a Tribunales en esos tiempos —ahora no, ahora son juicios orales— lo que se encontraba eran expedientes cosidos, el juicio numero mil quinientos, el juicio tal. Era una decepción, porque desde que estudiaba Derecho trabajar en Tribunales era dedicarse a cobrar a la gente las deudas en tarjetas de crédito. La idea que una tiene es entrar en Derecho y luchar por la justicia, entonces la posibilidad de trabajar en la ODHA fue un privilegio. Era un espacio muy respetado.

Aguilar: En aquel tiempo la ODHA era el referente. La Iglesia católica en Guatemala era el referente. Con monseñor Gerardi, más el arzobispo Próspero Penados, y unos otros. La voz que se sentía segura de decir las cosas que no se podían decir en esos tiempos era la Iglesia, la ODHA. Para mí trabajar ahí fue alcanzar un primer logro. Se firmaron los Acuerdos de Paz en 1996, y en ese año yo llego a la ODHA. Y estaba bien joven, como vos sabés. Era una gran ilusión.

Mynor Melgar levantó las cejas en plan de burla; todos rieron.

Melgar: A mí me invitaron a trabajar ahí, nada más. Yo siempre estaba aquí, y conocí a Ronalth Ochaeta [en esos tiempos, el joven abogado y director de la ODHA, por debajo de Gerardi] por el caso Mack. Ellos llegaron a las audiencias a hacer presión a los jueces [risas]. Me iban a pagar allá, me iban a pagar aquí, y yo necesitaba la lana. Dos salarios.

Paz y Paz: Para mí el 96 era una época de mucha esperanza. Nosotros venimos de una generación en que mucha gente salió. Estudiamos en la Universidad de San Carlos, en Derecho, y una gente dejaba de dar clases, o los mataban. Ahora la gente empezaba a regresar. Se escuchaba: "Regresó Fulano. Regresó Frank La Rue. Regresó Rigoberta". Yo recibí la noticia de la firma de la paz con la ilusión de que las cosas cambiarían. La Procuraduría en esos primeros tiempos estaba intentando cosas importantes. Los primeros casos por derechos humanos empezaron por entonces.

Aguilar: La presencia de la comunidad internacional, sobre todo de la ONU, era muy grande. La gente aquí decía que la correlación de fuerzas estaba más o menos balanceada entre los que decían que las cosas tenían que quedar igual y los que decían que había que cambiar. Se sentía, tal vez, que se iba a poder.

Paz y Paz recordó que el clima entonces permitía incluir nuevas discusiones, como los derechos de los pueblos indígenas, jamás considerado seriamente en el debate público guatemalteco. Pero ese proceso comenzó a detenerse primero con la fallida consulta popular para reformar la Constitución en 1999 y, luego, el asesinato de monseñor Gerardi.

Paz y Paz: El peor fue el asesinato de Monseñor.

Aguilar: Fueron las dos balas que mataron el proceso de paz. Una, matar a Monseñor, y dos, hacer de la consulta para reformar la constitución una payasada. Como se había pensado en los Acuerdos de Paz, eran unas cuantas reformas muy importantes [especialmente en referencia a los derechos de los pueblos indígenas], entonces el gobierno quiso meter más y más reformas y eso confundió a la gente. Hubo una campaña enorme de desprestigio de la reforma, e hicieron que se perdiera. Había un político que se llamaba Francisco Bianchi, de un partido de derecha. Poquitos días antes de la votación sacó unos *spots* en la tele en los que salía diciendo: "No a la brujería, no a la reforma de la Constitución". Hablaba de los derechos de los pueblos indígenas. Así era Guatemala.

Melgar: Lo sigue siendo… Hay tres casos importantes que se llevaron en el contexto de monseñor Gerardi. Uno, el del repartidor de leche [Pedro] Sas Rompich [asesinado por la seguridad del presidente Álvaro Arzú cuando accidentalmente se metió en su camino mientras el mandatario y su mujer iban a caballo]. Digamos, juzgar a la Guardia Presidencial, al Estado Mayor Presidencial, era difícil de creer, y lograr la condena era un acontecimiento importante. Otro fue la muerte de Mario López Sánchez, un estudiante que la policía mata a golpes en el campus universitario; ahí se condenó al ministro y viceministro de Gobernación y al director de la Policía Nacional. Era en el 96, 97. Esos casos se hacen bajo la dirección de monseñor Gerardi y la ODHA y son las primeras muestras de que a la gente supuestamente intocable le puede llegar la justicia. Claro, la condena contra el ministro y viceministro fueron revocadas en primera instancia, pero estuvieron presos tres meses, y quizás no es mucho, pero… Y el otro caso es cuando se logra llegar a los autores intelectuales de la muerte de Myrna Mack. Estos tres hechos previos al asesinato de monseñor Gerardi te van dando esperanza, ¿verdad?, que sí se puede. (…) La muerte de monseñor Gerardi, además de todo, era una manera de frenar la posibilidad de llevar justicia a esos casos. En el contexto de la aplicación de la ley y en el avance de la justicia penal, esos casos son una demostración importante del papel que él jugaba.

Paz y Paz: El esfuerzo por esclarecer su muerte, por todas las dificultades que tuvo, sí fue importante. Para mostrar que a pesar del golpe que había significado la muerte de Monseñor, el esfuerzo por la justicia en el país seguiría.

Aguilar: No dejar la muerte de monseñor Gerardi, que era la muerte del proceso de paz, impune, eso era importante.

Francisco Goldman: "Ellos" que no dejan que el proceso de paz avance, "ellos" que protegen la impunidad... ¿Quiénes son estos "ellos"?

Paz y Paz: Cuando tú ves el rostro de esos intereses arraigados —voy a brincar doce años adelante— es durante el juicio de genocidio, sin disfraz, sin nada. Bueno: la Fundación contra el Terrorismo, AVEMILGUA [grupos de oficiales de guerra veteranos], el CACIF [el Comité Coordinador de Asociaciones Agrícolas, Comerciales, Industriales y Financieras, que representa a los más poderosos empresarios del sector privado], los doce señores que firmaron esa carta [funcionarios que se oponían al juicio por considerarlo riesgoso para la estabilidad democrática], los socios de Arzú [el presidente de Guatemala cuando el obispo Gerardi fue asesinado, y alcalde de Ciudad de Guatemala mientras me reuní con los fiscales].

Aguilar: La misma gente, Frank, ¿te acuerdas?, que en el juicio por Gerardi peleaba en las columnas de opinión y eran muy beligerantes, los mismos de aquel tiempo fueron los mismos del caso de genocidio...

Paz y Paz: Round dos. Ahora empatados.

Aguilar: ...Toda esa coyuntura que dijo que por Ríos Montt, estaban ellos mismos siendo juzgados. La élite económica de este país, que no tenía ninguna intención de salvar a Ríos Montt, porque te acuerdas cómo él peleaba con CACIF... En su forma de ver la historia del país y la construcción de la historia, no iban a permitir que hubiese una sentencia que dijera que hubo genocidio.

Paz y Paz: ¡Más un testigo que implicó al presidente!

El 4 de abril de 2013, durante el juicio, en un testimonio por videoconferencia, Hugo Ramiro Leonardo Reyes, mecánico especialista militar de la tropa kaibil que operó en el área Ixil, inesperadamente mencionó al presidente Otto Pérez Molina: "Los militares y los soldados a las órdenes del mayor Tito Arias, conocido como Otto Pérez Molina... Los comandantes de las compañías de ingenieros coordinaban la quema y saqueo de la gente para luego ejecutarlos. Las personas que llegaron a ser ejecutadas en el campamento llegaban golpeadas, torturadas, con la lengua quitada, con las uñas quitadas, entre otras lesiones". El gobierno luego calificó de una irresponsabilidad del Ministerio Público (MP) haber permitido que el testigo incriminara al mandatario.

Melgar: En los casos anteriores están juzgando gente de bajo rango. Quizás un coronel. Pero juzgar un jefe de Estado, un jefe de inteligencia, ya: estamos hablando de otro nivel. Pero ellos desarrollan una estrategia que parece muy exitosa de lograr, generando tres escenarios. Primero el miedo, porque dicen que el juicio va a seguir contra otros mil doscientos oficiales, con lo cual ya has ganado la simpatía de todos esos cerrotes. Luego, que el juicio va a seguir también contra los del sector económico que de alguna manera podrían estar involucrados, que sí están, en los actos de genocidio. Entonces se desarrolla toda una campaña mediática, bastante efectiva, con los aliados de la prensa, y en todos lados. Eso es el resultado de una estrategia que se diseñó, se planteó, y se ocultó, con el propósito de neutralizar el caso. Y fue una buena estrategia. ¿Quiénes están atrás? AVEMILGUA, los ideólogos del sector económico, el presidente.

Aguilar: Los doce que publicaron ese comunicado de prensa [contra el juicio] que eran todos funcionarios de Arzú. Y los abogados, ¿verdad?, que son mitad abogados y mitad *showmen*, que también estaban en el caso Gerardi. Fue para el juicio de genocidio que se unieron (...) los sectores más conservadores de este país.

Paz y Paz: Los "Ellos".

Aguilar: Los "Ellos". Ellos. Y tú puedes ver cómo se marcó la cancha. La sentencia contra Ríos Montt fue un viernes...

Paz y Paz: Yassmín dictó la sentencia en el caso Gerardi y, mira, es ella la jueza presidenta del tribunal quien falla ahora.

Aguilar: ...un viernes en la tarde-noche. Pasa el sábado, y el domingo hay dos comunicados de prensa grandes: uno, de la embajada de Estados Unidos felicitando la sentencia, felicitando el proceso, diciendo que estaba avanzando el sistema de justicia en Guatemala, y dos, uno de CACIF, durísimo, diciendo que el juicio era lo peor y requiriéndole a la Corte de Constitucionalidad que lo anulara.

Paz y Paz: ¡Ajá! En la foto eran como veinte de CACIF.

Aguilar: El pleno de CACIF.

Goldman: ¿Pero por qué tan molestos?

Paz y Paz: No sé. Lo que ellos han argumentado, pero yo no lo creo, es que decían "Ay, que nos vamos a ver como Ruanda, qué cosa terrible".

Aguilar: Como Ruanda, o la Alemania nazi.

Paz y Paz: Pero el propio embajador alemán les decía: "Mirá Alemania ahora". Nadie dice "los nazis", ¿verdad?, como les juzgaron y condenaron, se separaron de su historia por la justicia, y ya es un país exitoso económicamente. No iba a haber un problema con el comercio exterior porque aquí se fortaleciera el Estado de derecho. Pero lo que se hacía sentir aquí es que decían: "Ay, pero después van a venir por nosotros", no sé qué.

Goldman: ¿Ellos eran cómplices en el genocidio?

Paz y Paz: *Pus* me imagino, porque tuvieron tanto miedo. Alguna vez vinieron a dejarme una hoja, y me dijeron: "Mirá, aquí, ya hablan de pueblos indígenas. Naciones indígenas. Después de la sentencia por genocidio, ¿qué va a pasar en el país?". Es como si dijeran: "No llamamos a la violencia contra la mujer como se llama, porque si no las mujeres van a querer derechos". Había ese tema de no llamar a la violencia contra los pueblos indígenas como se debería llamar, porque si no van a ejercer derecho al agua, al territorio o mayor participación política.

Hablamos sobre el drama diario del propio juicio y los desafíos actuales del Ministerio Público frente a la delincuencia organizada, y entonces regresamos a la pregunta con que habíamos empezado la conversación: ¿la justicia guatemalteca es más fuerte o más débil ahora, después de la sentencia anulada? ¿Más fuerte o más débil que inmediatamente después del primer round, cuando por primera vez los militares habían sido condenados a prisión? Ninguno de ellos tenía grandes esperanzas en el juicio por genocidio pues, de reanudarse, la misma Corte de Constitucionalidad seguiría sentada allí, esperando cualquier pretexto para anular el juicio en caso de que parezca nuevamente dirigido hacia un veredicto de culpabilidad.

Melgar: El poder económico dice que no hubo genocidio. El presidente de la nación dice que no hubo genocidio. El montón de columnistas, toda la gente de derecha. Los dueños del país, junto con el poder militar, y el poder político, sus medios. ¿Qué nos queda? Enfrentas a una Corte de Constitucionalidad totalmente raptada por las fuerzas del poder. Al final de cuentas, sólo queda una jueza honesta [Yassmín Barrios].

Paz y Paz: Parece que sí fue una reivindicación, por lo que significó en los pueblos, porque lo vivieron así, por la manera que testificaron las víctimas: esa es nuestra sentencia. Mynor, yo sí creo lo que tú dijiste sobre el poder económico, político, militar, pero yo creo que sí hubo un reclamo de justicia ciudadano muy grande que no se había vivido en mucho tiempo. Llegamos adonde nunca pensábamos llegar, eso sí, ni en nuestras mayores fantasías, que él estaría ahí sentado y condenado. Es un balance positivo.

●

El juicio por genocidio al ex general Efraín Ríos Montt y su jefe de inteligencia, José Mauricio Rodríguez Sánchez (que no fue encontrado culpable, no habiéndose probado que estaba en la cadena de mando), juzgó los acontecimientos ocurridos en un período de un año (1982–1983) en una zona mayoritariamente habitada por indígenas de la etnia ixil. En ese momento, según un informe de inteligencia militar de Guatemala, sólo había dos frentes guerrilleros activos, cada uno con una treintena de combatientes, en un área con una población de 45.000 personas. Sin embargo, durante ese período, desapareció el 80% de las comunidades ixiles.

El día posterior a la reunión en el Ministerio Público, temprano un domingo por la mañana, me encontré a desayunar con una amiga, la periodista Claudia Méndez Arriaza, y la jueza Yassmín Barrios en Tre Fratelli, una ruidosa cadena de restaurantes en un centro comercial de Ciudad de Guatemala. Sonaban pop electrónico y *dance*. Yassmín Barrios llegó acompañada por una *pick-up* tripulada por su seguridad, armada con rifles de asalto. Guardias de la policía esperaban afuera mientras hablamos. Barrios es pequeña, reservada, con una mata de pelo negro y rizado. Tiene la cara llena de pecas, los ojos grandes, sensibles y delicados modales. Habla en un susurro casi musical. Yo ya sabía de primera mano por el proceso Gerardi que su carácter es lo contrario de la mujer de apariencia tímida que podría parecer a primera vista. Yassmín Barrios ha llamado a la experiencia de ser la jueza del caso del monseñor su "encuentro con el país". "REMHI", dijo durante ese desayuno, "dio a conocer la historia de Guatemala. Por eso, en el juicio, el informe *Nunca más* fue admitido como elemento probatorio".

A lo largo del juicio por genocidio, los abogados defensores de Ríos Montt y su caja de ecos en los medios de comunicación trataron de hacer de la jueza Barrios la cuestión central. Acusaron a la presidenta del tribunal de considerar a la defensa como sus enemigos personales. El abogado defensor Francisco García Gudiel, el *showman* líder, amenazó en pleno juicio con no descansar hasta verla tras las rejas. Comentaristas de los medios de comunicación se burlaban de su peinado.

Barrios: Fue claro que era una estrategia. Un abogado tiene que atacar las ideas, la hipótesis del caso de sus contrapartes. Y debe defender a su patrocinado y su hipótesis. Pero se lanzó contra el tribunal y en especial contra su presidente. Cómo vestía la jueza. Qué peinado llevaba. Lanzarse contra el tribunal fue para quitar la atención del procesado. Fácil, y así de fácil lo entendí. Fue muy obvio. Ríos Montt debe demandar a su abogado porque no lo defendió. Incluso, se quedó dormido: Ríos Montt despierto, el abogado dormido. El sistema de justicia en Guatemala sí ha avanzado mucho, en la fundamentación de las sentencias, en poder tomar decisiones independientes. La independencia judicial funciona en la medida que cada juez la hace independiente, se prepara, hace las cosas bien. Es un ejercicio personal más que institucional.

Le conté a Barrios lo que había conversado los días anteriores con los fiscales del Ministerio Público, y le pregunté qué pensaba sobre la presión de los sectores económicos conservadores sobre el caso de genocidio y sus supuestos temores de ser los siguientes en la línea de procesamiento. La jueza respondió con calma, otra vez su voz en un suspiro musical.

Barrios: Ellos saben sus motivaciones, pero no recibieron buenos consejos, creo yo. La responsabilidad en un juicio es de carácter personal. Nosotros sólo juzgamos a la persona A y a la persona B. No juzgamos a más personas. Cuando nosotros juzgamos un caso, tenemos que ver los hechos que se atribuyen a cada persona, no vamos más allá sobre otras personas. En este caso, lamentablemente, creo que hubo mala asesoría, como si pensaran que a todos los guatemaltecos los iban a tratar como genocidas, y eso no es cierto. No estábamos tocando a millones de guatemaltecos, sólo a dos. Entonces yo me pregunto por qué se sentían aludidos. Esto es importante de clarificar. Cuando se habla del conflicto armado, se habla de treinta y seis años. Sin embargo, nosotros no juzgamos el conflicto armado; eso es una gran equivocación. Nosotros juzgamos solamente de marzo de 1982 hasta agosto de 1983: un año. Una pequeña brecha histórica. Ese fue el marco que nos dio el Ministerio Público.

Goldman: ¿Cómo impactó en la moral de tus colegas, los otros jueces y trabajadores de la Justicia, la anulación en el caso de genocidio?

Barrios: Las crisis sirven para crecer, eso está probado en todos los ámbitos. ¿Qué necesita una plantita para crecer? Necesita abono, pero también necesita que se la corte, no que se le mate, sino para que la ayude a crecer más. Aquí, este caso, fue una radiografía muy clara de nuestro sistema de justicia. Nosotros, los jueces, cumplimos con administrar justicia. Y es una alta esfera la que cortó la sentencia. Nosotros estamos aquí, en medio, los jueces comunes, y mantuvimos la legalidad y el respeto a la ley en nuestro país, mantuvimos la estructura como columna vertebral del sistema de justicia, y una alta esfera, la Corte de Constitucionalidad, por una mayoría, la botó.

Goldman: Entonces, ¿el sistema de justicia es más fuerte o más débil ahora que antes del inicio del caso por genocidio?

Barrios: Yo creo que es más fuerte. Hay cosas muy buenas. Mostró que un tribunal del país es capaz de juzgar hechos de esa naturaleza. También el Poder Judicial ha mostrado que tiene personas capaces. Y que se tomaron en cuenta los estándares internacionales. Eso no lo digo yo, lo dicen instituciones que estaban observando el juicio. El juicio se hizo aquí en el lugar donde ocurrió, por jueces guatemaltecos, no fuimos a otra sede. Y se cumplió con todo el ordenamiento legal. No hubo violación del proceso, al contrario.

Yassmín Barrios dice que ahora se siente "en paz con Dios y conmigo misma. Terminé un caso y viene otro. Yo no puedo personalizar". Desde el caso Gerardi, en 2001, ha tenido que andar siempre con seguridad.

Barrios: Les agradezco porque me han cuidado bien, pero amo la libertad y nunca me voy acostumbrar a estar custodiada. Sé que es necesario. Me han tocado tantos casos —bandas de mareros, de Zetas. Son casos muy duros. Son gente que descuartiza gente. No creo que vaya a dejar de necesitar ese cuidado.

Goldman: Si yo fuera un joven estudiante de leyes, ¿qué me respondería si le preguntase, especialmente en el contexto de lo que ocurrió en el caso de genocidio, por qué debería seguir en esto?

Barrios: Yo diría... Si nos hartábamos, cruzábamos nuestros brazos y decíamos, "Bueno, aquí se acabó todo", pues qué triste y aburrido. La vida es lucha, la vida es precisamente ese fenómeno dialéctico que se da todos los días. Entonces, es cierto, anularon la sentencia, pero no anularon la justicia. La sentencia vivió. Cualquiera puede leerlo. Sigue viviendo en las personas que vinieron a dar su testimonios. Ahí está lo que vinieron a decir, nadie lo puede anular.

Cuando ya habíamos pagado la factura, pero todavía saboreábamos nuestros cafés, una dama de cabello plateado, del tipo de mujer de la clase alta guatemalteca, se acercó a nuestra mesa para agradecer a Yassmín Barrios por su trabajo. Eso estuvo bien. Pero cuando Yassmín se levantó para irse, debió pasar muchas mesas, a pesar de la música insípida a todo volumen, para llegar a la puerta principal. Aunque estoy seguro de que la mayoría de los clientes reconocieron al más famoso peinado de Guatemala, a medida que la mujer más emblemática y polémica de su tiempo pasaba, nadie saludó ni se presentó. Desde donde Claudia y yo estábamos sentados, vislumbré, detrás de la multitud de gente esperando por mesas en la parte delantera del restaurante, el barril de hierro negro del arma de asalto de un guardia de la policía, esperando para escoltar a su casa a "una jueza honesta" de Guatemala.

Francisco Goldman (Boston, 1954) es periodista, escritor y creador del Premio Aura Estrada para escritoras mujeres que narran en español en Estados Unidos y México. Su último libro es el perfil *Di su nombre*.

México

"El niño Dios te escrituró un establo,
y los veneros de petróleo el Diablo!"

—Ramón López Velarde, *La suave patria*

Los Bolaños

Era alrededor de 1978, pero yo lo sabría después. A los censores de la dictadura argentina no les gustaba *El Chavo del 8* porque, decían, distorsionaba el lenguaje. En México, para épocas similares, al show tampoco le iba tan bien: la intelectualidad y las clases medias lo asumían vulgar, insulso y enajenante. También pensaban lo mismo de Agustín Lara y el bolero, y tomaría tiempo antes de que una nueva camada de pensadores, que incluía a Carlos Monsiváis, Cristina Pacheco y Paco Ignacio Taibo II, comenzara a ampliar la idea de la cultura popular que acabaría dándole un segundo aire a la creación de Roberto Gómez Bolaños.

Excluidos los burócratas, el biempensantismo dogmático —y muchos adultos—, en América Latina nadie tenía demasiadas dudas: *El Chavo del 8* era parte de las historias universales —los dramas— que abonaron nuestra niñez. Se volvió ubicuo hasta en Brasil —y llegó a medio mundo. Roberto Gómez Bolaños nos hizo reír y nos traumó en los setenta y los ochenta, se volvió un raro objeto de culto en los noventa y parte de la fiesta posmoderna entrado el nuevo siglo.

—*El Chavo del 8* fue la primera globalización de México —bromea Álvaro Enrigue, desde el caluroso Harlem de New York.

En el texto de *Crecer a golpes*, Enrigue toma como punto de partida el momento de sus cuatro años de edad, cuando el golpe de Augusto Pinochet en Chile, y acompaña a México en una recorrida histórica, económica y pop a través de iconos e hitos del país: el VW Sedán —el vocho—, la vida familiar, Luis Echeverría, el NAFTA. En los extremos de su historia se ubican los chilenos que emigraron a Ciudad de México como profesores universitarios y, cerrando el arco, los narcos. Esos chilenos —como otros miles de refugiados— fueron la segunda globalización de México, dice Álvaro, que ya no se detendría: el tratado de libre comercio con Estados Unidos y Canadá sumaría una más; la industria del tráfico de drogas, una nueva, feroz.

Entre esos chilenos, la figura de Roberto Bolaño, factótum de mucho.

—La publicación de *Los detectives salvajes*, en 1998, marcó la recuperación de la autoestima del DF —dice Álvaro—. Irse a vivir a un cuarto de azotea, que siempre fue deprimente, se volvió *cool* con Arturo Belano y Ulises Lima. Si Gómez Bolaños hizo una primera globalización de la ciudad, Bolaño hizo otra que aún hoy se ve.

El valor de los mitos reside en su capacidad de producir evocaciones aunque no estén presentes: los Bolaños —Roberto el mexicano y Roberto el chileno— no ocupan el texto de Enrigue: su inmanencia los sobrevuela y, de varios modos, moldea.

El México de los Bolaños —Roberto el mexicano y Roberto el chileno— refiere dos naciones distintas con lógicas distintas. En 2007, cuando se aprueba en el DF la legislación para interrumpir el embarazo, hubo una sola marcha para oponerse a algo que a nadie le importaba porque, si ya sucedía de facto, estaba bien que se legislara para proteger los derechos de las mujeres. Fue minúscula, una manifestación de trescientas personas que recorrió algunas calles de la ciudad encabezada —nación de símbolos sincréticos— por el cardenal primado del país y el máximo jerarca del culto a la Santa Muerte. Detrás, como apoyo moral, Chespirito, el Roberto mexicano. Su conservadurismo no le ha sentado bien a una imagen que podría ser venerada en la ciudad.

—Aquel México, el de la globalización con *El Chavo del 8*, era un México donde los hombres todavía creían en su derecho a disponer del cuerpo de la mujer y donde los mexicanos fueron a ver The Doors a un club vestidos de traje y con sus papás.

El México del Roberto chileno acaba con ese mundo. Bolaño contó en más de una oportunidad que *Los detectives salvajes* era una búsqueda generacional de gente que vivía en el vacío, en una nación sin futuro y donde cualquier amarra parecía estar en el pasado perdido.

—¿Los migrantes de tu historia fueron importantes en ese nuevo México?

—Algunos, y muchos aún están allí. El DF de mi infancia, que narró Bolaño, es ahora una ciudad que mejora continuamente —dice Álvaro—. Complicada, pero fluye. Una curiosa ciudad de izquierda, gigante y monstruosa, en un país conservador gigante y monstruoso.

Cuando las décadas pasaron, algunos símbolos se perdieron. El vocho, uno de los más célebres autos para taxi del mundo, dejó de fabricarse en Puebla en 2003. Su reemplazo en la calle es un signo de los tiempos, el New Beetle, un auto refinado, nada *taxible*, para *hipsters* y chicas lindas. Su reemplazo como taxi es el preciso reverso, un anodino Tsuru, una pieza que no dice nada, cuadrada y desabrida chapa para reciclaje. El Chavo de Roberto Gómez Bolaños, el primer globalizador de México, en cambio, sigue vivo entre las nuevas generaciones: Rondamón es Jim Morrison en las camisetas irónicas del siglo XXI.

Con la pérdida de símbolos y la mutación de otros, también México cambió la piel. Al arribar, los chilenos exiliados provocaron una rara mezcolanza ideológica: muchos los creían comunistas y nazis. El tiempo limpió aquello y puso las cosas en perspectiva. Según Álvaro Enrigue, los nazis de México son sus narcos. Como con aquellos exiliados del sur, México ahora debe aprender a vivir —o morir— con quienes desearía exiliar de su norte.

—Este es un país distinto —dice Álvaro—. Cuando viví en Washington, entre 1998 y 2005, ser del DF era una cosa entre hondureño y japonés: creían que era tropical pero en medio de un desierto con cactus.

—No más.

—No más. Cuando me vine a Manhattan, en 2011, entré al Centro Cullman de la Biblioteca Pública de New York y en el cubículo de enfrente trabajaba Jonathan Safran Foer. Me preguntó de dónde era, le dije que del DF y saltó entusiasmado: "¡Con mi mujer queremos ir a vivir ahí un tiempo!". Eso lo provocó Bolaño, el segundo, no el primero. Pero creo que ambos, como otros símbolos, fueron importantes para construir estos dos países distintos que fue México ayer y hoy.

Vocho

ÁLVARO ENRIGUE

Pensar en el México del nacionalismo revolucionario tardío —el que va del Mundial de 1970 a la entrada en vigor del NAFTA en 1994— es pensar en un mundo ampollado por la figura al mismo tiempo ridícula y enternecedora del Volkswagen Sedán, el "vocho". Lenus, una de las vecinas del edificio en el que crecí, tenía uno.

Cuando salíamos a dar un paseo que no se podía hacer en transporte público —mi madre pertenece a la última generación de mexicanos que se pudo dar el lujo de no manejar—, Lenus nos metía a todos en su vocho. Mi prima y yo teníamos unos cuatro años, pues podíamos viajar parados en el compartimento que había entre el asiento y el vidrio traseros. El único golpe que recuerdo en 1973 es el impacto de nuestras cabezas contra el cristal cuando Lenus frenaba. Pero es una evocación un poco falsa. También tengo grabada la canción de moda ese año, que cantábamos a gritos en el coche: "Un gato en la oscuridad", de Roberto Carlos. Todavía me la sé.

•

Dijo famosamente Carlos Monsiváis en su crónica* sobre la serie de conciertos de The Doors en el Distrito Federal, que quienes fueron conformaban "la primera generación de norteamericanos

* "Los fuegos apagados", *Días de guardar*, Biblioteca Era, México, 1970.

puros nacidos en México". Los recitales sucedieron en un centro nocturno caro y muy chic llamado El Fórum, del 28 de junio al 1 de julio de 1969. Yo nací poco más de un mes más tarde, lo cual, en términos de la cáustica monsivaisiana, me situaría en la segunda generación de norteamericanos puros nacidos en México, pero no estoy tan seguro. Mis padres, que entonces estaban en la mitad de sus treintas, crecieron sin el barniz de los Beatles, así que durante la mayor parte de mi infancia la colección de discos que escuché iba de Lola Beltrán interpretando canciones de José Alfredo Jiménez a los boleros de Agustín Lara; de Joan Manuel Serrat y Julio Iglesias al Trío Matamoros y de ahí a Facundo Cabral, Vinicius de Moraes y Antonio Carlos Jobim y de vuelta a casa con Armando Manzanero.

Los discos de rock llegaron más tarde, con el hermano más joven de mi padre, que se mudó de Guadalajara al DF y vivió con nosotros durante tres años. Eso debe haber sucedido a fines de los setenta y principios de los ochenta y todavía recuerdo las miradas de horror de mi padre frente a los alaridos —tan llenos de *soul*— de Janis Joplin o el sonido saturado de los discos de Led Zeppelin.

Tal vez el DF haya sido la última gran ciudad mexicana en globalizarse y Monsiváis haya sido más sensible al tema sólo por su formación metodista. O tal vez nosotros éramos una excepción, pero una crónica de Guillermo Vega Zaragoza* que reconstruye los cuatro recitales de los Doors en México revela hasta qué grado la parte visible para el statu quo de "la primera generación de norteamericanos puros nacidos en México" era ajena a los ritos internacionales del rock: los asistentes a los conciertos vieron a Jim Morrison —que se dice iba tan drogado que debieron ponerle un escobetón cruzándole la chaqueta para que no se fuera de espaldas— desde mesitas atendidas por camareros y tomando jugos y Coca-Colas con sus padres. La crónica de *El Heraldo de México* fue encabezada, cuenta Vega Zaragoza, con esta sentencia: "La

---

* Revista *etcétera*, edición 364, México, 20 de enero de 2000.

salud mental de los jóvenes mexicanos triunfó sobre la proyección sórdida y angustiosa de Morrison y The Doors". Ahí está completa la enteca Ciudad de México en la que crecí: la capital puritana del pequeño imperio para el que el Nacionalismo Revolucionario tenía valor providencial como raíz y corona de todo cuanto éramos.

México era un país donde la propaganda gubernamental tarde o temprano incluía la cláusula "la gran familia mexicana", donde el programa que veían todos los niños la mañana del domingo se llamaba *En familia con Chabelo*, y donde la transmisión de mayor audiencia —*Sube Pelayo sube*— consistía en competencias de destreza física entre familias. El show comenzaba con Luis Manuel Pelayo diciendo: "Deseo que estén todos reunidos, con la abuelita, con los tíos, los primos, todos felices". Se puede ver en YouTube.

México era la gran familia del Partido Revolucionario Institucional (PRI), que no tuvo empacho en abrazar e incluir a los exiliados sudamericanos desde 1973, siempre y cuando se hundieran en la cazuela guadalupana como hicieron los judíos europeos en los treinta, los españoles republicanos en los cuarenta y los libaneses en los cincuenta. Los requisitos no eran muchos: ser izquierdista sólo de salón, pasar por blanco, comprarse un vocho.

●

La Ciudad de México nunca fue tan latinoamericana como en los setenta, la década en que, curiosamente, estaba más cerrada sobre sí misma. En *El cuerpo en que nací*, Guadalupe Nettel medita sobre un conjunto de edificios —una "unidad habitacional", se decía con la cursilería propia de los planes sexenales—, emblemático del período: la Villa Olímpica. "Como dije antes, un rasgo peculiar de nuestra unidad [habitacional] es que había servido para recibir a los atletas durante el 68. Esa fecha y esas Olimpiadas constituyen, como todo el mundo sabe, el símbolo de la peor masacre cometida en México y el anuncio de la ola de represión que caracterizó al continente en los años setenta. Y sin embargo —por paradójico que esto suene—, esos edificios estaban repletos de sudamericanos de izquierda que habían llegado a México para no ser asesinados".

Tiene razón: que una buena parte de los exiliados del Cono Sur haya llegado a vivir a la Villa Olímpica es como si Buenos Aires hubiera recibido a unos amnistiados de los grupos guerrilleros mexicanos en las inmediaciones de la Escuela de Mecánica de la Armada. Sin embargo, la paradoja de Nettel es circunstancial: la Villa Olímpica está al lado de la Universidad Nacional Autónoma de México (UNAM) y los exiliados sudamericanos eran mayormente profesores de quienes la UNAM se beneficiaba. Esos profesores eran miembros de una clase media ilustrada y blanca y los años setenta fueron en el DF los de la gran migración de las familias con poder adquisitivo y sangre europea hacia el sur de la ciudad —los argentinos, chilenos y uruguayos derivaban, naturalmente, hacia donde vivía gente como ellos. Pero es también una contradicción reveladora: nunca el régimen del PRI reprimió con tanto garbo a la izquierda que optaba por la Revolución Socialista ante el fracaso de la idiosincrática Revolución Mexicana como en los setenta, y nunca México posó como en esa misma década de tierra de oportunidad para los izquierdistas que llegaban del sur. Era una forma curiosa, casi adolorida, del cosmopolitismo, no exenta de *glamour*.

•

Mis padres pertenecían a otra forma de la migración, menos vistosa. Fueron parte de esa larga, silenciosa invasión comenzada cuando todavía se oían en el aire los últimos tiros de la Revolución. Jorge y Maísa eran miembros de las modestas burguesías de provincias que mandaban a sus hijos a estudiar al DF —mi madre es refugiada de la Guerra Civil española, pero llegó a Veracruz con tres años, lo cual la hace jarocha más allá de cualquier cédula.

Como tantos otros, mis padres se graduaron, se casaron y consiguieron trabajo en la capital.

Mi experiencia de la Ciudad de México de los años setenta es completamente distinta de aquella de los amigos hijos de intelectuales que he cosechado con los años. Para mí era una ciudad xenófoba y morena en la que todas las familias iban a misa los domingos y en la que había que ocultar que mi madre había nacido fuera de México o asumir un escarnio inaguantable en la escuela. Fue hasta la universidad que pasé por aulas donde la mayoría de los estudiantes eran blancos y no se escandalizaban si el abuelo de uno había sido comunista.

El DF en los setenta era una ciudad que se veía más como los cuartos de azotea de *Los detectives salvajes* que como las fiestas que los realviceralistas arruinan a lo largo de la novela. Una ciudad que leía una prensa vendida al gobierno —no entiendo para qué se leía, pero no me he animado a preguntárselo a mi padre— y en la que no se discutían las desapariciones forzadas al sur del continente o al sur de la ciudad, sino si Señorita Sinaloa o Señorita Sonora iba a ganar Miss México. Una ciudad en la que los sudamericanos reconocidos eran cantantes o futbolistas profesionales y los únicos niños migrantes que aparecían de repente en los salones de clase eran libaneses —creíamos que ser libanés era una forma de ser mexicano, así que no los sentíamos extranjeros; tal vez tuviéramos razón.

Juanito Rodríguez, hijo del delantero central del Atlético Español, era chileno. En el edificio donde vivíamos —en los setenta, ser futbolista era todavía un oficio de clase media— su representación de las transmisiones por radio del golpe de Estado de Pinochet eran una amenidad: unos niños contaban chistes, otros tocaban el órgano, Juanito recreaba la caída de Allende. Se los aplaudía a todos. Dante y Sergio eran hijos del Morocho Juárez, capitán argentino del Necaxa. Los reconocíamos por su fabuloso toque de balón en los partidos que jugaban en los patios del edificio, no porque vinieran de una realidad insoportable. Todos coincidíamos, peinados y con zapatos de cordones, en la misa de cinco en el templo de San Antonio, a la que también atendían las Karham, inseparables de mi hermana. Luego todo el mundo se metía a su casa a ver *Siempre en domingo*, las eliminatorias de Viña del Mar, la OTI y Miss Universo —siempre ganaban las venezolanas.

El México al que llegaron los exiliados de Chile era, sobre todo, ciego, sordo y mudo. Un sistema casi perfecto para aplastar la diferencia. Era un país regido por las normas de comportamiento de una clase media brutalmente racista que en ningún lugar del mundo habría sido considerada blanca. Cuando llamé a mi madre para que confirmara la historia de los paseos en vocho por la ciudad me dijo que no, que la vecina Lenus no tenía un sedán, que era su amiga Leti. Discutimos el asunto y resultó que la niña con quien yo recordaba ir parado en la parte de atrás del coche era La Nena, mi hermana dos años mayor. "¿Y adónde íbamos?", pregunté. "Casi siempre al Parque México". "¿Tan lejos?". "Es que a Leti y a su mamá", explicó, "les gustaba ir a La Condesa porque decían que los niños judíos eran más bonitos". "¿Cómo que más bonitos?". "Ay, Álvaro", se exasperó, "eran blancos". Leti es una amiga de infancia de mi madre, una veracruzana que en cualquier otro país sería orgullosamente negra.

•

De mis seis años de primaria sólo recuerdo dos comentarios sobre política internacional dichos en el patio de recreo. El primero fue de El Pollo Castillo, que dijo a otro chico que seguramente Ronald Reagan ganaría la reelección. La ganó una o dos semanas después arrolladoramente y lo que me escandalizó no eran esos otros cuatro años de pesadillas que se le venían encima a América Latina, sino que El Pollo estuviera tan informado.

El último año del bachillerato terminé trabando una amistad serena con él, basada en el hecho de que servimos juntos en el barrio de Tepito, en uno de los escuadrones civiles que, ante la inmovilidad del gobierno, auxiliaron a la población en peligro después del terremoto de 1985. Ambos vivíamos en Coyoacán y yo no tenía coche, así que El Pollo me daba un aventón en la combi de sus padres, que se llamaba, previsiblemente, "La Polloneta". Un día, de regreso de la escuela, tomábamos una cerveza con otros amigos en su casa cuando su mamá volvió del trabajo. Intercambiamos unas palabras de cortesía y me di cuenta de que era gringa. El Pollo y yo habíamos pateado los mismos balones durante doce años y hasta ese momento supe que su mamá también había nacido fuera de México.

En los márgenes de los circuitos progresistas asociados a la UNAM, donde el origen extranjero se ocultaba, ser hijo de española me hacía un conquistador hijo de puta y un tendero ladrón, pero ser de Guadalajara —donde nací aunque nunca he vivido ahí— me hacía marica. Si las diferencias, tan banales, del lugar de nacimiento, se callaban, no hay que imaginarse qué pensaban de las sexualidades no convencionales, de las experiencias políticas diferentes, de los indios que sólo eran aceptables en los cuartos de servicio, de los malditos gringos que tenían la culpa de todo.

●

El otro comentario de política internacional que escuché en el patio de la escuela —este por muchos años—, tenía que ver con la llegada de los exiliados chilenos, que en un colegio católico eran una abstracción más bien cinematográfica: eran como los nazis, una amenaza exterior cerniéndose sobre nuestro sándwich de jamón y nuestro refresco Trébol.

Se decía, y se decía mucho, que el presidente Luis Echeverría estaba llenando el país de comunistas chilenos y que los tenía a todos empleados en Aduanas. Mi padre, retirado, trabajó buena parte de su vida en la Secretaría de Hacienda y la mayor parte de esos años en la Dirección General de Aduanas. Lo llamé por teléfono para preguntarle si mi recuerdo era cierto. "Ciertísimo", me dijo, "la gente odiaba a Echeverría por las matanzas de estudiantes de 1968 y 1971, y como eso no se podía decir, le endilgaban de todo, incluido lo de los comunistas chilenos en Aduanas". "¿Y es cierto?", pregunté. "Es absolutamente falso: que yo recuerde no había ningún empleado chileno en toda la Dirección de Aduanas". "¿Cómo sabes?", insistí. "Yo era el director de Personal, el peor trabajo que tuve en mi vida. Puros ladrones, todos mexicanos". La cruz de mi padre fuimos sus cuatro hijos: su vocación era la de profesor de teoría del comercio internacional que ejercía sólo por unas horas a la semana a veces en la UNAM y a veces en el Instituto Politécnico; el resto del tiempo padecía su trabajo tan hostil de funcionario público —o lo padeció hasta que encontró un acomodo distinto— porque había que darnos de comer.

●

En 1979 la Secretaría de Hacienda de México mandó a mi padre a auxiliar en la reconstrucción del gobierno nicaragüense tras el triunfo sandinista. Desde entonces su vocación de teórico y su empleo en el gobierno empataron mejor. Iba y venía a Managua como a otro mundo, traía regalos. Había discos de los Hermanos Mejía Godoy o juguetes tradicionales, pero también cargaba en sus maletas objetos únicos de ese borde que era la normalidad revolucionaria y que para nosotros eran equivalentes a los llaveros con la torre Eiffel que nos había traído de París o el balón Tango que nos compró en Buenos Aires poco antes del Mundial de Argentina.

En un disco de canciones sandinistas, una enseñaba cómo desarmar, limpiar y armar de nuevo un FAL, un rifle semiautomático; yo tenía una camiseta de manta estampada con un barril de pólvora que decía "Monimbó es Nicaragua" —la llevaba sin angustia al colegio católico—; durante años pendió al lado de la litera donde dormían mis hermanos mayores un afiche plastificado rojo y negro con una foto de Sandino bajo la consigna "Patria libre o morir". El póster estaba junto a otro de Robert Plant desgreñándose ante un micrófono y un autógrafo de Johan Cruyff enmarcado en color naranja —el blaugrana todavía no era una referencia en un mundo donde los únicos partidos internacionales de fútbol que se transmitían por televisión eran los de la Copa del Mundo.

Si se pudiera recordar el futuro, nos habríamos dado cuenta desde entonces que esa pared ya decía que nos estábamos globalizando, o cuando menos que estábamos muy desorientados.

•

La visita apoteósica del presidente José López Portillo a La Habana en los primeros días de agosto de 1980 representó para mí el hallazgo de que la poesía tenía un uso práctico. Era verano y, como por entonces mi madre ya había vuelto a su trabajo en una clínica del Seguro Social, nos pasábamos la mañana con la tele prendida. En el canal público veíamos caricaturas importadas de las repúblicas soviéticas —eran más baratas que las estadounidenses—, porque en Televisa las barras infantiles comenzaban por la tarde. Una de esas mañanas, los cuatro hermanos vimos los discursos de Fidel y López Portillo en cadena nacional —cuando en el México del PRI duro hablaba el presidente, no hablaba nadie más.

En casa eran años de experimentación sonora y tránsito tecnológico: mi hermano Juan grababa bits noticiosos del radio con un estéreo Fisher que había sustituido a la monumental consola Philips que ocupaba media sala. Juan podía encimar esos sonidos sobre una canción en un casete, generando ritmos inesperados como si fuera un *disk jockey* —así se decía antes de que se acuñara la expresión DJ. Eligió una frase del discurso que tenía una cadencia bárbara: "Traigo de México la mano franca del amigo sincero". López Portillo fue un presidente cuanto menos controvertido, pero el hombre entregaba las líneas de un discurso como nadie: el último político convincente que produjo el país. Mi hermano montó esa línea sobre "Call Me", de Blondie. Cuando mi padre escuchó la mezcla notó que la frase era una paráfrasis de "Cultivo una rosa blanca", de José Martí.

Me parece evidente que mi hermano Juan mostró en aquella secuencia de eventos mayor sensibilidad literaria que vocación política —hoy es un fiscalista reputado y el dueño de una biblioteca vasta, selecta e inquietantemente bien leída. Los hermanos Enrigue Soler debemos ser las únicas personas del mundo que recuerdan el viaje de López Portillo a La Habana por la cita a Martí, puesto que la otra que se grabó en la memoria popular fue mucho más brava: "Lo que le hagan a Cuba, se lo hacen a México".

En el año 80 mi suegro, Cassio Luiselli, era el coordinador nacional del Sistema Alimentario Mexicano (SAM), uno de los programas más ambiciosos del sexenio de López Portillo, pues encadenaba la producción y consumo de dieciséis productos básicos para atender la demanda interna y, con ello, aumentar el consumo y los ingresos de los campesinos. El proyecto del SAM tiene un aire de plan quinquenal que no puede con él, así que hablé a mi suegro a su casa de San Jerónimo, al sur de la Ciudad de México, para preguntarle si había estado en la apoteosis cubana de López Portillo. No lo encontré: había viajado a una reunión de la CEPAL en Santiago de Chile, y por un momento sentí que no estaba llamando al DF sino a 1971.

Di con él al día siguiente, en su hotel austral. "Claro que estuve", dijo, "era el momento de gloria de México: el país crecía a un promedio del 6% anual desde la posguerra y el petróleo nos estaba dando el empujón que necesitábamos". Otra de las frases célebres de López Portillo, tras el descubrimiento de los mantos petrolíferos de Cantarell, fue: "Tenemos que acostumbrarnos a administrar la abundancia"*. "¿Y qué pasó?", le pregunté a Cassio. "Todo se acabó en la crisis del 82". "Yo tenía trece años", respondí, "no me acuerdo de nada" —más allá del remix de mi

---

* José López Portillo. *El presidente apostador*. Colección "Los Sexenios". México, Clío, 1998. Duración: 46'.

hermano Juan. Además de un economista reputado —fue director de la CEPAL—, Cassio Luiselli es profesor del TEC de Monterrey, así que pudo trazar con claridad meridional el dibujo de la crisis tal como se vio desde dentro del gobierno.

Estados Unidos entró en recesión y la administración de Reagan subió la tasa de interés y redujo el gasto. Margaret Thatcher hizo otro tanto, así que el servicio de la deuda de México en dólares creció seis veces mientras el apretón a las economías mayores reducía los precios del petróleo. López Portillo tuvo que devaluar el peso aún cuando había prometido que lo defendería "como un perro"* —entre muchas otras cosas, el presidente fue una víctima notable de su propia habilidad retórica. El 1 de diciembre de 1982, Miguel de la Madrid tomó posesión en un país en el que ya no quedaba nada. En el 85 le tocó tratar de reconstruir la capital tras el terremoto más devastador de la historia moderna de México. En el 87, sin que nos hubiéramos recuperado, los precios del petróleo bajaron todavía más.

"El país no se ha repuesto," me dijo Cassio. "Nunca más ha vuelto a crecer más de un dos o tres por ciento al año". En México, los ochenta no fueron una década perdida: fueron un cataclismo.

●

A sabiendas de que estaba en Santiago y con amigos que alguna vez fueron exiliados en México, pregunté a mi suegro si había escuchado el rumor de los chilenos comunistas en Aduanas. "Claro", me dijo. "Fue una reacción xenofóbica, nunca hubo más de tres mil y México tenía una población de 48 millones de habitantes". "Pero sí trabajaban en el gobierno", insistí, "dado que tú los conociste ahí". "Por supuesto que no", respondió. "Yo no fui funcionario en el gobierno de Echeverría porque estaba haciendo mi

* VI Reunión de la República, 5 de febrero de 1982.

doctorado en Wisconsin. Cuando volví al DF me invitaron a un *think tank* coordinado por Francisco Javier Alejo, una Oficina de Estudios Especiales de la Presidencia de la República en la que había varios economistas chilenos muy brillantes". En 1977, López Portillo independizó al grupo de reflexión de la presidencia y lo convirtió en el Centro de Investigación y Docencia Económica (el CIDE). El Centro se volvió más prestigioso que el Colegio de México —fundado en circunstancias similares, pero con intelectuales españoles en el exilio— o la propia Universidad Nacional.

Los profesores de mi escuela deben haber sabido eso —que los chilenos ni eran comunistas ni trabajaban en el gobierno— pero alentaban el rumor: los había traído Echeverría, eran ultras, nos iban a quitar todo. Había que pararlos porque eran como los nazis.

•

Mi recuerdo del México de los años anteriores a la crisis de 1982 no es de un país en bonanza económica, sino de uno donde faltaba todo. Tal vez así era el mundo por entonces, pero lo que yo tengo grabado es la marca de los racionamientos y las carestías. Mi suegro Cassio dice que en México no sucedían esas cosas, que habría episodios en los que faltaba algo que tal vez yo recuerde con intensidad porque la memoria, sobre todo la infantil, edita. Puede ser, pero tengo registro seguro de un período en que, por ejemplo, el agua y la electricidad estaban racionadas, al menos en la Ciudad de México.

Todas las noches, a las siete u ocho, el gobierno del DF cortaba el flujo eléctrico a nuestro barrio. El agua dejaba de fluir por las tuberías del edificio poco después de las ocho de la mañana y había que llenar las cazuelas para cocinar porque el corte podía durar todo el día.

Mi padre, como mi suegro, tampoco recuerda los racionamientos de agua y electricidad, tal vez porque ambos estaban en la oficina todo el día y trabajaban para el gobierno, que tampoco se disparaba en la rodilla. Mi madre, en cambio, los tiene clarísimos: "Era cuando tu tío Eduardo vivió con nosotros, entre 1979 y 1981", plena bonanza petrolera. "Lo mandaba con tus hermanos por baldes de agua".

Hablé con mi hermano Jordi, el mayor, que vive en Barcelona, y confirmó ambos recuerdos. "Mamá me contó que los mandaba por agua", le dije, "pero yo creo que la cultura de los garrafones es posterior". Me respondió que aquello que Maísa mandaba a hacer era una operación ilegal pero tolerada: al final de la calle había una toma de agua de la ciudad y la gente se formaba ahí para rellenar sus baldes. "Era algo parecido a los hidrantes de Nueva York en verano". Jordi también recordó los cortes de luz metódicos: "A nosotros nos tocaba a las ocho".

En el México anterior al horario de verano, las ocho siempre eran de la noche. No eran cortes piadosos y los racionamientos tampoco eran lo más duro. Recuerdo con particular intensidad una carestía de azúcar. Los vecinos hacían guardia en el supermercado y avisaban cuando llegaba un camión. No se podía comprar más de un kilo por persona, así que mi madre arreaba con nosotros y nos formaba en filas distintas para que cada quien comprara uno.

Durante esa carestía a mi padre le tocó lidiar con el contrabando de azúcar en las aduanas del sur. Echeverría había subido unilateralmente el precio de la tonelada de caña para beneficiar al sindicato de los cañeros: un kilo de azúcar mexicana costaba cinco veces más que uno guatemalteco. "El problema de contrabando se volvió tan grande que se empezó a hablar de abrir la economía mexicana, que estaba cerrada a piedra y lodo por el tema de la sustitución de importaciones", me explicó. Pregunté qué era eso: "Una recomendación de la CEPAL que funcionó de maravilla en la época del milagro mexicano, pero que para entonces ya era puro proteccionismo hipertrófico". El cierre de fronteras como estrategia política clientelar, un clásico de los años de oro del PRI.

"No te imaginas lo que era eso: se produjo una ola de contrabando escalofriante: millones de coches, ropa, productos básicos. López Portillo hizo una consulta para ver si entrábamos al GATT —un acuerdo internacional de unificación de tarifas aduaneras— y concluyó que no. Siguió el contrabando, la corrupción. Al final, De la Madrid nos metió al GATT sin avisarle a nadie, en el 86. No era un asunto ideológico, era práctico. Como legalizar las drogas".

En las carestías de leche, mi madre nos mandaba a buscar camiones repartidores por las calles para comprar directamente porque los litros no duraban nada en las tiendas. Jordi me dijo que esa historia la recordaba bien porque fue el primer enfrentamiento de la familia con los demonios de la industrialización.

Nuestra madre creció en una ciudad muy chica de Veracruz, donde la leche era bronca y se entregaba en burro. En el DF, desconfiaba de la leche en empaque de cartón plastificado, así que se suscribió a una lechería popular en la que un señor Nicols —"un granjero rubio que ha de haber sido menonita"— iba todos los días a dejar litros de vidrio a las puertas de las casas. Un día, el señor Nicols anunció que había vendido su lechería a una empresa más grande, Leche Lala. "Pasaron años", me dijo Jordi, "para que las empacadoras industriales pudieran surtir al ritmo de las artesanales". (Sintomáticamente, mi hermano le dice a la leche empacada industrialmente "de Tetra Pak" y a la artesanal, "de vaca"). "Pero igual tu suegro tiene razón y todo eso no era producto de unas carestías generales, sino una bella tradición mexicana".

Tal vez sea cierto: antes de mudarme a Nueva York en la primavera de 2011, vivía con mi familia en el barrio de Tacubaya y mis sábados siempre empezaban persiguiendo al camión del gas para que me cambiaran el tanque.

●

Le pregunté a mi hermana sobre los viajes en el vocho de Leti: confirmó que mi compañera en la caja trasera del coche era ella y no mi prima y que cantábamos a voz en cuello "El gato en la oscuridad" mientras circulábamos por una ciudad en la que sólo había dos o tres vías rápidas. Quise saber sobre los paseos al Parque México, en la Condesa, que tengo borrados. Dijo que los niños que jugaban ahí eran, efectivamente, blancos. El sentido del humor de La Nena es brutal: "No sé si eran niños judíos, era muy chica; pero luego la comunidad se mudó a Polanco y llegaron las boutiques, así que se mudaron a Tecamachalco y llegaron los narcos; no dan una los pobres".

Mi primer recuerdo de la Colonia Condesa es otro. Durante un período dejamos de ir a misa al templo de San Antonio, en la Nápoles, y pasamos a una iglesia de arquitectura modernista en una esquina del Parque España, en la misma colonia. El templo estaba todavía en obra y el cura hablaba más de política que de los amores de Dios. Nunca llamaba al presidente Jimmy Carter por su nombre. Gritaba, exaltado: "El cacahuatero, el cacahuatero".

"Es el templo de La Coronación", dijo mi hermana, y me explicó la historia de nuestra repentina mudanza de ritos. "Papá conoció a Ernesto Cardenal cuando lo mandaron a Nicaragua y regresó como iluminado; la del Parque España ha de haber sido una iglesia de teólogos de la liberación". Ni ella ni mi padre recuerdan que fuera un templo donde se pusieran apodos a los presidentes gringos. Como sea, en 1982 llegó Reagan al poder y un mundo entero, no sé si mejor o peor, se vino abajo.

•

México cambió realmente durante el gobierno de Miguel de la Madrid. Cambió porque Reagan se planteó un plan de locos: ganar la Guerra Fría. Eso no se podía hacer sin someter, entre muchos otros países, a México. El martillo con que Estados Unidos abrió la economía de su vecino fue la ayuda financiera posterior a la crisis de 1982, pero la cuña con la que apretó —y esto explica muchísimo de lo que pasó después— fue la guerra contra las drogas.

En *Zero, zero, zero**, Roberto Saviano propone que el momento en que todo se alineó para que las mafias globales conformaran un poder alternativo al de los Estados fue el asesinato en México del agente de la DEA Enrique "Kiki" Camarena. Su muerte, lentísima y horrorosa, representó el primer desafío abierto del nuevo esquivo poder mundial al imperio de Estados Unidos. También generó una figura cristológica que permitió un consenso universal en torno a la urgencia de declarar al tráfico de drogas un problema de seguridad nacional y, con eso, desplegar los recursos para una injerencia policiaca abierta en buena parte de América Latina.

No creo que sea casualidad que el ingreso de México en pleno al sistema capitalista mundial sea simultáneo al surgimiento de ese siniestro Estado fantasma que han generado los grandes traficantes de drogas. Después de todo, los narcos son el grado cero de la liberación del comercio, la distopía del capitalismo global.

●

Nunca tuve un vocho. Llegué a la edad de manejar cuando la estrella del coche emblemático de la clase media mexicana ya eclipsaba a favor del Tsuru, un poco más espacioso, un poco menos contaminante y notablemente más económico. El Tsuru es probablemente el coche de diseño más gris de toda la historia, pero el mío tenía una personalidad formidable gracias al nombre con que lo bautizó La Nena el mismo día en que fuimos a recogerlo a la agencia: "El Jitomate".

Lo que sí tuve fue una novia con vocho. En una ocasión simplemente no arrancó cuando salía de clases en la Facultad de Filosofía y Letras y me llamó por ayuda. Pasé por ella en El Jitomate con el mecánico de la esquina. El hombre destapó el motor —estaba detrás, una de las peculiaridades prehistóricas del

---

* Roma: Fertrinelli, 2103.

Volkswagen Sedán— y en cinco minutos me tendió una pieza. "¿Qué es?". "La bomba de gasolina", dijo, "está picada". Le respondí que tenía que ir a una refaccionaria de la aseguradora porque no tenía dinero. Se rió: "No cuesta nada". "¿Y dónde hay una refaccionaria por aquí?". Me miró como si fuera un marciano. "No es un coche", dijo, "es un vocho: venden las piezas en la tlapalería". Era estrictamente cierto. Cuando tiempo después en un accidente sólo aparatoso la defensa del mismo vocho se hizo chicharrón, ya no llamé al mecánico: fui a la ferretería de la esquina y la puse con una llave de tuercas.

Un coche con esa sencillez y sentido de la lealtad no podía sobrevivir al capitalismo caníbal al que México se subió con alegría inusual y consenso casi general tras la firma del Tratado de Libre Comercio para América del Norte.

•

A mi padre le molesta que piense que están relacionados el surgimiento del narco como un poder de facto en el mundo y el establecimiento de acuerdos comerciales internacionales. Pertenece a la generación que vio florecer en directo esa asociación casi utópica que fue la Comunidad Europea en sus orígenes. Todavía se acuerda de la Segunda Guerra Mundial. Le pregunté sobre el volantazo de Miguel de la Madrid en 1986: "Había que abrir México, vender en dólares lo que se producía y luego entrar al mercado gringo a sangre y fuego".

Para mi generación fue particularmente traumático que un día en la tienda de la esquina las Lunetas fueran sustituidas por M&M'S, pero ayer compré un litro de Leche Lala en el *deli* árabe a la vuelta de mi departamento en Harlem, seguro de que contenía unas gotas producidas por las descendientes de las vacas del señor Nicols.

Hay todo un dibujo del siglo en la vida de intelectual atrapado en la administración pública de mi padre: el teórico del comercio internacional que en los setenta ayudó a los sandinistas a diseñar su sistema aduanero, en los noventa formaba parte de la delegación que negoció milímetro por milímetro el NAFTA en reuniones interminables entre el DF, Washington y Ottawa.

El Tratado de Libre Comercio fue para su generación la revancha de la Virgen de Guadalupe, una lanza clavada en Texas. Jorge y Maísa pasaron el 1 de enero de 2013 en casa, en Nueva York. Un día fui con él al supermercado de Broadway y la 146 por unos limones. Sonrió vastamente frente a los estantes de salsas: las botellas de La Valentina y Huichol —Jorge es jalisciense, por eso yo nací en Guadalajara— dominaban con soltura a las mezclas locales para *barbecue*. "Esto no hubiera pasado sin el Telecán". Mi padre usa las siglas en español del Tratado (TLCAN): su edad y vocación de memoria se revelan completas si le dice así al NAFTA.

•

La noche del 4 de enero de 1994 la pasé en el Hospital Ángeles del Pedregal. Mi primera mujer había tenido una obstrucción cerebral y la internaron para evitar que el derrame acabara transformado en embolia. El 1 de enero de 1994 México, Estados Unidos y Canadá se habían integrado en la zona comercial más potente del mundo y, simultáneamente, los zapatistas se alzaban en una región remota de Chiapas. Gran lección para nosotros, que nos creíamos enfilados al híper desarrollo, pero sobre todo para los gringos, que debieron aprender en minutos en qué embrollo se habían metido: en México todo es simbólico.

El 2 de enero, el subcomandante Marcos —otra víctima célebre de la habilidad retórica— había dicho en un comunicado que dio la vuelta al mundo que si los zapatistas negociaban, lo harían en el Ajusco, el volcán extinto que clausura el sur de la ciudad de México y marca el inicio geográfico de América Central —incluso la geografía es simbólica en México: si uno maneja los cuarenta y cinco minutos que separan al DF de Cuernavaca y luego regresa, fue y vino a una expedición centroamericana.

El Hospital Ángeles está en el extremo sur de la Ciudad de México. La tarde del 4 de enero de 1994 salí a fumarme un cigarro en su terraza más alta. Hacia un lado veía el muro de piedra del Ajusco, que por primera vez me pareció amenazante y no hermoso. Hacia el otro lado quedaba el norte infinito: la industria, la riqueza, la democracia. Honestamente, no pude reconocer de qué lado del conflicto estaba: prefería que México dejara de ser una dictadura de partido en la que el acceso a los bienes de consumo dependiera de uno mismo y no de otro grupo de revolucionarios nacionalistas, pero no podía dejar de simpatizar con el EZLN. Si Marcos se convirtió en una figura global fue porque fue el primero en entender que Internet es una herramienta política y no un medio de comunicación, pero también porque los zapatistas simple y llanamente tenían la razón: la gran familia mexicana acumulaba muchísimas cuentas pendientes con sus indios y sus pobres, que además eran —siguen siendo— la mayor de las minorías económicas del país. Luego supimos que el EZ era, en realidad, un ejército enternecedor, pero en ese momento podían ser cualquier cosa.

Ya dije que el máximo problema de diseño de la mente humana es que no está capacitada para recordar el futuro. En esa terraza, en esa hora tan triste que es el crepúsculo del Distrito Federal, no podía saber que estaba ante la paradoja que iba a marcar con un signo horrible la infancia de mis hijos: lo que vino del norte en los años siguientes fueron las armas, el dolor, una violencia inimaginable desatada por la ambición de gobernar territorios y controlar sus mercados.

Los chilenos que llegaron en 1973 no eran, como creían los niños de mi escuela, los nazis de nuestra película. Fueron nuestros profesores, se convirtieron pronto en nuestros amigos: otros libaneses cuyas mamás no cocinaban tan rico, pero que jugaban fútbol mucho mejor. Nuestros nazis son los narcos.

Álvaro Enrigue (Guadalajara, 1969) es escritor, ganador del Premio Joaquín Mortiz por *La muerte de un instalador* y del Premio Herralde 2013 por *Muerte súbita*. Su libro más reciente, de investigaciones literarias, es *Valiente clase media*.

Cuba

"Prohibido queda soñar de nuevo;
desfiguramos alegrías o las escondemos".

—George Orwell, *Pude ser un feliz vicario*

INTRODUCCIÓN

Depósito de segunda mano

Un día, mientras caminaba por el barrio de El Vedado, en La Habana, Leonardo Padura se cruzó con un antiguo compañero de universidad. Se fueron juntos en auto. Cuando bajó, el amigo se volvió a él.

"Oye, Leonardo, sigue adelante. Que tú eres el que está sacando la cara por esta generación", me dice que le dijo.

—Nos manipularon y ocultaron información por décadas, Diego, mientras nos mandaban de un lado para el otro —contará luego—. Nos dejaron sin espacio en un país donde la historia está en todas partes.

El texto de Leonardo Padura revisa su generación, los hombres y las mujeres nacidos en los cincuenta, quienes en los papeles debían heredar la Revolución. En cambio, parece, recibieron su hipoteca.

Leonardo Padura está en el estudio de la casa que construyeron sus padres en 1954 y que ahora es suya. El estudio tiene un ventanal que da a un jardín sembrado con flamboyanes. Las paredes son las paredes de un escritor: un tapial de libros como testigos. Allí Padura escribe desde temprano en un escritorio con papeles aquí y allá, un calendario. Hay tres fotos donde, Padura y su esposa Lucía, sonríen a diario a Padura: a los besos en un parque de Madrid, frente al Kremlin, en las montañas suizamente blancas de Rigi. Al lado, una toma de sus perros, Chorizo el viejo y Natalia la callejera. Natalia murió de vieja, medio año atrás. Los perros de Padura son bien cubanos, aun gastados aguantan.

—¿Hay esperanza para tu Cuba?

Padura responde sin dudar.

—Sí y no. Como empezaron a cambiar las cosas en la economía y la sociedad, da cierta esperanza de una mejoría en la vida, sabes. Pero también crea cierta incertidumbre sobre a cuántos ayudará a mejorar y a cuántos otros les irá igual o peor. En Cuba tenemos un proceso de dilatación social de aquella uniformidad que había hasta los noventa, cuando nos cayó la crisis. Los jóvenes son más emprendedores, se beneficiarán. Mi generación, no. No estamos preparados para ese cambio.

Un ruido se cuela por el fondo. Es el fumigador contra el dengue, que ha golpeado; Padura lo vio venir.

—¡Lucía! ¡Lucía!

Aunque nunca fumigan, a Lucía se le ocurrió que hoy era un buen día para matar mosquitos. Cuando la voz de la mujer se oye al fondo, Padura vuelve a recuperar la charla. No sé cómo del exterminio de los mosquitos pasa a la resistencia de los cubanos, pero ahí va. Dice que en Cuba no pierden nada, todo se recupera. Que, así estén en los hilos, guarda las ruedas gastadas del auto para usarlas si se rompe una de las nuevas. Que los jóvenes, tan pillos, abren talleres de arreglo de celulares. Que si las cosas no tienen arreglo, pues las piezas se usan para otra cosa. Que, dice Padura, en el resto del mundo se bota lo que se rompe, pero no en Cuba. Y entonces pienso en un país convertido en depósito de segunda mano: gobiernos viejos, ideas golpeadas, generaciones usadas.

•

Por la tarde, Padura se acomodará a leer alguna de las cuatro novelas de viejos amigos, insistentes y desesperados que le piden opinión. Luego tenderá unas mantas bajo las matas de aguacate. La mayor le da unas paltas de kilo y medio o dos. "Son los mejores aguacates del mundo", me dirá luego, "y muy excepcionalmente le regalo uno a alguien. Es mi forma de ser egoísta: con mis aguacates, mis guanábanas, mis anones".

—¿Qué crees que viene tras Fidel y Raúl?

Suspiro.

—El futuro es siempre un poco nebuloso. Raúl dijo que se queda hasta 2018 y luego deja, pero en el mundo actual cinco años son mucho. Hace cinco años casi ni existían Facebook ni Skype. De alguna manera, será distinto. No sé cómo, pero será distinto.

—¿Los que están fuera pueden hacer algo?

Se cuela un sonido, *fsssss fsssss* —el fumigador o la isla que se desinfla.

Padura:

—Igual que adentro, afuera hay una comunidad muy heterogénea. Los fundamentalistas en contra de todo, los que favorecen diálogo, los que se ocupan de sí mismos. Lo que mantiene el vínculo del exilio son las familias: tener padre, madre, hijos aquí. Si no los tienen, se pierde en la distancia. El único camino lógico y deseable, me parece, es de una reconciliación entre todas las partes, dentro y fuera.

Hay ruido en la línea. La llamada va y viene, la voz de Padura ulula con un sonido metálico, espacial.

Antes de los libros de compromiso y la mata bajo el mejor aguacate del mundo, bajará a darle el almuerzo al viejo Chorizo, que ya está ciego. Él le da la comida, Lucía el agua con un biberón. Cuando la voz de Padura regresa, Skype carga otros diez dólares a la cuenta por unos pocos minutos a La Habana. Cuba cuesta.

—Sabes —digo—, a veces me parece que tu país es un *reality show*: ustedes allí, dentro del televisor, viviendo un experimento; nosotros viéndolos desde el sofá. Cómodos, con *popcorn*.

Ahora es él, la mirada en la foto de sus perros y su mujer, quien deja el silencio correr.

—Lo terrible es ser personaje de ese *reality show*.

La generación que soñó el futuro

LEONARDO PADURA

El invierno de 1977 fue el último en que Jaime Ramón Mercader del Río pudo pasear a sus dos magníficos galgos rusos por las arenas de la playa de Santa María del Mar, unos pocos kilómetros al este de La Habana. El hombre que en agosto de 1940, cumpliendo órdenes de Josip Stalin, había asesinado a León Trotsky en México, residía en Cuba desde el año anterior y lo haría hasta su muerte, devorado por un cáncer, en octubre de 1978.

Como era de esperar, Ramón Mercader vivía en Cuba en condiciones de anonimato, y sólo algunas personas muy confiables o allegadas sabían la verdadera identidad de aquel republicano español recio y discreto al que, solidariamente, el gobierno cubano le había concedido una magnífica morada en una de las más atractivas zonas del barrio habanero de Miramar, antiguo coto de la burguesía criolla. Para que gastara sus días cubanos al asesino material de Trotsky se le había escogido el último de los muchos nombres que utilizó a lo largo de su vida: Ramón Ivanovich López. El mismo nombre con el que sería enterrado en el cementerio moscovita de Kuntsevo, y bajo el cual yacería hasta mediada la década de los noventa. Sólo entonces, cuando ya no existía el país a cuyo servicio había trabajado y asesinado, con plena conciencia de que actuaba como brazo armado de la revolución universal que nos legaría un mundo mejor, aquel hombre a la vez tan singular y tan típico de su tiempo, recuperaría su verdadero nombre, al menos en la lápida mortuoria.

Entre las pertenencias que Ramón o Jaime López trajo en 1974 desde Moscú para su estancia cubana, estaban aquellos dos bellísimos borzois, Nana e Iks, a los que consideraba parte de su familia y amaba casi tanto como a sus hijos. Porque de ser cierto lo que escribió en algunas de sus cartas de aquellos años (con este personaje la desconfianza siempre es válida), Ramón Mercader era un padre amantísimo de sus hijos (adoptivos) Arturo, Jorge y Laura López y un amo tan preocupado por sus bellísimos perros (los llama "los aristócratas" en una carta que le envía a un sobrino) que en invierno los llevaba a la playa para que corrieran libres y en verano los hacía dormir en aire acondicionado para que las criaturas siberianas resistieran mejor las altas temperaturas del estío tropical.

Quienes hayan leído mi novela *El hombre que amaba a los perros* con seguridad recordarán esta historia real, sepultada por mucho tiempo, y ficcionada sólo en sus detalles dramáticos. Y precisamente de quienes la han leído han nacido dos preguntas sobre unas cuestiones que suelen intrigarlos con especial insistencia: ¿cómo se concretó la posibilidad de que Ramón Mercader viniera a vivir a Cuba?; y, ya desde dentro de la ficción, ¿qué rasgos biográficos compartimos el autor y el personaje del joven escritor (Iván Cárdenas en la novela) que se encuentra un día, en una playa habanera, al dueño de dos borzois y traba relación con él sin tener la menor idea de que era, ni más ni menos, el asesino de León Trotsky?

Sobre la primera pregunta, aún hoy soy incapaz de dar una respuesta con conocimiento de causa, pues el asunto nunca se ha ventilado públicamente. Hasta donde conozco sólo en el libro de Álvaro Alba, *En la pupila del Kremlin*, montado a partir del testimonio de la hispano-soviética Karmen Vega, se ofrece una versión de las entretelas del acuerdo, conseguido por la propia narradora de la historia, como favor pedido a título personal al líder cubano Fidel Castro durante una estancia suya en Moscú. La versión, demasiado heroica, romántica y dedicada a resaltar el protagonismo de Karmen Vega, aun en medio de su más que posible fantasía tiene, sin embargo, algo que huele a verdad: el trato debió hacerse a los más altos niveles de decisión política (al menos por la parte de Cuba), pues "la patata caliente" (como se hacía llamar a sí mismo Ramón Mercader) no era una presencia deseada en ningún sitio del planeta y, fuera de la URSS, sólo era posible que resultara admitido por otro país de sistema socialista y muy cercano a la política soviética, y bajo las ya mentadas condiciones de anonimato.

La segunda pregunta, en cambio, tiene dos respuestas. Una es que entre Iván Cárdenas y yo, en el sentido puramente biográfico, personal, no hay relación alguna. Iván es un personaje de ficción, construido con elementos de muchas vidas, reales o posibles, pues me propuse convertirlo en una síntesis de diversas experiencias vividas por una generación de cubanos, la generación a la que pertenezco. Y por ello, la segunda respuesta es que entre Iván Cárdenas y yo hay una estrecha relación, pues compartimos la misma época vital, tenemos casi la misma edad y, por ende, varias de esas vivencias fueron asimiladas desde una perspectiva generacional semejante. De tal modo, la vida y tribulaciones del personaje, desde los años setenta hasta su final, también pudieron haber sido las mías, incluida la conmovedora experiencia de, a los veinte años, haberse encontrado en una playa cercana a La Habana a un tal Ramón López que paseaba a dos magníficos galgos rusos... y no haber podido imaginar siquiera, Iván o yo, que aquel individuo era Ramón Mercader, el asesino de León Trotsky. Y no porque aquel hombre se presentara con otro apelativo, o porque resultara difícil —como sin duda lo era— asociarlo con aquel acontecimiento histórico de resonancias remotas, sino porque ni Iván Cárdenas ni yo, crecidos y educados en la sociedad socialista cubana, teníamos (ni podíamos tener) noticias de que existía un hombre llamado Ramón Mercader que había sido el asesino de aquel fantasma difuso, innombrable y mancillado por el movimiento comunista internacional, que había nacido como Lev Davidovich Bronshtein.

•

Mi generación entró en la vida adulta en la década de los setenta. Habíamos nacido en los años cincuenta, crecido en la primera década revolucionaria y nos tocaría abrir los ojos a la comprensión de la realidad en uno de los momentos más dramáticos de la historia cubana —tan llena de momentos dramáticos, al menos para nosotros, los cubanos. En lo visible, en lo cotidiano, aquel momento en que atravesábamos los estudios pre y universitarios resultó una etapa de grandes fervores internacionalistas: el ascenso de la Unidad Popular y la presidencia de Salvador Allende, en Chile, fue uno de ellos, y nos trajo inmediatas consecuencias. La más recordada de esas secuelas fue la avasallante imposición de las canciones políticas latinoamericanas, venidas del propio Chile y de otros confines del continente, con su sonoridad de quenas y tamboritos, tan ajenos a la raigal sensibilidad musical cubana, que en realidad hubiera estado más a tono con la naciente música salsa —de la cual poco o nada se difundió en la Cuba de aquellos años— e incluso con el rock, limitado en su programación, luego de haber estado hasta excluido de las emisoras radiales y mucho más de las televisivas por haber sido considerado ideológicamente "nocivo" y una manifestación cultural "extranjerizante". Así, mientras de diversas formas se asediaba a los "combos" que miméticamente trataban de montar canciones de Los Beatles, Chicago y Blood Sweat & Tears, mientras desconocíamos el auge caribeño de la música de Willie Colón, las canciones de Héctor Lavoe o los conciertos de Fania, entre nosotros, con toda la fuerza de unos medios de difusión controlados por el Estado, empezó a ser aupada la formación de tríos y septetos de música folklórica andina, que interpretaban canciones chilenas y peruanas con sonoridades extrañas, por jóvenes cubanos ataviados incluso con ponchos multicolores que podían llegar a derretir a los intérpretes.

Aquel fervor latinoamericanista, que nos acercaba a nuestros hermanos del continente, venía acompañado, para más ardor, por la invasión cultural eslava que tuvo sus más visibles representantes en el cine de guerra soviético —todas las películas sobre la Gran

Guerra Patria nos llegaban con puntualidad— y los genéricamente llamados "muñequitos rusos", los dibujos animados soviéticos, checos, húngaros que desplazaron de las pantallas televisivas a los *cartoons* norteamericanos de nuestras primeras nostalgias y que entraron a formar parte de la educación sentimental de nuestros hermanos menores. Así, en lo visual, tanto como en lo político, el país se sovietizó profundamente, en todos los sentidos, incluido, por supuesto, el de la información. O, para ser más exacto, el del manejo de la información, concebido al estilo patentado por los hermanos soviéticos.

Todavía puedo evocar, con vívida nitidez, la mañana de 1973 en que, de regreso de un partido de fútbol con unos compañeros del preuniversitario, nos sorprendió el voceo de vendedor de periódicos que clamaba "Mataron a Allende, vaya, mataron a Allende", mientras la gente casi le arrebataba los diarios de la mano. En nuestras mentes juveniles, atiborradas de información política, henchidas de fervor latinoamericanista, colmadas de sentimientos internacionalistas, cargadas de la convicción histórica de la necesidad de la revolución mundial y el indetenible ascenso del socialismo, aquella fatídica información cayó como un fardo pesadísimo, tan doloroso como había sido en su momento la revelación de la muerte del Che, de quien al fin sabíamos que andaba por Bolivia, o el dramático anuncio de que no se alcanzarían los diez millones de toneladas de azúcar previstos para la zafra de 1970, los diez millones ansiados, simbólicos y reales, que sacarían al país de su atascadero económico y para los cuales tanto trabajo y sacrificio habíamos entregado.

La música de tamboritos y quenas se tornó entonces más fúnebre —en mis oídos caribeños siempre me ha sonado así, o cuando menos triste, adolorida, incluso cuando trata de resultar festiva—, mientras a los cines llegaban más películas soviéticas y nos preparábamos para cumplir otra gran misión histórica: la guerra de Angola, la del internacionalismo, la de la deuda ancestral con nuestros hermanos africanos, la guerra de mi generación.

•

Mi generación fue la primera, en la historia del país, que tuvo acceso masivo a los estudios superiores. Millares de jóvenes de todas las razas y extracciones sociales, educados en las escuelas que el proceso revolucionario había fomentado por toda la isla, llegamos a materializar durante aquellos años de la década de los setenta el sueño dorado de nuestros padres que, curiosamente, para nosotros parecía lo más natural y lógico del mundo. ¿Qué otra cosa íbamos a hacer que no fuera estudiar, hasta el fin? No es para nada fortuito que muchos de mis amigos de la adolescencia preuniversitaria se convirtieran, poco después, en médicos, ingenieros, licenciados en los más diversos saberes. Incluso varios de ellos detentan diplomas obtenidos en universidades soviéticas como la famosa Lomonosov.

Mi generación fue, además, la que en su formación académica experimentó los primeros de los muchos ensayos pedagógicos y organizativos que se han desarrollado en el país a lo largo de estas últimas décadas. En la primaria recibimos clases de los llamados maestros "Makarenko" (basta su nombre para indicar el origen del programa y sus intenciones); en los estudios secundarios inauguramos, entre otros, el sistema de las tele-clases y las escuelas internas de régimen militar; en los años del preuniversitario abrimos las "escuelas en el campo", centros de estudio ubicados fuera de las ciudades donde, también en régimen interno, los jóvenes dedicaban una sesión del día al estudio y la otra al trabajo en la agricultura, lejos de la tutela o vigilancia paterna (mientras los que estudiábamos en las ciudades cumplíamos entre seis y ocho semanas de trabajo agrícola, incluso en los cortes de caña, pues además de ayudar económicamente al país, respondíamos a la puesta en práctica de la teoría del "valor formativo" del trabajo).

En mis años en la universidad tuve el extraño destino de obtener un cupo en la Escuela de Artes y de Letras, de ingresar en la escuela de Letras (sin Artes) y de terminar graduado en la Facultad de Filología, con los imprescindibles cambios de programas que seguían a estos ajustes del perfil académico, sobre los cuales nunca nadie nos consultó. Como era de esperar, en esos años de estrechísima compañía soviética los planes de estudio se fueron poblando de asignaturas como Materialismo Histórico y Materialismo Dialéctico, Economía Política, Historia del Movimiento Obrero y el muy simpático curso de Comunismo Científico, uno de los más osados ejercicios de ciencia ficción que sea posible imaginar. Recibimos seminarios de Ateísmo Científico y, en consonancia con esa materia, rechazamos cualquier creencia religiosa, pues, además, bien sabíamos (eso sí lo sabíamos) que profesarla y publicarlo podía ser considerado una grave debilidad ideológica —tan estigmatizada como la homosexualidad—, capaz de incapacitar al estudiante en su ascenso social y, en casos extremos, podía llevar a su marginación y hasta expulsión de determinadas carreras superiores, como ocurrió durante aquella campaña de "Profundización de la Conciencia Revolucionaria" desatada en mis tiempos universitarios (1975–1980).

Mi generación fue, también, la que nutrió de soldados a los ejércitos cubanos en las guerras internacionalistas de Etiopía y Angola, en las que participaron miles de jóvenes (incluso en edad de servicio militar, o sea, algo más de dieciséis años), y en las que yo mismo me vi envuelto, pues debí trabajar un año en Angola, afortunadamente como corresponsal civil, por lo que merecí la distinción de Trabajador Internacionalista.

Mi generación, luego de tanto sacrificio, estudio, trabajo, combates, obediencia, experimentos y hasta marginaciones y negaciones, soñó con el futuro, porque el futuro era nuestro, según nos habían dicho. Al despuntar los años ochenta para nosotros la imagen de un gran futuro personal significaba tener un trabajo responsable y bien remunerado (pues el dinero valía), poder vivir en un apartamento propio en un barrio proletario y, con mucho esfuerzo y suerte, llegar a merecer los dos premios gordos que era factible alcanzar: recibir la posibilidad de adquirir un auto soviético (Lada, Moskvich) y viajar al extranjero... aunque sólo fuera a la URSS, o Bulgaria, mejor si Alemania Democrática, superbien si a España, México o Canadá, el maligno pero magnético mundo capitalista del consumismo, la decadencia y el libertinaje.

Mi generación, a sus treinta, treinta y cinco, cuarenta años, vio atónita cómo caía el Muro de Berlín (¿de qué se quejaban los alemanes democráticos, si allí ni siquiera había libreta de racionamiento?) y, en una concatenación de sucesos inimaginables para nuestro entendimiento —habíamos estudiado Comunismo Científico—, asistió poco después a la desaparición o desmerengamiento de la Unión Soviética (¿la patria del socialismo renuncia al socialismo? ¿qué locura era aquella?).* De inmediato, vivimos la frustración de todos nuestros sueños cuando el país cayó en la más profunda crisis económica que se pueda imaginar y, con nuestros jóvenes hijos a cuestas o nuestras esposas en la parrilla trasera, debimos empezar a pedalear sobre bicicletas chinas para llegar a cualquier sitio y garantizar la supervivencia. Al menos la supervivencia.

El futuro dejó entonces de ser un sueño tangible para convertirse en una nebulosa, donde todos los perfiles se difuminaban, en la que no se entreveía siquiera un horizonte.

•

En 1973, cuando terminé la universidad con excelentes notas y el prestigio añadido de tener un libro publicado, fui seleccionado para trabajar como redactor jefe de la emisora de radio local de Baracoa, el pueblo perdido y remoto (no hay otros adjetivos para calificarlo) que se enorgullecía, con el apoyo de la historia y mucho esfuerzo de la imaginación, de haber tenido el privilegio de ser la primera villa fundada y, además, la primera capital de la isla

---

* Dos años o tres antes de que desapareciera la URSS fue suspendida en Cuba la circulación de las revistas soviéticas *Sputnik* y *Novedades de Moscú*, consideradas por la dirección ideológica del país portadoras de mensajes dañinos al socialismo, como en su momento había ocurrido con la música de Los Beatles.

recién descubierta por los conquistadores españoles. La promo-
ción a tan importante responsabilidad —me dijo el compañero
que me atendió en la oficina de ubicación laboral, departamento
de recién graduados universitarios— se debía, más que a mis méri-
tos estudiantiles, al hecho de que, como joven de mi época, debía
estar dispuesto a partir hacia donde se me ordenara y cuando se
me ordenara, por el tiempo que fuese necesario y en las condicio-
nes que hubiere, aunque decidió omitir que yo estaba obligado a
trabajar donde ellos me enviaran por las estipulaciones de la ley
del llamado servicio social que, como retribución por la carrera
estudiada gratuitamente, nos correspondía realizar a todos los re-
cién graduados. Y lo que tampoco me dijo el compañero, a pesar
de que había sido la verdadera razón por la cual Alguien decidió
seleccionarme y promoverme *a Baracoa, fue que habían conside-*
rado que yo necesitaba un «correctivo» para bajarme los humos y
ubicarme en tiempo y espacio, como solía decirse.

La fecha en que ocurre lo narrado no es arbitraria, y lo relatado
no es el recuento de una experiencia personal. Es un momento
clave de la historia de Iván Cárdenas Maturel, el personaje cubano de *El hombre que amaba a los perros*. Iván, que en sus días
de universitario había escrito un libro de relatos políticamente
correctísimos, se había atrevido después a intentar publicar un
cuento en el que problematizaba a un personaje y, con aquel equí-
voco político, marcó su suerte literaria y vital.

Como Iván, muchos de los integrantes de mi generación no teníamos una idea clara y definida de lo que había estado ocurriendo
en los medios artísticos del país en aquellos años de la década de
los setenta. Los llamados procesos de parametración seguidos
contra artistas de diversas manifestaciones habían terminado en la
condena de la separación laboral de ellos, sólo por tener creencias
religiosas o tendencias homosexuales o cualquier rasgo de debilidad ideológica. Escritores como Virgilio Piñera, José Lezama Lima,
Antón Arrufat, Eduardo Heras habían sido lanzados a un limbo
de muerte civil, como lo calificaría Arrufat, enviado él mismo a

trabajar en una biblioteca municipal, mientras Heras resultaba asignado a una fundición de acero y Virgilio y Lezama morían en el ostracismo, sin volver a ser publicados o mencionados. Pintores como Raúl Martínez o Servardo Cabrera Moreno languidecían víctimas de la sospecha mejor fundada: su homosexualidad. Unos pocos, acogidos por el paraguas que se abrió en el Instituto de Cine y la Casa de las Américas, pudieron capear el temporal y mantenerse activos, como fue el caso de los músicos de "la nueva trova", que también se habían apropiado de quenas y tamboritos andinos. Es la época en que Pablo Milanés cantó: "Yo pisaré las calles nuevamente / de lo que fue Santiago ensangrentada...".

Lo cierto es que en 1973 se vivía en pleno "quinquenio gris" de la cultura cubana, pues a las marginaciones y los "correctivos" se unía el impulso a una política cultural que, a ritmo de esas recurrentes quenas y tamboritos, de filmes bélicos soviéticos, de apoyo al teatro de creación colectiva por encima del teatro tradicional de salas, de impulso de una ideologizada "novela policial revolucionaria" (así se la calificó), de un cine nacional de problemáticas reducidas a conflictos laborales, raciales o de género, de unas artes plásticas más cercanas a las estéticas moscovitas que a las tendencias internacionales, marcaron el ámbito cultural del momento... sin que nosotros nos enterásemos demasiado (a veces nada) de las aguas turbulentas que corrían debajo de aquellos puentes. La prensa cubana, totalmente monopolizada por el Estado del modo en que ocurrió en los países de socialismo real, no se hacía eco de aquellos otros conflictos, como si no importaran. O ni siquiera existieran.

Debieron pasar varios años para que mi generación empezara a tener una primera conciencia de todas las dimensiones y complejidades del mundo en que habíamos vivido y vivíamos y del que se vivía o se había vivido fuera de la isla. Como mismo el ya vencido Iván Cárdenas no podía tener ni la menor idea de que el hombre de los borzois era el asesino de Trotsky, muchas otras realidades se nos mantenían esquivas, inalcanzables, no ya en los programas de estudio, sino de la posibilidad curiosa de conocerlas. ¿Qué había sido la revolución cultural china? ¿Quiénes eran los jemers rojos de Kampuchea? ¿Cuántos soviéticos habían pasado por el gulag estalinista?

Cuando alcanzamos la responsabilidad laboral, en los años ochenta, la inocencia y el desconocimiento de los integrantes de mi generación eran compactos y abarcadores. Fue entonces, en medio de un período que nos pareció de bonanza económica, que nos dimos a soñar con el futuro, siempre sacrificando el presente, pero sin dudas, o con muy pocas.

Si la de Iván Cárdenas en 1973 no constituye una experiencia personal, sí lo fue el verme sometido, en 1983, a una especie de juicio ideológico-laboral como consecuencia del cual sería primero degradado de redactor a corrector de la revista cultural mensual en donde trabajaba, para terminar siendo finalmente trasladado, o más bien enviado a reeducarme en un periódico diario en el que no debían haber los devaneos "cultoraloides" del mensuario. Mi falta, según los rectores de la pureza social con poder para regir sobre las personas, había sido "tener problemas ideológicos", uno de los cargos más imprecisos pero graves que entonces podía caer sobre alguien situado en el mundo de la cultura y el pensamiento. Yo tenía veintiocho años, era un escritor en ciernes y, como otros escritores en ciernes de mi generación, pensaba que se podía escribir literatura sobre los conflictos existenciales del hombre, no sólo sobre sus actos heroicos, su vida laboral, su experiencia militar. Esos eran mis problemas ideológicos de entonces.

Con la misma intensidad dramática con que puedo rememorar la voz del vendedor de periódicos que anunciaba el golpe de Estado y la muerte de Allende el 11 de septiembre de 1973, puedo recordar —siempre voy a recordar— aquella noche de junio de 1983, diez años después, en que llegué a la casa de mi novia Lucía —la misma Lucía que aún me acompaña— y le dije que me habían expulsado de la revista y enviado al periódico acusado de "tener problemas ideológicos"... y Lucía se echó a llorar. Porque, otra cosa que sabíamos muy bien Lucía, yo y casi todos los integrantes de mi generación, era lo que podía significar aquel estigma, lo dura que podía ser mi condena, la forma en que podía acabar con mis sueños literarios y humanos. Eso sí lo sabíamos, pues incluso conocíamos a gentes como Iván, ya marcado con aquella experiencia.

Por fortuna Cuba es un país donde el calor, la música, el carácter de la gente influyen en muchas cosas. Y, en lugar de un castigo, mis años de trabajo en el periódico al que fui designado se convirtieron, como por arte de magia o de predestinación divina, en un premio inesperado, cuando los rectores de la publicación me pidieron que integrara un recién creado equipo dedicado a mejorar las ediciones dominicales y pude, durante seis años, hacer un periodismo desenfadado, literario, atrevido —sin excesivas presiones de ningún poder—, que me dio presencia, hasta fama y, sobre todo, me permitió realizar el ejercicio de un periodismo literario que sería parte esencial del aprendizaje de las artes de la escritura que ayudarían al escritor en ciernes de 1983 a evolucionar hacia el escritor más profesional y seguro de sus intenciones que dejó el periódico en 1990, dispuesto a escribir una novela que se titularía *Pasado perfecto*.

Y entonces llegó la crisis.

•

Eufemísticamente llamado "período especial en tiempos de paz", el lapso de la década de los noventa fue un momento dramático y revelador para Cuba, para todos los cubanos. El país, de pronto, se quedó "íngrimo y solo" —como dijera un redundante poeta—, y las personas sufrimos las consecuencias de la incapacidad nacional de valernos económicamente por nosotros mismos. A lo largo de esos años faltó la comida, el dinero, la electricidad, el transporte público, el papel, las medicinas. Hasta los cigarros y el ron. La sociedad se fracturó y creció un espíritu de supervivencia que degradó los valores éticos, dando rienda suelta a la filosofía del *resolver*. Solo que nadie *resolvía* sus problemas sólo trabajando, pues el valor real de los salarios se redujo en algo así como un 90%. Mientras unos y unas se prostituían, otros robaban lo que fuera robable, otros huían del país en cualquier medio y hacia cualquier parte, y muchos languidecían en la inopia. La religiosidad y la homosexualidad, contenidas u ocultas, se hicieron visibles, incluso ostentosas. La droga, casi inexistente unos años atrás, volvía a aparecer en las calles cubanas. Una epidemia de avitaminosis se destapó en el país, provocando incluso pérdidas de visión y terribles dolores en el cuerpo...

El desencanto minó muchos espíritus. Los hombres y las mujeres de mi generación, artistas o no, universitarios o no, vimos cómo se diluían las ilusiones de futuro (el futuro se redujo a comer hoy, mañana, esta semana), y sobre nuestros hombros caía la derrota de una vida que de pronto perdía todos sus nortes, todos sus puntos de apoyo, todas las certezas que nos habían sido inculcadas y por las cuales habíamos trabajado, estudiado, peleado, aceptado sacrificios y limitaciones de todo tipo. Aquella generación que había obedecido, con convicción muchas veces, sin protestar casi siempre, que rara vez había podido optar y tomar sus propias decisiones, ahora se veía a la deriva, quizás demasiado vieja para rehacer la vida dentro o fuera de la isla (aunque una parte importante optó por el exilio), sin duda demasiado joven para desentenderse de sus responsabilidades, al menos de las filiales.

De una forma o de otra, también en esos años terminamos de educarnos. La ruptura del monolito social, económico y político, que inevitablemente se vio afectado por la crisis, nos permitió entender mejor el mundo cercano y el lejano, comenzar a releer la historia y sus mitos, a reevaluar nuestra experiencia personal, generacional, nacional.

Y el país comenzó a cambiar. No fue de un día para otro, pero comenzó a transformarse, sin detenerse, y sigue transformándose. Solo que el presente no se parece demasiado al futuro soñado, y el futuro ahora soñable sigue siendo impreciso, demasiado vago o lejano, independiente de nuestros esfuerzos o voluntades. Pero lo patente es que la sociedad igualitaria por la que se trabajó se ha ido fraccionando en capas y estratos, mientras el Estado todopoderoso y protector se ha ido retirando de determinadas esferas, haciéndose más realista y pragmático, recortando "gratuidades indebidas" antes otorgadas. Más que contra las debilidades ideológicas, la lucha oficial ahora es contra una corrupción extendida, contra una improductividad al fin develada, contra una pérdida del valor del trabajo y de los principios éticos más elementales, unos fenómenos que han sido generados por la propia degradación económica y social, por ese cansancio histórico que padecemos luego de haber vivido tanto tiempo en la historia, porque en Cuba todo se anunciaba como algo "histórico". Un cronista oficial ha reconocido que no se ve igual el mundo, el país, la vida, con 250.000 dólares en el banco que con 250 pesos cubanos —unos 10 dólares—, como está la mayoría de la población cubana. Porque hoy se abren en el país posibilidades de ascenso social gracias a la pequeña empresa privada o simplemente a la suerte de tener un pariente generoso y exitoso fuera de la isla, un ascenso al que accederá un por ciento ínfimo de la población insular.

En medio de esos cambios y contracciones, de una sociedad distinta y con otros valores, la generación de los más jóvenes de hoy muy poco se parece a la que en 1973 estudiaba en preuniversitarios y universidades y se conmovía con los horrores de la dictadura fascista de Pinochet y otros acontecimientos similares. Porque ya no se escuchan quenas y tamboritos, sino un reguetón lascivo y machacón, que proclama "lo mío es muchachitas y alcohol": ese es el mejor signo de los nuevos tiempos. La aspiración de muchos, demasiados, es emigrar y buscar soluciones individuales a sus problemas y necesidades vitales —dinero, auto, casa... el sueño inocente de los años ochenta, pero trasladado a otras latitudes. O convertirse en empresarios, con la ayuda de ese pariente generoso que emigró antes. Ya a pocos les importa lo que saben o no saben del mundo, de la historia, de ellos mismos: porque están seguros de que deben luchar en cualquier terreno, contando para ello con sus propias fuerzas, y así no estar entre los que sólo tienen 250 pesos en el banco, o incluso, nada.

¿Y los envejecidos miembros de mi generación, los que ya rondamos los sesenta años y alguna vez soñamos con el futuro mientras trabajábamos y obedecíamos en el presente? Pues aunque ahora somos demasiado jóvenes para morirnos (sí: la esperanza de vida en Cuba llega casi a los ochenta años), definitivamente somos demasiado viejos, incluso intelectual y moralmente obsoletos, para emprender una lucha dilatada y exigente, en la que ser o no ser universitario no es lo decisivo (un chofer de taxi gana en Cuba diez, veinte, treinta veces lo que un médico especialista y por eso hay médicos que prefieren ser taxistas), creer o no en la solidaridad no resulta determinante, sino tener agallas, fuerzas y la simpleza moral de saber que siempre hay una vía más corta, aunque sea la más turbulenta. Somos, de algún modo, los Ramón Mercader de esta época: anónimos criminales que mataron su propia vida bajo órdenes mayores.

Al final del camino la generación escondida, sin rostro, obediente y complacida, la generación que soñó con el futuro y a la cual pertenezco, ha vuelto a ser la perdedora. Sólo que esta no es una derrota coyuntural, del momento, sino una debacle histórica de la que no saldremos ni siquiera más sabios o más cínicos, porque ya no saldremos hacia ninguna parte. El futuro, nuestro después, ya parece cantado con las palabras del negro Ambrosio en la última línea de *Conversación en la Catedral*: "...y después, bueno, después ya se moriría, ¿no, niño?".

Leonardo Padura (La Habana, 1955) es novelista y periodista. En 2013 recibió L'ordre des Arts et des Lettres de Francia. Su último libro es la novela *Herejes*.

España

"Atorbellínate, toro: revuélvete.
Sálvate, denso toro de emoción y de España.

Sálvate".

—Miguel Hernández, *Llamo al toro de España*

"Península histérica,
borracha de sol
heridas de guerra
que nadie ganó".

—Joaquín Sabina, *"¿Hasta cuándo?"*

La frontera bajo la piel

Hace un tiempo —breve: década— España soñó con tocar cielo y no tuvo mejor idea para hacerlo que encomendarse a los frijoles mágicos: construir aeropuertos. En Castellón, el ego de un presidente provincial hundió 150 millones de euros en pistas, torres, estacionamientos y una colosal estatua de metal de Ripollés. A Ciudad Real fueron mil millones. En Córdoba expropiaron miles de metros cuadrados para aviones que nunca llegaron, como tampoco volaron los viajeros y turistas a los aeropuertos de Murcia-Corvera, Lleida, Huesca, Badajoz, Salamanca, León.

Los aeropuertos fueron el intento de una nación, que había vuelto a gustarse, por ser —más, mejor, distinta, nueva: triunfal. Para eso debió cambiarse las ropas y la piel. Se levantaron miles de casas preciosas en barrios cerrados que jamás tuvieron ocupantes. Los cielos se pincharon con edificios de cristal y acero, pero ninguna empresa fue a rentar sus oficinas. Kilómetros de vías de trenes de alta velocidad llegan hoy a ninguna parte. Babilónicas estaciones de ferrocarril sólo conocen por vida el sonido del viento y la voz solitaria de una computadora que anuncia seca por los altavoces, "Zaragoza, 10:20", el paso de un tren.

El deseo de ser —ser otra cosa—, hasta chocarse con las fronteras de uno mismo. Travestirse.

El texto de Enric González asume la metáfora de los travestis —de la ambigüedad, del narcisismo y, al cabo, de la revelación— para repasar la España modelada bajo Francisco Franco, la transición democrática y el nuevo mundo bajo las Comunidades Europeas.

Dice: "La inmensa mayoría de los españoles sabía qué no quería ser. No querían ser como habían sido, como les impusieron que fueran. Ignoraban, sin embargo, qué eran en ese momento de tránsito, y en qué deseaban convertirse. El transformista, el hombre disfrazado de mujer, constituía un espejo sugestivo".

El párrafo refiere al período de Franco como mandamás, pero tiene suficiente motor semántico para calificar también los días de la crisis, ya bien entrado el siglo XXI: cuarenta años de pretensiones, de querer ser.

La España de Enric González es un país travestido: bajo sus ropas, no está lo que sugiere su imagen.

Dice el autor:

—El travesti encarna a la vez ocultación y revelación; transformación y, al tiempo, la imposibilidad de una transformación completa; transgresión, simulación, espectáculo. Eso ha sido la España reciente.

Es agosto, año impar, y Enric González dicta un taller en Bogotá. Allí los días son frescos, la ciudad vibra. Colombia es un país con mil problemas que ahora tiene uno más. Una cosa era expulsar gente hacia España, cuando España era Ícaro en vuelo ascendente; otra muy distinta es volver a recibir a esos expulsados —y a los muchos que llaman "euracas"—, porque Ícaro subió demasiado y no encontró aeropuerto operativo donde aterrizar.

—Cuando miras América Latina y España en estas décadas, ¿qué las distancia, qué las acerca?

—España fue, durante un tiempo, el mañana de América Latina. América Latina es, según todos los indicios, el mañana de España.

•

Entre 2006 y 2007 viajé a Madrid tantas veces que, al cabo, pasé casi seis meses en la ciudad. París le había cedido el privilegio, y Madrid era una fiesta. Largas noches con bares repletos, tapas que no acababan jamás. Señorones con Vacheron Constantin riendo con gusto, pidiendo otra vuelta. Veinteañeros con puros. Las familias tomaban deuda como se bebe rioja y mis amigos compraban casas cual si fueran chocolatines y cambiaban de trabajo cada fin de semana. ¿Es mayo? Toca Italia.

La burbuja preanunciaba su crisis, pero la sociedad española no volvía a casa porque, vamos, había tiempo para otro chupito. Cuando el derrumbe, fue evidente la frontera del travestismo millonario de la nación bajo la piel: España no tenía con qué sostener la imagen que faroleaba.

"Si se introduce una rana en una olla de agua fría y se calienta el agua poco a poco", escribía Enric González a propósito de otras crisis en su libro *Memorias líquidas*, "la rana no hará nada por escapar. Se habituará al ascenso de la temperatura. Y acabará hervida".

¿Fue España demasiado rana?

—La sociedad española vivió una fiesta —dice Enric—. Una fiesta larga y espléndida. ¿Cómo podía pensar en el final? ¿Cómo podía resistirse a una penúltima copa? En plena juerga, nadie escucha a quien profetiza la resaca.

Paralelos. Cuando Augusto Pinochet tomaba el poder, Francisco Franco dejaba la presidencia de España —permanecería un tiempo más como jefe del Estado. Después de treinta y nueve años —cuatro décadas: cábalas—, la nación había sido moldeada por su mente provincialista. Franco embruteció generaciones, vistió al país de negro, lo dejó pobre y clerical. Con menos tiempo, Pinochet reprodujo el sur del franquismo. El dictador chileno —bigotillo, voz de eunuco, implacable, arrogante, inculto, oportunista, sacramental— admiraba al dictador español —bigotillo, voz de eunuco, implacable, arrogante, inculto, oportunista, sacramental. Al cabo, España primero y Chile después, se sacudieron a las bestias del lomo. Una transición tuvieron ambas; economías al alza; riqueza.

—Hay diferencias, claro. Chile arrastra un pasado abierto. ¿Lo tiene España?

—Intelectual y emocionalmente, España sigue disputando la Guerra Civil. Después de la transición, un sector de la izquierda creyó que aún podía ganarla. Es un fenómeno curioso. Y estéril.

—¿Y hay un futuro sin aeropuertos ni travestis?

—El futuro de España depende del futuro de Europa. Y el futuro de Europa, como dice el tópico, ya no es lo que era. España, en cualquier caso, nunca fue tan afortunada como creyó ser, ni es ahora tan desgraciada como cree.

Historia moderna de una nación con travestis

ENRIC GONZÁLEZ

Esta historia puede contarse de muchas formas. Como una metamorfosis, por ejemplo. O más bien, dado que no hablamos de una transformación esencial sino de disfraces, ambigüedades y espejismos, como un caso de travestismo. Esa sería tal vez una metáfora apropiada de la transición española y de la evolución del país desde la dictadura a la libertad y finalmente a la ruina, pasando por unos años de riqueza inaudita y delirios de grandeza. España, evidentemente, no cambió de sexo. Lo que ocurrió fue algo más complejo.

En septiembre de 1973, mientras Chile caía en manos de los militares y el Cono Sur se adentraba en una época siniestra, los últimos reductos dictatoriales de Europa occidental estaban a punto de desmoronarse. En diciembre de ese mismo año fue asesinado el almirante Luis Carrero Blanco, presidente del gobierno español y principal colaborador del dictador Francisco Franco. Con aquel magnicidio, perpetrado por la organización independentista vasca ETA, el franquismo entró en coma. Al año siguiente, 1974, cayeron los regímenes de Portugal y Grecia. Y en 1975 entró en coma el propio Franco. Con su muerte, el 20 de noviembre, empezó la transición.

¿Cómo podían interpretarse las larguísimas colas ante la capilla ardiente del dictador? ¿Era España franquista? ¿Iba la gente a rendir homenaje? ¿Iba tan sólo a comprobar que, en efecto, el general estaba muerto? La sociedad española se desconocía a sí misma. Durante los últimos años del régimen, lo que se llamó "tardofranquismo", el país se había convertido en dos: el oficial, según lo describían el gobierno y la prensa, y el real, según se percibía en la calle. En esa esquizofrenia, cada una de las partes desconfiaba de la otra y hacía lo posible por ignorarla. El régimen seguía ejecutando penas de muerte (cinco en septiembre de 1975), pero decenas de miles de personas militaban con relativa (subrayemos lo de "relativa") tranquilidad en el Partido Comunista.

También en 1975, el año fatídico, todos conocimos a Bibi Andersen. Actuaba en salas nocturnas de Barcelona y, según el documento de identidad, se llamaba Manuel Fernández Chica, pero su aspecto era rotundamente femenino. El público estaba fascinado por su pene. El asunto no tenía nada de nuevo. Siempre habían existido transformistas y travestis. Pero Bibi Andersen, hoy Bibiana Fernández, representaba algo más: su absoluta ambigüedad generó una moda y un curioso fenómeno social. ¿Fue relevante? Con la perspectiva de la distancia, la respuesta ha de ser afirmativa. Los españoles no lo sabíamos, porque desconocíamos el futuro y, en general, pese a la benevolencia con que tendemos a recordar esa época, lo afrontábamos con bastante aprensión; sin embargo, vertimos en Bibi Andersen, y en los muchos travestis y transexuales que aparecieron en los setenta, una parte de nuestros sueños colectivos. No se trataba, en general, de sueños eróticos. Era otra cosa. Y no lo sabíamos.

Conviene no confundir el fenómeno del travestismo con la liberación sexual que caracterizó el fin de la dictadura. Ambas cosas llegaron juntas pero no eran idénticas. Por un lado, España avanzó en cuestiones sociales como los derechos de las mujeres y de los homosexuales; por otro, satisfizo una general curiosidad (y una larga represión) con el "destape", es decir, la desnudez gratuita, como algo significante en sí mismo. La libido colectiva estaba en ebullición.

La fascinación por el travestismo tenía otras raíces. Para empezar, una tradicional. Algunos transformistas, como Madame Arthur y María de la O, llevaban años realizando desde los cabarés una parodia del *kitsch* franquista. Las frecuentes alusiones sexuales y los guiños obscenos de sus shows formaban parte de una sátira más o menos humorística, más o menos amarga. Con la súbita (y de nuevo relativa) permisividad policial tras la muerte de Franco, esos números subieron de tono y se convirtieron en una enmienda a la totalidad de una historia oficial, la española, que era mentira: frente a la España orgullosamente religiosa, obediente y heterosexual descrita por el franquismo, en los cabarés se desplegaba una realidad mucho más aturdida, lejana a cualquier seguridad identitaria y, sobre todo, incómoda dentro de su propia piel. La inmensa mayoría de los españoles sabía qué no quería ser. No querían ser como habían sido, como les impusieron que fueran. Ignoraban, sin embargo, qué eran en ese momento de tránsito, y en qué deseaban convertirse. El transformista, el hombre disfrazado de mujer, constituía un espejo sugestivo.

•

En los carnavales de diferentes ciudades españolas, renacidos con el ocaso del régimen, se utilizaba el transformismo como acto de subversión. Como en el siglo XIX, cuando el carnaval ofrecía la única oportunidad de mofarse de la monarquía y la Iglesia. Ni el *glam rock* ni la androginia que caracterizaban gran parte de la música pop guardaban relación directa con los maquillajes y los disfraces carnavalescos; España no estaba todavía en esos matices y lo que deseaba era rebelarse contra un pasado reciente y contra una identidad, personal y colectiva, que no sentía como suya. En el sentido más concreto, el transformismo era un acto de rebelión contra el viejo orden machista.

Solemos contemplar la transición española hacia la democracia como un ejercicio de contención y responsabilidad, como el éxito de una sociedad capaz de purgar sus demonios interiores. En realidad, se trató de un proceso tutelado, con terribles momentos de vértigo. Vivíamos bajo un brutal nivel de violencia terrorista —tanto de los grupos revolucionarios o independentistas ETA, GRAPO y FRAP como de los residuos de la ultraderecha— y una presión militar que ahora resultan casi inconcebibles, pero con un desenlace prácticamente garantizado. Los principales gobiernos europeos —en especial el de la República Federal de Alemania—, la OTAN e incluso Estados Unidos deseaban evitar que España se convirtiera, de nuevo, en un foco de turbulencias. Había un camino trazado, y seguimos ese camino.

Pagamos el precio con ambigüedad. Costaba explicarnos la autoinmolación del régimen franquista (la Ley para la Reforma Política de 1976 disolvió las Cortes del régimen, con la aprobación de los propios diputados); cómo los sectores más civilizados del régimen acabaron transformados en un partido de gobierno, la Unión de Centro Democrático, y en un partido residual que entonces parecía carente de futuro (Alianza Popular, luego el actual Partido Popular); quién decidía el desmantelamiento de las instituciones y desde dónde —y quién— ejercía realmente el poder. El Partido Comunista, bastión del republicanismo, ahora era monárquico. El franquismo, demócrata. El Partido Socialista Obrero Español (PSOE), del que apenas hubo noticias durante la dictadura, emergió como una formidable maquinaria electoral, con las arcas bien repletas y una incesante afluencia de nuevos militantes. Por debajo de Adolfo Suárez, Felipe González, Santiago Carrillo, Jordi Pujol, los líderes que forjaron el celebérrimo "consenso" que caracterizó la transición, miles de ciudadanos apretaban el paso para transformarse, colocarse, adoptar la posición de salida con mayor ventaja en la carrera por los cargos públicos y el dinero. El oportunismo del momento fue el fango del que surgieron los monstruos futuros. Pero, como con el travestismo, no lo sabíamos.

Lo que sabíamos era que desconocíamos la verdad. Y eso explica el rápido éxito de un diario, *El País*, nacido en 1976 con el ánimo de informar de forma profesional y objetiva. Y explica la poderosa repercusión de los travestis que, en poco tiempo, arrinconaron a los transformistas tradicionales. Gracias a la cirugía estética y a los incipientes tratamientos hormonales, fue posible convertir a un hombre en casi una mujer. Era el caso de Bibi Andersen y "otros otras". ¿Cuál era el momento culminante en sus actuaciones? Ya no eran los chistes, las canciones y las procacidades, sino la exhibición del pene. El hecho de que una mujer más o menos vistosa mostrara un miembro viril constituía una revelación, el descubrimiento de una verdad oculta y casi imposible, de tan opuesta a las apariencias. Eso encajaba a la perfección en un momento en que lo único seguro, lo único que se sabía con certeza, era que todas las apariencias engañaban. Sin ser demasiado conscientes de ello, el travestismo, en su aspecto más sexual, pornográfico si se quiere, proporcionaba a los españoles un retrato conceptual de una situación confusa y fluida.

No debe ser casualidad que el cine español produjera a buen ritmo películas sobre el asunto. Tras la precursora y espléndida *Mi querida señorita* (1971), aparecieron *Cambio de sexo* (1976), *El transexual* (1977), *Flor de Otoño* (1978), *Vestida de azul* (1983) y *La muerte de Mikel* (1984). El director español más célebre en el mundo, Pedro Almodóvar, también utilizó profusamente a personajes travestidos o transexuales en sus obras: *Pepi, Luci, Bom* (1980), *La ley del deseo* (1987), *Tacones lejanos* (1991), *Todo sobre mi madre* (1999), *La mala educación* (2004).

Aquello, que al principio era un fenómeno turbador y envuelto de la misma ambigüedad que la aún incierta evolución política y social española, se convirtió con los años en otra cosa.

•

Las facturas de la transición a la democracia se pagaron muy tarde y muy caras. En 1977, tras las primeras elecciones democráticas, el presidente Adolfo Suárez logró un gran acuerdo parlamentario para afrontar las reformas económicas. Los llamados Pactos de la Moncloa se dirigían a contener la inflación (superior al 26% anual), aliviar el desempleo causado por el retorno de emigrantes desde una Europa en plena crisis del petróleo, fortalecer un poco la moneda (la fuga de capitales era galopante) y reformar una industria pesada que, debido a los costes energéticos y al retraso tecnológico, apenas podía competir. Pactamos, pero nadie hizo nada. La situación resultaba tan incierta y volátil que Adolfo Suárez no quiso agravar una conflictividad laboral y social ya peligrosa. Que los riesgos eran altos quedó claro con la fallida asonada militar del 23 de febrero de 1981, cuando el teniente coronel de la Guardia Civil Antonio Tejero asaltó el Congreso de los Diputados con el respaldo de generales como Jaime Milans del Bosch, jefe de la región militar de Valencia, o Alfonso Armada, un viejo colaborador del rey Juan Carlos.

Los hechos del 23 de febrero marcaron un antes y un después. El Ejército empezó a asumir, poco a poco, que el gobierno no estaba ya en sus manos. La jubilación de los generales más vinculados al régimen franquista fue sólo un primer paso. El paso definitivo llegó con el referéndum que ratificó el ingreso en la OTAN, en 1986. El triunfo del "sí", con algo más del 52% de los votos, cambió de forma definitiva la estructura militar española. La integración en la Alianza Atlántica y la posterior supresión del servicio militar obligatorio, que había marcado a sucesivas generaciones con el tedio y la disciplina cuarteleras, acabaron con el activismo político de los generales.

El Partido Socialista Obrero Español obtuvo una abrumadora mayoría en las elecciones generales de 1982 con la promesa de un "cambio" genérico y profundo. "Cuando acabemos nuestro trabajo, a España no la va a reconocer ni su madre", aseguró el nuevo vicepresidente, Alfonso Guerra. Tenía razón. Además de la entrada en la OTAN (que rechazaban hasta poco antes), los socialistas aplicaron los Pactos de la Moncloa de 1977 y aceleraron las negociaciones de ingreso en las Comunidades Europeas, algo que España solicitaba desde 1962. España se convirtió en socio de pleno derecho el 1 de enero de 1986, al mismo tiempo que Portugal. Ese fue el gran cambio.

Los Pactos de la Moncloa y las condiciones de ingreso en las Comunidades Europeas confluyeron en un fenómeno devastador para la industria española. Cerraron las grandes siderurgias y los astilleros, la química pesada acabó reducida de forma sustancial, el otrora próspero sector textil emigró a Marruecos y luego a los países asiáticos. La agricultura también sufrió terribles hachazos. El alto desempleo acabó en una endemia. La única ocurrencia del gobierno socialista fue apostar por la construcción, un sector intensivo en mano de obra y con gran potencial de crecimiento gracias a la relativa escasez de vivienda y a la demanda de casas en la costa por parte de los turistas europeos y de la creciente clase media española. "El gobierno ha decidido adoptar un conjunto de medidas destinadas a estimular el consumo privado y la inversión, a fomentar el empleo y a impulsar el sector de la construcción", decía el preámbulo del decreto, firmado el 30 de abril de 1985. La pavorosa burbuja inmobiliaria, cuyo estallido, más de veinte años después, devastó la economía española, empezó a hincharse en esa fecha. En la nueva España europea desincentivaron el alquiler y fomentaron con desgravaciones fiscales la compra de viviendas. Poco después, a esas medidas se unieron el flujo de dinero procedente de los fondos de cohesión europeos (intentaban aumentar la renta española hasta niveles cercanos a los de sus nuevos socios) y el caudal de millones captados como préstamos a bajo precio en los recién liberalizados mercados financieros internacionales merced a la "revolución" de Ronald Reagan y Margaret Thatcher en los ochenta.

Nació otra España. No del todo nueva, pero sí muy distinta.

Una España cuyo ministro de Hacienda y Economía, Carlos Solchaga, definía como "el país donde es más fácil enriquecerse".

●

La escritora Montserrat Roig fue de las primeras en intuir otra interpretación de la transexualidad: "El hombre, deseando a Bibi Andersen, se desea a sí mismo". Bibi era la mujer que tenía todo, incluido un pene. La sociedad española, abrumada durante décadas por la tragedia de la guerra civil y la vergüenza de la dictadura, habituada a sentirse condenada al fracaso, empezó a gustarse a sí misma. Nos hicimos narcisistas. No hay que perder de vista esa clave.

El gran momento simbólico de la "nueva España europea" llegó en 1992 con los Juegos Olímpicos de Barcelona, simultaneados con la Exposición Universal de Sevilla. En otro momento de la historia, el penoso hundimiento de la réplica de la nao "Victoria", en el momento mismo de su botadura y retransmitido en directo por televisión, y el incendio del Pabellón de los Descubrimientos habrían agudizado el pesimismo histórico; esta vez sólo suscitaron chistes y risas. La psicología colectiva había experimentado ya una transformación profunda.

Hablábamos de narcisismo. Entre 1992 y 1996, cuando el socialista Felipe González perdió finalmente las elecciones ante el conservador José María Aznar, descubrimos que la corrupción era rampante. Los "fondos reservados" del Ministerio del Interior para combatir al terrorismo se utilizaban para financiar bandas armadas y una "guerra sucia" en el País Vasco, pero también para enriquecer a los altos cargos que administraban el dinero sin control externo; los partidos políticos obtenían financiamiento de forma ilegal, pagando con contratos de obra pública allí donde gobernaban a las empresas que realizaban donativos; el mismísimo gobernador del Banco de España utilizaba canales irregulares para rentabilizar sus ahorros. Fueron los años de la llamada "crispación política". La prensa conservadora lanzaba durísimas acusaciones (bastantes de ellas fundadas) contra Felipe González. Pero nadie quiso pensar que la crisis era del sistema, al margen de que gobernaran unos u otros. España era un país nuevo, próspero y feliz. Eso resultaba indiscutible.

La llegada de la derecha al poder dio una nueva interpretación al famoso "cambio". José María Aznar, limitado en su primera legislatura por una mayoría parlamentaria insuficiente, tuvo mayoría absoluta para gobernar a su aire a partir de las elecciones de 2000. Los atentados del 11 de septiembre de 2001 y las posteriores invasiones de Afganistán e Irak ayudaron a Aznar a fraguar una alianza con los Estados Unidos de George W. Bush con el objetivo de "masculinizar" España. La participación española en la guerra de Irak, que traumatizó a una sociedad habituada a una larga tradición de neutralidad bélica, supuso el momento álgido del aznarismo. España volvía a contar en el mundo. España era respetada en Washington. España era temida en Bruselas. La "nueva España" entroncaba con la vieja España imperial. Volvíamos al pasado, pero con los bolsillos llenos.

"España va bien", repetía Aznar. Bastaba con ver el crecimiento de la economía, con un Producto Interior Bruto que se acercaba ya al italiano, y, aún más fácil, con mirar cuanto ocurría en la calle. Los españoles conducíamos estupendos coches de importación, grandes todoterrenos de alto consumo energético —de pronto nos pareció magnífico mirar desde lo alto a los demás—; vestíamos ropa cara, enviábamos a nuestros hijos al extranjero a aprender inglés y, a la menor ocasión, pregonábamos las maravillas de una transición que nos había hecho libres, ricos y ufanos sin necesidad de sacrificios.

En general, dimos por supuesto que todo era merecido. Que el milagro económico era eso: un milagro. No hacían falta explicaciones. Sólo unos pocos agoreros se molestaron en mirar qué había bajo las faldas del milagro. En 1996, el primer año del aznarismo, las familias españolas tenían una deuda de 152.000 millones de euros; las empresas debían 209.000 millones; el Estado, 319.000 millones. En 2004, cuando José María Aznar abandonó el poder, las familias debían 539.000 millones de euros; las empresas, 650.000 millones; el Estado, 389.000 millones. La deuda pública creció poco en esos ocho años, pero la deuda privada se duplicó con creces. Ese era el secreto del milagro. La compra a crédito. Exportábamos poco, importábamos muchísimo, la entrada masiva de inmigrantes para la construcción y la agricultura era solapada con la persistencia del desempleo —que nunca bajó del 8%, equivalente a 1,8 millones de personas, el más alto de la Unión Europea— y de un alto volumen de subsidios. Grandes obras como la construcción de una red de trenes de alta velocidad no tuvieron apenas repercusión en la competitividad económica.

Estaba previsto que en 2004 volviera a ganar las elecciones el Partido Popular, dirigido esta vez por Mariano Rajoy. Tres días antes de la jornada electoral, el 11 de marzo de 2004, hubo varios atentados gravísimos y simultáneos en los trenes de cercanías madrileños. Murieron 191 personas y 1.858 sufrieron heridas. La torpeza de un Aznar empeñado en culpar al terrorismo vasco pese a que todos los indicios apuntaban a la autoría islamista, las protestas populares fomentadas por el PSOE, la impresión generalizada de que la matanza estaba relacionada con la participación española en la guerra de Irak y un extendido cansancio ante la arrogancia gubernamental dieron un vuelco a los pronósticos: el 14 de marzo ganaron los socialistas, dirigidos por un leonés poco conocido llamado José Luis Rodríguez Zapatero.

Zapatero aportó su propia versión del "cambio". Su primera gran medida fue retirar de forma precipitada las tropas españolas destinadas en Irak, pero la más significativa llegó poco después: la legalización de los matrimonios entre homosexuales, emblema supremo de la "España tolerante" preconizada por el PSOE, y la inclusión del cambio de sexo entre las prestaciones de la Seguridad Social. Esa cobertura sanitaria no suponía un gran gasto (apenas unos 750.000 euros anuales) y no afectaba a un sector significativo de la población (en España hay unos treinta mil transexuales), pero reflejaba una ambición colectiva, posiblemente mayoritaria, por hacer de España el país más liberal en materia de sexo y hábitos sociales. El acceso al Parlamento autonómico de Madrid de una diputada transexual, Carla Antonelli —primero llamada Carlos y finalmente Carla Delgado Gómez—, marcó otro pequeño hito en esa carrera hacia la "tolerancia absoluta" que caracterizó los años de Zapatero.

Cada español tenía derecho a ser aquello que quisiera ser. Hombre, mujer, lo que fuera. Ese era el espíritu de la época. Del narcisismo imperial aznarista pasamos al narcisismo casi budista, feliz en la contemplación pasiva de sí mismo, de la era zapaterista. El presidente del gobierno anunció que el progreso en materia de costumbres sexuales y reproductivas —la fecundación asistida también pasó a cargo de la Seguridad Social— tenía un fiel reflejo en el progreso económico. Cuando en 2007 la renta per cápita superó a la italiana, Zapatero entró en una especie de embriaguez estúpida: ese mismo año aseguró que en 2010 España superaría a Alemania en renta per cápita. Al año siguiente, un poco más sobrio pero no mucho, pronosticó que en 2013 superaríamos a Francia.

Había un truco estadístico bajo esas previsiones delirantes. El patrimonio de las familias españolas era teóricamente muy alto porque sus viviendas valían muchísimo. Un pisito normal, de cien metros cuadrados, podía costar fácilmente 500.000 euros. Pocos resistían la tentación de vender y comprar algo aún más caro. ¿Por qué no? Las autoridades aseguraban que los precios inmobiliarios no bajarían nunca y que no existía ninguna burbuja inmobiliaria: era, simplemente, que todo el mundo quería vivir en España, o al menos invertir en la península. Por otra parte, la creación del euro había impedido las devaluaciones y había reducido los tipos de interés hasta niveles insignificantes. Tomar dinero prestado salía casi gratis. Quien no pedía una hipoteca parecía tonto.

Los dos mandatos de Zapatero, como los de Aznar, tuvieron un precio. En 2004, cuando llegó al gobierno, las familias españolas debían 539.000 millones; siete años después, en 2011, la deuda era de 870.000; en 2004, la deuda de las empresas era de 650.000 millones, y cuando se fue era de 871.000; en 2004, la deuda del Estado era de 389.000 millones; al fin de su mandato, de 736.000 millones. El lujo a crédito.

En las épocas de Aznar y Zapatero los gobiernos no acometieron ninguna reforma difícil. ¿Para qué? La España narcisista se miraba al espejo y se encantaba. ¿Reformar la banca? No tenía sentido. Éramos bellos y bellas, cachondísimos, y la teníamos más larga que todos, Bibi Andersen incluida.

Tanto Aznar como Zapatero proclamaron que la banca española, encabezada por dos gigantes como Santander y BBVA, era la más sólida del mundo. Luego resultó que no. Por debajo de Santander y BBVA, cuyo principal negocio estaba fuera de España, había grandes desastres. ¿Tocar las cajas de ahorros? ¿Justamente entonces, cuando al fin se habían convertido en abrevadero de los políticos que controlaban los consejos de administración? No hicimos nada y acabamos descubriendo que las cajas —salvo la gigantesca La Caixa catalana y alguna otra— habían apostado más allá de toda cordura por el negocio inmobiliario; caído éste, estaban en quiebra, aunque no tanto como para no pagar indemnizaciones multimillonarias a los políticos y gestores que mamaban de ellas. Tampoco tocamos el mercado laboral, que, desde una torpe semi-reforma emprendida por Felipe González, dividía a la sociedad entre los veteranos con contrato indefinido, buen sueldo e interesante perspectiva de pensión, y los jóvenes con contrato precario, sueldo miserable y ninguna perspectiva para la vejez.

Hubo algo más, y quizá peor que todo esto: el envilecimiento de una sociedad narcisista. A partir de 1990, con la autorización de tres canales privados, la televisión española devino con rapidez la más grosera, grotesca y soez de Europa. El país que se complacía frente al espejo empezó a gozar reventándose granos y abriéndose llagas, contemplando sus defectos, examinando sus heces. Desaparecieron los programas de debate político y de investigación periodística, superfluos en un país donde oficialmente todo marchaba de maravilla; brotaron decenas de programas del corazón en los que arrasaban cualquier derecho a la intimidad, sometían a los invitados a humillaciones intensivas (previo pago), difundían calumnias en tono de chanza —¿no era eso la libertad?— y desarrollaban juicios paralelos, altamente populares, en los cuales personas que luego demostraron su completa inocencia fueron arrastradas por el fango y heridas sin remedio.

En 2008, mientras Wall Street se hundía y el resto del mundo occidental corría a parapetarse, José Luis Rodríguez Zapatero ganó unas elecciones negando que existiera ninguna crisis y asegurando, por el contrario, que España gozaba de un futuro prometedor. En 2011, desacreditado, anticipó las elecciones generales y cedió la jefatura del gobierno a Mariano Rajoy, cuyo partido obtuvo una mayoría más que absoluta.

Las cosas no mejoraron. Más bien, al contrario: a mediados de 2013, la deuda pública española ascendió a casi un billón de euros y cualquiera que hiciese un par de cálculos sabría que en tales condiciones resulta impagable; la economía cumplía un quinquenio en recesión; el desempleo arañaba al 20% de la población activa, similar en porcentaje al de un país oficialmente quebrado como Grecia.

El humor se volvió sombrío. Mientras en Cataluña crecía el clamor por la independencia y la política española dependía de los procesos por corrupción y financiación ilegal del partido en el gobierno, la gente hablaba de "antes", de cómo han cambiado las cosas, de lo caro que resultaba ahora todo, del futuro inexistente de los hijos. El travestismo de la ambigüedad, el travestismo de la revelación, el travestismo narcisista desaparecieron del debate. Ya no existían milagros ni espejismos.

Cuando la economía travestida de España se desmoronaba en 2011, Bibi Andersen subía al tablado de los teatros para actuar en una obra que era una fotografía del *esprit du siécle*, "La gran depresión".

Desde que empezaron la transición y la carrera hacia el infinito, España ganó libertades, garantías judiciales, un cierto gusto por las cosas buenas y un cierto paladar por la comida refinada. Perdió los sueños.

Enric González (Barcelona, 1959) es periodista y escritor, Premio Ciudad de Barcelona de Periodismo y autor de cuatro volúmenes de historias sobre fútbol, Roma, New York y Londres. Sus últimos libros son *Una cuestión de fe* y *Memorias líquidas*.

Estados Unidos

"Y de hecho, durante estas horas de insomnio, no había nada que deseara más fervientemente que pertenecer a otra nación, o mejor aún, no pertenecer a ninguna".

—W. G. Sebald, *Vértigo*

INTRODUCCIÓN

El amigo americano

En agosto de 2013, al poco tiempo de que un golpe de Estado destituyera al sectario e ineficiente presidente egipcio Mohamed Morsi, Jon Lee Anderson escribió un comentario en el blog de la revista *The New Yorker*. Titulado "Egypt's Dirty War?", el texto se cuestiona si los antiguos marxistas aplastados por las dictaduras latinoamericanas en los setenta no serían los actuales seguidores musulmanes de Morsi perseguidos por los militares golpistas.

Aunque Morsi no es Allende, decía Jon Lee, las acciones y el lenguaje empleados para demonizar al ex presidente y sus partidarios eran un recuerdo de lo peor de las herencias humanas. "Son el tipo de declaraciones", escribió, "que no son hechas por ejércitos normales sino por ejércitos que han abrazado convicciones ideológicas que hacen que sea fácil disparar a la gente en las calles, incluso siendo civiles, si se cree que pueden estar con los terroristas, o como decidan llamarlos".

Durante la Guerra Sucia latinoamericana, militares enajenados combatían otra supuesta ideología enajenante —distante de los valores "occidentales y cristianos"— con el apoyo de muchos civiles. Cuarenta años después, las prácticas criminales de esas dictaduras parecen haber devenido exportaciones no tradicionales de la maquila del terrorismo de Estado de los setenta: pensado en Estados Unidos, hecho en América Latina para el mundo.

Los tiempos han cambiado —graciadió. En los setenta, en América Latina, *l'esprit du siècle* mandaba a Estados Unidos a saltar la valla e intervenir sin remilgos: golpes y golpazos, armas en Centroamérica, asesores y espías en el sur; en Egipto, siglo XXI, fue un Peeping Tom espiando el desarrollo de la crisis tras los muros de las Naciones Unidas. Verdad sea dicha: es mejor este Estados Unidos dubitativo que el modelo *bully* Biff Tannen que, cuatro décadas atrás, entrenó a los militares latinoamericanos para que actuasen como bestias y ensamblasen un sistema de persecución que emplearían sus colegas egipcios.

El texto de Jon Lee Anderson en *Crecer a golpes* pivota sobre ese cambio de perfil: cómo ha cambiado Estados Unidos con el correr de los años y cómo su transformación fue frunciendo el ceño del autor. La historia comienza con un púber Jon Lee Anderson subiéndose al automóvil de su familia en una vacación en Maine y culmina, cuarenta años después, en su casa de Dorset, en la costa inglesa. El padre de Jon Lee, un liberal que le enseñó a pensar que Estados Unidos era *el* lugar de muchas libertades posibles, enhebra los primeros años. A Jon Lee le toca contrastar esas creencias con los años: o sea, lastimarse con la historia.

Piensen en una cámara fija que, durante décadas, graba el mismo ángulo de la fachada de un edificio: un día aceleramos la imagen y aquella construcción una vez inmaculada ha cedido paso a una degradación que perturba el juicio: ¿este carbón fue una vez gema? Entre aquel Estados Unidos del Anderson joven a éste del adulto, el arco narrativo de la Gran Historia Americana acaba exhibiendo una nación con herrumbres. De los ideales de libertad y progresía de los sesenta a la Inquisición recreada por los pastores neoconservadores. De una democracia confiable a una sociedad de ciudadanos temerosos de su gobierno.

Jon Lee dejó de vivir hace tiempo en un país donde ya no tiene hogar. En su texto, los ideales se degradan, como si fuera irremediable, con cada década.

—¿Qué te sucede cuando miras a tu país? —le pregunté una tarde de otoño.

Jon Lee viajaba de New York a California en otra vacación, junto a sus hijos: ahora él era el padre al comando del auto familiar.

—Me duele mucho. Me afectan la autosuficiencia, el egocentrismo, el desinterés en el prójimo. Estos, para mí, son los grandes lastres.

—¿Es este Estados Unidos, el de la vigilancia omnipresente, el peor para la sociedad civil desde, tal vez, el macartismo?

—En muchos aspectos, aunque sigue siendo un país de amplísimas libertades, está más en jaque ahora que lo que ha estado desde los años cincuenta.

Tras el intento del presidente Jimmy Carter de restituir cierta coherencia —alguna ética, un cachito de moral— al ejercicio democrático del poder en Estados Unidos, Ronald Reagan inauguró la filosofía neoconservadora de tierra arrasada. Estados Unidos financió o apoyó a todos los gobiernos de derecha y a las dictaduras militares para las que pensar a la siniestra del centro era objeto de prisión o muerte. Después de que el ex cowboy jugase a ser el rey de los hunos, sin embargo, Estados Unidos sacó el ojo geopolítico de América Latina y lo posó en Medio Oriente y, más tarde, en Asia Menor. Ahogada la Guerra Fría, el mal movió el eje de la Tierra.

A la par, en un giro de huevo y gallina, Estados Unidos se degradó hasta el hueso. En un provocador texto publicado para el 80 aniversario de la revista, en octubre de 2013, el editor ejecutivo de *Esquire*, Mark Warren dice que la nación tiene un serio problema con los republicanos desde que, a inicios de los setenta, sus ideólogos comenzaron a confundir a sus contendientes demócratas no con adversarios sino con enemigos políticos. Desde entonces, se han fanatizado y, en ese proceso, empujado la política interior —y exterior— de Estados Unidos a la intolerancia y el dogma. "Dada la simbiosis entre los dos partidos que nos hemos permitido, este extremismo amenaza la gobernabilidad que ha sostenido en el último siglo", escribe Warren. "Es como si un siamés se vuelve de repente suicida. Si se hace daño, el otro también muere".

¿Qué esperar de la nación más poderosa del planeta cuando la mitad de su balance de poder se cuece en la mente de jacobinos radicales?

Escribe ahora Jon Lee sobre el porvenir y el pasado: "Todavía, creo, guardo expectativas de que aprendamos a ver al pasado con coraje y convicción, que la mirada norteamericana se permita detenerse y no pase la página tan rápidamente. Que esa gran frase de cabecera estadounidense —*you have to move on*— que sostiene nuestra capacidad de dejar atrás los malos momentos para observar al futuro con decisión, no signifique enterrar en el olvido nuestros errores y crueldades".

We have to move on
(El pasado irrelevante)

JON LEE ANDERSON

1.

En el verano de 1970, a mis trece años, mi familia y yo fuimos de vacaciones a Maine, al noreste de Estados Unidos. Un día, mientras íbamos en la camioneta, escuchamos por la radio la noticia de que el político socialista Salvador Allende había ganado la presidencia de Chile. Mi padre nos mandó a callar, subió el volumen de la radio y me dijo: "Hijo, esto es histórico". La verdad, yo no entendí la importancia de la noticia, hasta que mi papá me explicó que aquella era la primera vez que un socialista ganaba unas elecciones democráticas en América Latina.

Mi padre era oficial del servicio exterior de Estados Unidos y para entonces vivíamos temporalmente en Washington, D.C., mientras esperábamos que lo asignaran a una nueva misión en el extranjero. Ya habíamos estado en Taiwán, Colombia y Corea del Sur; dentro de muy poco viajaríamos a Indonesia, y luego a otros países.

En materia política mi padre era demócrata, un discípulo del progresismo del New Deal de Franklin Delano Roosevelt. Siempre había votado por candidatos del Partido Demócrata, excepto en 1946, cuando recién regresaba del Pacífico como veterano de la Segunda Guerra Mundial. Ese año su voto fue para el socialista

307

Norman Thomas, un candidato tan principista como eterno perdedor en las elecciones.

Papá se definía como un socialista de corazón, pero en aquel entonces era impensable que un socialista trabajara para el *establishment* del servicio exterior. La Guerra Fría había eliminado cualquier posibilidad de que tomaran fuerza ideas distintas a las únicas líneas divisorias formales —y aceptables— entre republicanos y demócratas, halcones y palomas.

En lugar de proclamar su "socialismo", papá se amoldó a una categoría política norteamericana de nuevo cuño: los "liberales". Mi padre era un pacifista que estuvo en contra de la incursión militar de Estados Unidos en Vietnam, y que —al igual que mi madre— apoyaba los derechos civiles y admiraba a Martin Luther King, Jr. Por eso, al escuchar la noticia de Allende ese verano de 1970, volvió a sentir la esperanza de que un mundo mejor era posible, uno con más matices, menos blanco y negro.

Los años sesenta habían sido una década de tragedias para Estados Unidos, con el asesinato de John Fitzgerald Kennedy, seguido por los de Martin Luther King, Jr., y Robert Francis Kennedy. Estas muertes impactaron profundamente a mi familia, y a mí también. Como vivíamos en el extranjero casi permanentemente, creo que todos, incluyendo mis padres, teníamos una imagen idealizada de Estados Unidos como el lugar donde todo era posible —"la mejor democracia del mundo".

La primera señal de que las cosas no eran realmente así la tuve una mañana de noviembre de 1963 en que fui a la habitación de mis padres y los encontré llorando. Vivíamos en Taiwán y, como era habitual, escuchaban la cadena de radio de las fuerzas armadas norteamericanas en el exterior. Minutos antes, el periodista acababa de dar la noticia: John F. Kennedy había sido baleado en Dallas.

Nunca antes había visto llorar a mi padre. Esa mañana fue la primera vez que escuché la palabra "asesinado". Recuerdo que todos lloramos y, aún sin comprender la dimensión de lo que había sucedido, supimos que había muerto algo más que una persona. Esa mañana murió parte de nuestra fe. Se había derrumbado la imagen de Estados Unidos como un lugar de orgullo y esperanza.

●

Habíamos emigrado en 1959, cuando yo tenía dos años, y no volvimos sino hasta 1968, a vivir en Virginia, en las afueras de Washington, D.C. Ese mismo año se vivieron una serie de acontecimientos traumáticos que pusieron a prueba el temple de los estadounidenses. Todo comenzó en enero, con la sangrienta ofensiva del Tet en Vietnam; siguió en marzo con el sorpresivo anuncio del presidente Lyndon B. Johnson de que no buscaría la reelección; y, a continuación, en abril, el asesinato de Martin Luther King, Jr. Recuerdo la imagen de Robert F. Kennedy en la pequeña televisión en blanco y negro de casa, hablando sobre King horas después de su muerte. Las palabras que pronunciaba con la voz entrecortada daban cuenta de la dimensión de la tragedia. Mientras tanto, afuera, ciudades de todo el país ardían de ira e indignación. Miles de afroamericanos desahogaron su dolor quemando y saqueando sus propios vecindarios. Poco después de los disturbios, mi padre me llevó a Washington, D.C., donde recorrimos las ruinas todavía humeantes. Calle tras calle el paisaje era desolador, había policía por todas partes y sólo se veía destrucción. Papá quería que yo viera ese espectáculo de la devastación. Estaba triste y lleno de amargura por Estados Unidos, y yo también.

A medida que se acercaban las nuevas elecciones, en mi familia aumentaba el deseo de que el nuevo presidente fuera Robert F. Kennedy, un joven guapo y lleno de ideales. Nos causaba mucha ilusión que Bobby pudiera continuar el trabajo de su hermano John, asesinado cinco años antes. Él encarnaba la esperanza de reencauzar al país por el camino correcto. Sin embargo, en junio, justo después de ganar las elecciones primarias de California, también él fue asesinado.

En septiembre dejamos Estados Unidos una vez más, esta vez rumbo a Indonesia, pero en menos de seis meses estábamos nuevamente de regreso. Nos afectó una enfermedad tropical —algunos casi morimos— y debieron evacuarnos. Regresamos a Virginia en la primavera de 1969, a mis doce años recién cumplidos. Para entonces, Estados Unidos ya me resultaba un lugar detestable al cual no quería volver. No quería estar en un país donde mataban a las mejores personas y que, además, era capaz de enviar a sus hijos a morir en tierras extrañas, luchando por causas injustas, como sucedió en Vietnam.

Mi padre todavía trabajaba para el gobierno, pero detestaba al presidente Richard Nixon. Nixon era un político de vieja data del Partido Republicano y ex vicepresidente de Eisenhower a quien papá llamaba Tricky Dick —el Tramposo Dick.

Como familia, nos oponíamos a la guerra, al militarismo, al racismo y a la represión policial, así que ese verano de 1969 participamos en las manifestaciones del National Mall de Washington, D.C. Marchamos junto a cientos de miles de personas que se habían congregado a las afueras de la Casa Blanca para exigir el fin de la participación de nuestro país en los combates. *"Peace Now!"*, reclamamos. "¡Paz, ahora!". No nos escucharon.

A pesar de todo, el aterrizaje en la Luna y Woodstock —ambos acontecimientos emblemáticos ocurridos en el mismísimo verano del 69— restauraron algo de nuestro sentido de pertenencia hacia Estados Unidos y la idea de que nuestro país realmente era un lugar especial, donde aún podían ocurrir cosas nuevas y maravillosas. A la vez, seguimos participando en movilizaciones en contra de la guerra, incluida la celebración del primer Día de la Tierra, una manifestación multitudinaria que reclamaba un cambio de política hacia el medioambiente, un punto final a la contaminación de los mares, de los ríos, del cielo y de la tierra. En medio de todo, era casi palpable el sentimiento de que las personas podían cambiar las cosas y, tal vez, por qué no, acabar con los problemas del mundo.

2.

En septiembre de 1973, mis padres, mis tres hermanas, mi hermano Scott y yo nos habíamos mudado a Inglaterra. Desde ahí vimos el golpe militar contra Allende, sentados en nuestra sala de estar, siguiendo las transmisiones nocturnas de la BBC. Las noticias eran impactantes y tétricas. Los presentadores informaban que Allende había muerto de forma violenta en circunstancias confusas. Veíamos imágenes de tanques de guerra por las calles de Santiago, tropas armadas con botas y cascos que hacían recordar a las del Ejército alemán, que arrastraban a cientos de personas hacia los estadios deportivos.

Los locutores británicos informaban con voz grave la tensa situación que vivía el país bajo la represión. En el ambiente había una sensación permanente de zozobra sobre lo que podría estar ocurriendo más allá de las cámaras de la televisión.

Chile parecía muy lejos de la segura Inglaterra y, sin embargo, todos en mi familia estábamos muy alterados. Mi padre iba de la cólera a la depresión y yo compartía la idea de que aquel desastre en el sur del mundo era otra tragedia contundente, otro duro golpe a la esperanza.

Mi familia se dividió poco después. Mis padres se divorciaron y se fueron a vivir a rincones opuestos del planeta. Nosotros, los cinco hijos, fuimos separados unos de otros, repartidos en tres y a veces cuatro continentes distintos. Ese fue el comienzo de una vida en la que constantemente hemos tratado de reunirnos, de volver a estar juntos en el mismo lugar.

Para 1978 yo vivía en New York compartiendo piso con jóvenes de diferentes países. Algunos estudiaban, otros trabajaban. En ese entonces, New York era un santuario para espíritus libres, o al menos eso parecía. Era una ciudad sucia y violenta, pero también creativa y libre, un crisol de culturas, un espacio donde podías ser tú mismo. Dos de mis compañeros de cuarto eran cubanos, otro puertorriqueño y otra, Patricia, chilena. Patricia era de la ciudad de Concepción y había venido a New York después de que los militares asesinaron a su padre, un profesor universitario. Yo no estaba involucrado políticamente por entonces —era sólo un errante joven aventurero— pero la historia personal de Patricia reavivó mi interés por Chile. Comprendí que la violencia del golpe de Estado de Augusto Pinochet había sido sólo el comienzo de un régimen sanguinario y brutal. Para cuando me mudé a New York, muchas personas ya habían muerto a manos del régimen, y la represión no se detenía. Mucha gente había sido —y esta palabra recién estaba tomando un nuevo significado para mi— "desaparecida".

El padre de Patricia había sido asesinado el día del golpe. Le dieron un disparo en la cara, a quemarropa. Luego de eso, la madre de Patricia se las ingenió para sacarla del país y así fue como logró llegar a New York con visa de estudiante.

Un día, Patricia nos contó que su visa expiraría pronto, y que debía encontrar la manera de quedarse en Estados Unidos. Era un poco mayor que yo, de unos veintidós o veintitrés años, y a esa edad estaría en grave peligro si se hubiera visto obligada a regresar a Chile. Para ella sólo había una manera de permanecer en Estados Unidos: casarse con un ciudadano norteamericano. Haciéndome el galán heroico, me ofrecí: "Me casaré contigo, Patricia".

Fuimos juntos a consultar con un abogado, quien nos explicó que si nos casábamos así, de manera abrupta, sin ser una verdadera pareja, el Servicio de Inmigración de Estados Unidos sospecharía que se trataba de una artimaña para conseguir los papeles y nos investigaría. Durante dos años, por lo menos, los agentes tendrían derecho a irrumpir en nuestra casa para comprobar si realmente vivíamos juntos y llevábamos vida de casados. Aunque sería una situación bastante incómoda, yo me mantuve firme en que estaba dispuesto a casarme con ella, pero finalmente decidimos esperar y pensarlo mejor.

La suerte quiso que un par de meses más tarde Patricia se enamorara de otro muchacho norteamericano y se casaran por amor. Se fueron a vivir juntos y ella por fin pudo estar tranquila. Mientras tanto, en toda América Latina la situación seguía siendo convulsa. Había más golpes militares en proceso y mucha más brutalidad, y en los años siguientes New York, así como el resto de Estados Unidos, se llenó de refugiados de la violencia de muchos otros países latinoamericanos.

•

Los años setenta fueron muy diferentes a los sesenta. Todo el mundo consumía drogas, pero ya nadie cantaba canciones de paz ni llevaba flores en el pelo. El idealismo había muerto. La guerra en Vietnam había terminado —los últimos norteamericanos salieron en 1975, de forma dramática y humillante— y, desde entonces, una especie de manto oscuro cayó sobre Estados Unidos.

Los veteranos de Vietnam vivían devastados, llenos de traumas de la guerra y adictos a las drogas. Muchos protagonizaron episodios violentos. Algunos tomaban a sus propias familias como rehenes y buscaban enfrentamientos con la policía hasta conseguir que, casi como una forma de suicidio, los equipos SWAT les disparasen. Era común verlos deambular con el pelo largo y usando sus viejos uniformes militares. Muchas veces aparecían en manifestaciones públicas, como fantasmas que atormentaban la conciencia de la nación.

Aún sin recuperarse de la retirada de Vietnam, Estados Unidos enfrentaba ahora una nueva vergüenza nacional: el escándalo de Watergate. Con la renuncia de Richard Nixon el 8 de agosto de 1974, el país había quedado bajo el mando interino de Gerald Ford, un gobernante torpe e ineficaz. Al parecer, una vez más habíamos perdido el rumbo.

En 1975, en medio de ese panorama incierto, comenzaron las audiencias del Comité Church, lideradas por el senador liberal Frank Church, durante las cuales el país se dedicó un tiempo a buscar a los culpables de sus propios males y de los que había infligido al mundo.

Entre 1975 y 1976, por acción del Comité, comenzaron a salir a la luz todas las cosas malas que la CIA había hecho desde mediados de siglo. Fue así como nos enteramos de que había participado en el derrocamiento de Allende y que incluso personajes como Henry Kissinger habían estado involucrados en el golpe. Hubo dedos acusadores, cabezas gachas de vergüenza y nuevas restricciones que ponían límite al poder de los presidentes. Una de estas medidas fue promulgar una ley que le prohibía al gobierno asesinar a líderes extranjeros.

El Comité Church fue un fascinante ejercicio democrático que nos permitió enterarnos de hechos nefastos, y al mismo tiempo sirvió para creer que esas tragedias podían ser cosa del pasado. Una vez más, los estadounidenses volvíamos a creer en el ideal americano, volvíamos a tener esa convicción de que, sin importar cuántas veces nos equivocáramos, siempre seríamos capaces de enmendar nuestros errores y encontrar la manera de seguir adelante.

3.

La llegada de Jimmy Carter a la presidencia pareció demostrar que estábamos en un país con las heridas cicatrizadas. Era como respirar aire fresco y renacer.

Carter era un forastero en Washington, un evangélico del sur que, la verdad sea dicha, parecía tan ingenuo como soberbio, pero que en el fondo era un tipo con buenas intenciones. Durante un tiempo, la presidencia demócrata de Carter logró aplacar la vergüenza y el desgaste que la guerra en Vietnam y Watergate habían provocado en el país.

Carter llegó con un discurso enfocado en la esperanza y los derechos humanos, que era justo lo que muchos americanos querían oír. Se pronunció públicamente en contra de una miríada de tiranos, incluido Pinochet, lo que le valió el desprecio de todos ellos.

Aunque de manera tardía, retiró el apoyo de Estados Unidos a la dictadura de Anastasio Somoza en Nicaragua, uno de los dictadores más venales de la época, e invitó a la Casa Blanca a los jóvenes comandantes sandinistas al poco tiempo de que lograran el poder. En Panamá, negoció de tú a tú con Omar Torrijos, con quien acordó entregar el Canal construido y administrado por Estados Unidos para que Panamá finalmente fuera una nación verdaderamente soberana.

Todo parecía marchar bien para Carter, hasta que cometió el gran error que más adelante le costaría la reelección. Poco después de la revolución islámica que derrocó al Sha de Irán, los estadounidenses que trabajaban en la embajada fueron tomados como rehenes. La crisis duró más de un año y la incapacidad de Carter para resolverla tuvo un doble efecto negativo: por un lado, su propia parálisis hizo que todo el país se sintiera responsable por el destino de sus compatriotas rehenes; por el otro, dio pie para que los soviéticos tomaran la situación como una señal de debilidad de Estados Unidos. La Unión Soviética aprovechó para tomar ventaja en otras partes, apoyando revoluciones marxistas —exitosas, por cierto— en Etiopía, Angola, Nicaragua y Afganistán. Después de la retirada de Vietnam, esos países, así como nuestros ex aliados Camboya y Laos, habían caído bajo las fuerzas comunistas. En el ajedrez geopolítico, el Este parecía tomar ventaja sobre Occidente. La debacle en Irán fue como un tiro de gracia.

A finales de la década de los setenta, Estados Unidos lucía débil y replegado. Carter perdió la reelección ante el republicano Ronald Reagan, un ex actor de cine que llegó con un mensaje de aliento para los norteamericanos. Reagan era un anciano de apariencia afable y con su discurso patriótico convenció a los estadounidenses de que eran un pueblo ganador y que si confiaban en sí mismos, pronto recuperarían su grandeza. Cuando comenzaron los ochenta, eso era, ni más ni menos, lo que los estadounidenses querían oír.

4.

Ronald Reagan, y su gran aliada en Inglaterra, Margaret Thatcher, eran fervientes creyentes en el anticomunismo, el bien supremo del capitalismo y las fuerzas del mercado, y no perdieron tiempo en implementar su ideología. En Gran Bretaña, Thatcher quebró a los sindicatos e inició una oleada de grandes privatizaciones. En Estados Unidos, Reagan "desreguló" casi todo y, en política exterior, terminó con los años de autoflagelación del período Carter.

Reagan acabó con el discurso humanista. De hecho, revitalizó a la CIA mientras comenzaba a armar y financiar a los llamados *freedom fighters* que iban por el mundo combatiendo al "imperio del mal" soviético. En El Salvador y Guatemala, Estados Unidos estaba del lado de los militares de ultraderecha y sus escuadrones de la muerte anticomunistas encargados de aniquilar a los rebeldes marxistas. En Nicaragua, la CIA entrenó y financió a rebeldes de derecha conocidos como los "contras", con el fin de socavar al gobierno sandinista de izquierda.

En Chile, Argentina, Paraguay, Bolivia, Brasil y Uruguay, donde los militares estaban matando a comunistas, curas y monjas de izquierda, además de sindicalistas, profesores y estudiantes, Estados Unidos fue un tácito y, en algunos casos, activo aliado de la guerra sucia. Los representantes diplomáticos estadounidenses en aquellos países no sólo sabían de los crímenes sino que, en muchos casos, ayudaban a encubrirlos.

Si hasta entonces el país había mantenido algún límite moral en estas escaramuzas encubiertas de la Guerra Fría, en este punto esas fronteras ya no eran perceptibles. En 1980, cuando miembros de la Guardia Nacional de El Salvador —apoyada por Estados Unidos— violaron y asesinaron a cuatro monjas estadounidenses, el secretario de Estado Alexander Haig hizo un comentario tan craso como inmisericorde: según él, había oído decir que las monjas portaban armas. Este fue sólo uno de muchos episodios funestos en los que el gobierno estadounidense hacía la vista gorda mientras sus secuaces en América Latina cometían toda clase de atrocidades en nombre del anticomunismo.

Los ocho años de mandato de Reagan ayudaron a derribar el comunismo, sí, pero a un gran costo. Estados Unidos se convirtió nuevamente en una potencia intervencionista que, además de sus acciones en América Latina, proporcionaba inteligencia a Saddam Hussein en su guerra contra Irán y abastecía de fondos, cohetes y fusiles a los muhaidines afganos y sus aliados yihadistas árabes que luchaban contra los soviéticos en Afganistán.

Estados Unidos se había convertido progresivamente en una nación amnésica que deliberadamente apartaba los malos recuerdos y las lecciones morales aprendidas en Vietnam.

Asesinos vulgares como el dictador liberiano Samuel Doe, el líder de la guerrilla angoleña Jonas Savimbi, y una sórdida sarta de generales y torturadores de varias partes del mundo, fueron agasajados en la Casa Blanca y homenajeados como luchadores por la libertad. A quienes hicieron el trabajo sucio de Estados Unidos se les permitió salirse con la suya sin castigo; muchos fueron ayudados a pasar a la clandestinidad, o incluso a vivir libremente. Entre quienes gozaron de estos beneficios hubo exiliados latinoamericanos que habían actuado para la CIA y participado en actos de extrema violencia, como el chileno Michael Townley y el cubano Luis Posada Carriles, ambos involucrados en múltiples actos de terrorismo.

Thatcher y Pinochet, por su parte, ya habían trabado amistad; el viejo general la había ayudado a enfrentar a los argentinos durante la guerra de las Malvinas y la Dama de Hierro no olvidó el favor. La economía de Chile crecía con la adopción de los principios del libre mercado, y una vez que el país se volvió bueno para los negocios, al parecer se hizo bueno en todos los sentidos. En los tiempos de Thatcher y Reagan, los crímenes que había cometido Pinochet pasaron a ser considerados simples "excesos lamentablemente necesarios" para el bien común de los chilenos.

Al terminar la década de los ochenta —marcada por la caída del comunismo, la Guerra del Golfo para sacar a Hussein de Kuwait y la invasión de Panamá para derrocar a Manuel Noriega—, Estados Unidos había vuelto a convertirse en una nación que ejercitaba su músculo militar sin muchos reparos. Nuevamente, los estadounidenses sentían que era su derecho —incluso su deber— intervenir en el extranjero, donde y cuando quisieran. Sin embargo, las nuevas luchas ya no estaban inspiradas en elevados ideales existenciales.

Después de derrotar al ejército de Irak en la Guerra del Golfo, por ejemplo, Estados Unidos permitió que Saddam Hussein permaneciera en el poder. Que fuese un dictador cruel que había usado armas químicas y matado a cientos de miles de personas no pareció ser un problema para Reagan ni para su sucesor en el poder, George H. W. Bush. Al parecer, el único delito de Saddam fue invadir Kuwait, un aliado norteamericano rico en petróleo, y esa avanzada representaba una amenaza para Arabia Saudita, uno de los principales proveedores de crudo de Estados Unidos y, a la vez, uno de sus mayores compradores de armas.

En la última y quizás más vergonzosa escena de la Guerra del Golfo, con decenas de miles de soldados estadounidenses y británicos todavía en suelo iraquí, Saddam mató a más de cien mil ciudadanos que se habían levantado contra su gobierno. Bajo órdenes, las tropas "aliadas" no hicieron nada para detenerlo y, un tiempo después, cuando se retiraron, los iraquíes fueron abandonados otra vez a su suerte bajo la tiranía de Saddam. Si hubo un momento donde quedó demostrada la muerte de los más nobles ideales norteamericanos, fue ese. El nuevo mensaje era claro: Estados Unidos no tenía por qué ocuparse de los demás; su única necesidad —como vencedor en la Guerra Fría— era ocuparse de sí mismo.

5.

Para el verano de 1994, el ensimismamiento estadounidense era tal que el gobierno de Bill Clinton fue capaz de ignorar el genocidio de Ruanda, en el que los hutus aniquilaron a machetazos a casi un millón de tutsis en tan sólo tres meses. Durante varios años, también se limitó a observar cómo Yugoslavia se desmembraba en una carnicería y el Estado residual, liderado por los nacionalistas serbios, mataba a decenas de miles de bosnios inocentes.

Estados Unidos salió finalmente del letargo en 1995 tras la espantosa masacre de Srebrenica, un pueblo bosnio en el que fuerzas del gobierno serbio asesinaron a más de ocho mil personas. Clinton reaccionó y supervisó una campaña aérea de la OTAN que trajo a Slobodan Milosevic a la mesa de negociaciones y, con ello, el Acuerdo de paz de Dayton que concluyó el conflicto de más de tres años. En Washington y las otras capitales occidentales, se felicitaban por lo que definían no como una guerra, sino una exitosa "intervención humanitaria". Para entonces, unas 140.000 personas habían muerto en la ex Yugoslavia.

Clinton se hizo sentir otra vez en 1998, después de que Al Qaeda lanzara su proclamada guerra contra Estados Unidos, con los atentados simultáneos contra las embajadas estadounidenses de Nairobi en Kenya y Dar es Salaam en Tanzania. En esa ocasión, submarinos estadounidenses dispararon misiles crucero sobre presuntos enclaves terroristas en Afganistán y Sudán. Ese mismo año, Clinton ordenó también la operación "Zorro del Desierto": cuatro días de ataques con misiles crucero contra el aparataje bélico de Saddam Hussein; el dictador iraquí estaba bajo sanciones internacionales pero había sospechas de que las violaba y continuaba intentando reconstruir su arsenal de armas de destrucción masiva. En 1999, Clinton volvió a reunir a la OTAN contra Milosevic, esta vez para intervenir en la provincia secesionista de Kosovo, y prevaleció.

Al final, todos estos no fueron conflictos sostenidos sino golpes con el matamoscas imperial, acciones bélicas tipo videojuego de una época en la que Estados Unidos, desde la implosión de la URSS, se había convertido en la única superpotencia, sin enemigos reales contra quienes pelear. Al igual que su presidente, los estadouunidenses de los noventa estaban más ocupados con el sexo, con controlar su exceso de peso y con comprar las novedosas computadoras personales y los primeros teléfonos móviles. De hecho, el mayor problema militar que Clinton debió enfrentar en su primer período presidencial fue la controversia que surgió con su política de "No preguntes, No digas", con la cual se prohibía que cualquier integrante del ejército revelara su condición homosexual al tiempo que se impedía cualquier indagación sobre la orientación sexual de soldados y oficiales.

En el ambiente flotaba la ilusión de que Estados Unidos de alguna manera se había desenganchado de la historia, como si nada de lo que había pasado antes realmente importase. El pasado, más que nunca, parecía irrelevante.

•

En 1998 viajé a Santiago de Chile para entrevistar a Augusto Pinochet. Era un anciano adusto que lucía los achaques propios de la edad pero que conservaba su aire de huraño agudo, de un ser todavía con poderes —un intocable. En 1988 había perdido un referéndum con el que pretendía permanecer en el poder, así que dos años después debió dejar la presidencia de la que se había apoderado a sangre y fuego diecisiete años antes. Unos meses antes de mi viaje también se había retirado del comando del Ejército para convertirse en senador vitalicio, con lo cual aseguraba su inmunidad de cara a los posibles procesos por crímenes de guerra. Desde el Senado de Chile, Pinochet tuvo el cinismo de mirar a los rostros de los hijos y las viudas de varias de sus víctimas, incluidas las familias Allende y Letelier. Su mera presencia en la Cámara era una prueba elocuente de que nadie en Chile podía hacer nada en su contra.

Para aquel entonces, en Estados Unidos y otros países de Occidente, muchas personas admiraban a Pinochet y se referían a él en términos heroicos. Le atribuían con admiración el "milagro económico chileno", ejemplo favorito de los inversionistas occidentales y de los economistas neoliberales. Incluso al interior de Chile, como una evidencia de la polarización que el dictador provocaba, las encuestas mostraban que se lo despreciaba e idolatraba en proporciones casi iguales. Pinochet se consideraba a sí mismo un héroe de la guerra recién ganada al comunismo. Su amiga Margaret Thatcher, con quien se reunía cada año en Londres, solía elogiar al general en público.

En uno de nuestros encuentros en Santiago, Pinochet se jactaba de que, según él, el golpe contra Allende había sido el primer ladrillo con el que comenzaba a derrumbarse el muro de Berlín. Estaba orgulloso de su papel en el colapso del comunismo, al que consideraba el más grande de los males sobre la faz de la Tierra. Me contó, además y para mi sorpresa, que admiraba a Mao Tsetung, y que había visitado dos veces su mausoleo en Beijing. Pinochet se reía de la idea de que Mao fuera comunista: "Mao era un nacionalista, igual que yo", insistía, "fueron las circunstancias las que lo obligaron a definirse como comunista". El ex general describía a Mao como un hombre "que había tenido el poder sobre la vida y la muerte de millones de personas" —y me dejó en claro que le fascinaba esa clase de poder absoluto. También veneraba a los césares romanos y a Napoleón, de quienes la historia recuerda sus grandes hazañas pero no sus sangrientos desmanes. Pinochet estaba amargado, me confesó, porque había gente que no lo veía como un salvador de la nación, y porque trataban de juzgarlo por los excesos que los militares chilenos habían cometido bajo sus órdenes.

En nuestra última conversación, durante uno de sus viajes a Londres, Pinochet golpeó la mesa que estaba entre nosotros, muy molesto, y aseguró que quería "poner fin" a los casos judiciales que llevaba un juez chileno y en los que aparecía implicado en crímenes de guerra. Hasta ese momento había intentando presentarse conmigo como una persona calmada y mesurada, pero esa reacción intempestiva dejó ver su faceta más irascible y dictatorial. Fue un momento revelador. Poco tiempo después de ese encuentro, aún en Inglaterra, Pinochet fue puesto bajo arresto domiciliario, luego de que el juez español Baltasar Garzón dictase sorpresivamente una orden internacional de captura. Diecisiete meses más tarde logró tener autorización para volver a su casa en Chile, pero la prolongada detención y la exhibición pública de sus trapos sucios ya lo habían humillado.

A su regreso, nada parecía ser lo mismo. Cuando se vio acorralado por la creciente cantidad de denuncias en su contra, intentó fingir demencia senil para evadir responsabilidades y vergonzosas apariciones ante los juzgados. Pinochet fue un verdadero reto para la hasta entonces tenue democracia chilena, que salió fortalecida luego de encarar a su antiguo represor.

Cuando murió, en 2006, Pinochet ya había caído en desgracia. Dos años antes habían sido descubiertas sus cuentas bancarias secretas en Estados Unidos, donde tenía guardados más de 20 millones de dólares. Fue un golpe impactante para los defensores de ese hombre brutal: además de asesino, el general había resultado ser un vulgar ladrón, y eso, incluso en el país de *su* "milagro económico", era algo que ni los más apasionados apologistas podían perdonarle.

El 11 de septiembre de 1973 fue la fecha del golpe de Estado de Pinochet contra Allende, y el día en que el presidente socialista, como sabemos ahora, se suicidó para morir con honor en medio del asalto al Palacio Nacional de La Moneda. Pero en Estados Unidos nadie recuerda el 11 de septiembre de 1973. De hecho, el papel estadounidense en la historia moderna chilena es totalmente ajeno para la mayoría de los norteamericanos. En Estados Unidos, el 11 de septiembre adquirió un nuevo y terrible significado luego de los ataques de Al Qaeda en New York y Washington en 2001. Ese día fue como si se nos hubiera venido encima toda la historia más o menos reciente que habíamos pretendido negar y los asuntos pendientes que Estados Unidos había dejado regados por el mundo. La respuesta a estos ataques, como en tantas ocasiones anteriores, fue la de atacar sin pensar en las consecuencias. Primero fue Afganistán y luego Irak, ambas guerras a gran escala, prolongadas y con resultados catastróficos.

Mi país ha logrado superar algo de su oscuro prontuario en estos últimos cuarenta años. Pero como la historia no es lineal, esto ha ido ocurriendo con numerosos avances y retrocesos. Una vez "superada" la amenaza marxista, Estados Unidos dejó de mirar en profundidad hacia América Latina y ha enfocado sus esfuerzos en dirimir conflictos en el Medio Oriente. De igual manera, ha dedicado un cuidado quirúrgico en su trato con la cada vez más importante China y con el comportamiento medieval de la Rusia de Vladimir Putin, pues todo indica que, en el futuro próximo, el océano Pacífico y Asia serán los escenarios de la competencia geopolítica entre las superpotencias.

Hoy, Estados Unidos es un lugar muy distinto a aquel de las vacaciones en Maine con mi familia. Muchos de los avances de Jimmy Carter para construir una gran nación preocupada por los derechos humanos se fueron al traste con la topadora conservadora de Ronald Reagan, cuyo retroceso se hizo aún más profundo durante las administraciones de la familia Bush.

Ahora vivimos en un país étnicamente más multicolor —y, en ese sentido, más heterogéneo—, pero económicamente más monocromático: las dos fuentes de empleo más grandes de la nación son el eje industrial militar auspiciado por el Pentágono y ese gran expendio de productos chinos llamado Walmart.

El cepo cultural creado por los neoconservadores, algo impensable décadas atrás, ha apretado el cuello de todo el país. Aunque parezca increíble, hoy la sociedad norteamericana se ve obligada a luchar por derechos fundamentales que debería tener garantizados, como la privacidad, y vive bajo la sombra permanente del miedo a un ataque terrorista. No sólo nos hemos vuelto más vulnerables: ahora le tememos incluso a quienes nos gobiernan.

Afortunadamente, mis padres fallecieron antes de las barbaridades de la era de George W. Bush, y menos mal: les habría espantado —aunque no sorprendido— la militarización del país y su polarización política cada vez más evidente. Lo que sí lamento es que murieran antes de que sus conciudadanos eligieran a su primer presidente afroamericano, Barack Obama. Estoy seguro de que se habrían puesto muy felices con esa votación histórica, que también los habría ayudado a recuperar aquel sentimiento de orgullo e ilusión que una vez tuvieron en su propio país. A la vez, sin embargo, habrían tenido que ver que Obama tampoco ha sido el redentor de *su* "América". Si bien ha resistido el impulso de meter a Estados Unidos en nuevas guerras, como la de Siria, ha sido también el presidente de los controvertidos *killer drones*. Los idealistas de ayer son los "pragmáticos" de hoy en un mundo mucho más complejo y también más preocupante.

Después del divorcio de mis padres, nuestra familia siguió siendo nómada, aunque ahora de manera fragmentada. De una forma u otra, éramos —y seguimos siendo— exiliados voluntarios de nuestro país. Mi padre terminó sus días en Hawaii, donde también viven dos de mis hermanas; la otra vive en Francia, y mi hermano, en New York. Mi madre vivió durante años en España, que le recordaba la California añorada de su juventud.

Después de muchos periplos por el mundo, yo me mudé a Inglaterra. Visito mi país de nacimiento con frecuencia, pero no tengo hogar ahí, y de algún modo u otro será para mí, siempre, un lugar en el cual soy un extranjero más. Es paradójico: por un lado es una tierra de ensueño, como en mi niñez, pero también de ilusiones perdidas, por todo cuanto ha pasado.

En algún lugar dentro de mí, creo que comparto algo del idealismo —y algunos dirían el descaro— norteamericano de creer que somos una sociedad bendita, y que por ende tenemos el deber de compartir nuestros derechos y privilegios con el resto del mundo. Pero he visto cómo variantes de esa misma percepción nos han llevado a causar estragos en el mundo, a convertirnos en un país guerrero e intervencionista, exportador de un modelo de desarrollo económico insostenible, devastador de recursos naturales. Es doloroso pensar que, tal vez, nos hayamos transformado en un pueblo más odiado que querido por el mundo. Todavía, creo, guardo esperanzas de que aprendamos a ver al pasado con coraje y convicción, que la mirada norteamericana permita detenerse y no pase la página tan rápidamente. Que esa gran frase de cabecera estadounidense —*you have to move on*— que sostiene nuestra capacidad de dejar atrás los malos momentos para observar al futuro con decisión, no signifique enterrar en el olvido nuestros errores y crueldades.

Jon Lee Anderson (Long Beach, California, 1957) es periodista y escritor, miembro de *The New Yorker* y maestro de la FNPI. En 2013 recibió el Premio Maria Moors Cabot. Su último libro es *La herencia colonial y otras maldiciones* (*The Fall of Baghdad*).

Tempus non fugit.